全国旅游管理专业应用型本科规划教材

旅游地理学

李悦铮　鲁小波　主编

旅游教育出版社
·北京·

出版说明

改革开放三十多年来，我国旅游高等教育已经建立了较为完善的教育体系，旅游院校数量也相当可观，旅游教育实现了从精英化教育阶段向大众化教育阶段的转变。伴随着旅游教育的理念、模式及层次类型多样化的发展趋势，旅游管理专业“应用型”本科教育在这种形势下应运而生。

为适应全国旅游管理专业应用型本科教育的教学需要，在中国旅游协会旅游教育分会的主持下，我们邀请国内旅游高等院校的专家学者编写了这套“全国旅游管理专业应用型本科规划教材”。

在培养规格上，应用本科教育培养是培养适应旅游行业生产、管理、服务第一线需要的高等技术应用性人才；在培养模式上，应用本科以适应社会需要为目标，以培养技术应用能力为主线设计学生的知识、能力、素质结构和培养方案，以“应用”为主旨和特征构建课程和教学内容体系，重视学生的技术应用能力的培养。因此，在此次编写过程中，我们在坚持教材原有的学术规范性的基础上，在教材的编写上强调两个加强：一是加强理论内容的概括和提炼，以理论知识的适度、够用为原则来进行理论知识部分的编写；二是加强实践环节在教材中的渗透和体现，以应用性为导向。

作为国内唯一一家旅游教育专业出版社，我们始终与中国旅游教育事业共同成长。我们希望能够始终站在学科研究与行业发展的前沿，随时反映旅游教育最新发展动态，引领与服务旅游教育实践。我们期待着教材使用者的意见和建议，更期待着潜在作者的新思路、新理念，以不断提升教材的专业品质，更好地为行业发展服务。

旅游教育出版社

2009 年 7 月

前　言

《旅游地理学》比较系统地阐述了旅游地理学的基本概念、基本理论、基本知识和研究方法。全书共包括10章，分别为绪论、旅游地理学的发展、旅游资源、旅游者与旅游市场及其开发、旅游交通、旅游环境、旅游区划、旅游规划、旅游业可持续发展、旅游地理信息系统。

本书由辽宁师范大学、渤海大学、吉林工程技术师范学院的教师及博士们合作完成。全书篇章结构的设计、大纲的制定及统稿工作由李悦铮和鲁小波担任。具体分工如下：李悦铮（辽宁师范大学、教授）和王春艳（吉林工程技术师范学院、教师）编写第一章；鲁小波（渤海大学、博士）编写第二章、第七章、第八章、第九章；陈晓颖（渤海大学、教师）编写第三章；张志宏（辽宁师范大学、博士生）编写第四章和第六章；王恒（辽宁师范大学、博士生）编写第五章和第十章。

本书适于高等院校有关地理与旅游专业的学生作为教材和教学参考书使用，也可作为旅游爱好者的参考书。

本书是在参考国内外大量专家学者成果的基础上完成的，特向他们表示衷心的感谢。由于编写者的水平和认识所限，书中不妥之处，望读者斧正。

另外，为方便教学使用，此书配备了教学课件和五套考试样题（附答案），如有需要请与旅游教育出版社发行部联系。

李悦铮

2009年2月

目　录

第一章 绪论

引言

小李生活在著名的旅游城市杭州，一听到有人说去杭州旅游，他的脸上就会洋溢着喜悦的笑容。在现代社会中，旅游越来越成为人们生活的重要组成部分。小李甚至有对杭州市的旅游景区重新进行规划的冲动。但是，在他进入旅游系学习之后，他发现，要搞好景区规划，需要掌握很多基础知识，其中之一就是要了解旅游地理学，因为，对旅游的研究离不开对"地"的研究。事实表明，最早介入旅游研究的两大领域就是旅游经济研究和旅游地理研究，旅游资源、旅游交通、旅游环境、旅游规划，都和"地"有着千丝万缕的联系。那么，旅游地理学要研究哪些内容？如何从"地"的角度研究旅游呢？

本章学习目标

1. 了解旅游地理学在学科体系中的地位以及其与旅游学、地理学等相关学科的关系。

2. 掌握旅游地理学研究的主要内容、采用的方法和作用。

第一节　旅游地理学的学科性质和特点

旅游地理学作为多学科交叉的边缘学科，具有地域性、综合性和应用性的特点。

一、旅游地理学的学科性质

现代旅游地理学是起源于北美洲的地理学分支之一,20 世纪 70 年代末传入中国大陆,发展至今已有近 30 年的历史。经过一代人的努力,旅游地理学已成为一门相对独立的学科,在整个旅游学科领域中逐渐确立了其应有的地位,并开始受到广泛的重视。

在地理学领域,旅游地理学的学科属性问题一直存在争议。一些学者认为旅游地理学应该被列入服务范畴的地理学之列,也有学者认为旅游活动是人口迁移的一种形式,把它列入人口地理学领域比较合理,更有甚者,有人把旅游地理学推崇到博学的地步。这也从一个侧面反映出旅游地理学科的综合性与多样性。但目前看来,愈来愈多的地理学家认为旅游地理学是人文地理学的一个新兴分支。

最初进入旅游地理学研究的大多是地理学者,他们着重从地理学科的角度研究旅游活动和旅游现象,应用的相关知识和理论主要来自自然地理学、人文地理学和经济地理学。第二次世界大战后,随着大众旅游的飞速发展,旅游活动涉及的范围越来越广泛,旅游现象也越来越多样与复杂,旅游地理学研究的范围和内容随之不断扩大和深入。

从地理学内部观察,旅游地理学的发展融汇了自然地理、经济地理、人文地理、宗教地理、民族地理、行为地理、聚落地理、人口地理、历史地理、地理信息系统等不同领域的相关知识,既吸纳了这些领域的理论方法,也汇入了这些学科的研究人员。同时,在地理学之外,它也与其他一些基础学科或应用学科,发生着或多或少、时强时弱的交流。例如,市场学之于旅游客源市场研究;经济学之于旅游经济效益评估;生态学、环境学之于生态效益评估和旅游环境容量测算;城市规划学之于旅游景区规划;心理学之于游客行为研究;历史学之于目的地历史文化研究;建筑学之于旅游景观规划设计;民俗学之于旅游文化研究,等等。因此,它可以称是一门真正的多学科交叉的边缘学科,其独特的研究角度给地理学的进一步发展注入了生机和活力,同时也为旅游学科的建设和发展做出了自己的贡献。

二、旅游地理学的特点

旅游地理学在世界上是一门新兴的应用学科，其研究内容多是与旅游业发展相关的各种地理问题，具有地域性、综合性和应用性的特点。

（一）地域性

地域性是旅游地理学的突出特点。旅游和地理是紧密联系在一起的，旅游的复杂性都是在一定的地理环境里表现出来的。旅游受一系列地理、气候、地形和居民等因素的影响。旅游受地区和地区间距离的制约，旅游现象是在自然的、经济的、人文的多种地理场合发生的，因此，旅游地理学的研究内容包含着地域性的特征。一方面，受自然地理条件和人文地理因素的影响，旅游资源的形成、开发和利用，有着显著的地域性特征，形成了各具特色的旅游景点；另一方面，旅游者对于旅游对象的选择，由于受民族特征和生活习惯的影响，其旅游偏好也带有显著的地域性，这一地域性与旅游者的国籍和所在地区的地理环境密切相关。例如，久居阴湿寒冷地区的北欧人，因追求阳光而去地中海沿岸度假；来自广州、深圳等地的游客为感受冰雪之美而特地赶到哈尔滨参加冰雪节；居住于繁忙都市的人们为寻求清新空气和洁净蓝天而选择偏僻寂静的生态度假区。

旅游地理学的这一地域性特征，要求我们在开发旅游资源，组织旅游活动和振兴旅游业，进行旅游建设时，要因地制宜，合理布局，突出特点，发挥地区优势。

（二）综合性

旅游地理学是一门综合性极强的边缘学科。旅游地理学是处于自然地理学、经济地理学和人文地理学（社会文化地理学）三者之间的一门综合性部门地理学（陈传康，1992）。从旅游资源角度来看，地质地貌、水文、气候、植被等构成的风景，属于自然地理研究范畴；从旅游业角度来看，旅游产业集群、区域旅游经济效益研究属于经济地理分科；从旅游活动的性质看，作为文化活动的一种，其属于部门人文地理学研究领域。除此之外，旅游活动涉及的内容极其广泛，旅游地理研究与众多学科领域有着密切的内在联系，如民族学与民俗学、心理学与美学、建筑与园林科学、历史与考古学、文学与艺术、经济学与营销学等，多学科的相互交叉与渗透并不是单纯的各学科知识的拼凑，而是建立在多学科基础上的突出旅游地理学特色的体系与理论的综合。

（三）应用性

旅游地理学又是一门适应大众旅游活动与旅游产业发展需求而产生的应用性边缘学科。旅游地理学发展至今，已开展了大量以区域旅游开发为中心的具体应用课题研究。可以说，中国旅游地理学是以区域旅游开发和规划的研究为主线而发展起来的[①]，在旅游资源评价方法、旅游容量测量、旅游地规划制定等方面取得了积极的成果。旅游地理学还直接服务于旅游活动的开展与旅游业的经营。以上这些都体现了旅游地理学的应用性特点。

第二节　旅游地理学研究的对象、内容与方法

旅游地理学作为一门边缘学科，其研究对象和研究领域具有一定的复杂性和交叉性。可以说，旅游地理学是研究旅游者与地理环境之间关系的一门学科。

一、旅游地理学研究的对象

旅游地理学是人文地理学的一个分支，是随着现代旅游业的蓬勃发展而兴起的一门新科学。由于学科的年轻性，一些相关理论有待解决，一些相关学术术语也缺乏规范性。目前，旅游地理学在国际上有不同的称呼，如旅游地理学、观光地理学、休闲地理学、游憩地理学、休闲地理学和康乐地理学等。

目前，我国对旅游地理学的研究对象有多种表述。其中，较早出现且比较具有代表性的有“旅游地理学是研究人类旅游游览、休憩疗养、

① 郭来喜，保继刚. 中国旅游地理学的回顾与展望[J]. 地理研究，1990(3)。

康乐消遣同地理环境以及社会经济发展相互关系的一门科学”（郭来喜,1985）和“旅游地理学是研究世界各国各地区旅游活动及旅游业发展、形成条件及其分布规律的科学”（张文奎,1986）。

随着旅游业的发展,旅游地理学者参与旅游研究的范围和内容也不断扩大和深入,对旅游地理学研究对象的认识和理解也应不断地加深和完善。因而,我们把旅游地理学的研究对象概括为“旅游地理学研究旅游者与地理环境之间关系,探寻两者关系的耦合、发展变化机理并探讨两者关系协调发展规律”。

二、旅游地理学研究的内容

任何学科的研究内容都是由其学科属性以及学科的研究对象决定的。旅游地理学研究的内容主要包括以下几个方面:

（一）旅游发展条件和地理背景

影响旅游发展的条件（要素）可以分为两大类:一类是宏观要素,涉及一个国家旅游需求的水平和旅游资源状况,包括一个国家的经济发展、人口特征、政策制定以及该国旅游资源的丰富程度等;另一类是微观要素,指旅游者个人的情况,包括旅游者的经济能力、余暇时间、教育水平、生活阶段、个人偏好等。

旅游的产生涉及许多地理背景方面的问题,由地理环境的差异性而形成的旅游资源的互补性是旅游产生的重要条件。

（二）旅游者

旅游者是为满足物质和精神文化需求进行旅游消费活动的主体,是旅游服务活动的需求者和服务对象。对旅游者的研究,包括以下几个方面的内容:旅游动机、旅游动力、决策行为、空间行为和旅游者行为规律等。从地理学角度来说,对旅游者的研究主要是研究激发旅游者产生旅游动机的地理因素、游客数量与流向的时空分布与发展预测等。研究旅游者行为规律的意义不仅在于揭示旅游者行为的规律本身,而且,这是旅游资源评价和开发、旅游服务设施选点和布局的依据。

（三）游客流（旅游流）

旅游流是指在一个或大或小的区域内,由于旅游需求的近似性而引起的旅游者集体性空间位移现象。[①] 旅游流现象是旅游客源地和目的地相互作用的一种形式,旅游目的地和客源地由旅游流相互联系。与旅游流相伴而生的一些复杂现象,如旅游信息的流动、物化交换的产生、旅游交往中的社会关系演变等,不但构成了旅游世界丰富多彩的内容,也是旅游地理学需要研究的对象。旅游流的时间特征、流向、流量及其运动模式的研究对旅游需求的预测具有极其重要的意义。

(四)旅游交通(旅游通道)

旅游交通是指为旅游者在旅游过程中提供运输工具及其配套的服务系统。从地理学角度来讲,其研究主要是对旅游地的可进入性的研究以及各种交通类型匹配研究。旅游交通的发展趋势也是未来研究的一个崭新领域。

(五)旅游资源

旅游资源,在西方一些国家被称为旅游吸引物,中国许多学者对于旅游资源的内涵和外延的理解,到目前还没有一个统一的认识。我国将其官方定义为"自然界和人类社会凡能对旅游者产生吸引力,可以为旅游业开发利用,并可产生经济效益、社会效益和环境效益的各种事物和因素,均称为旅游资源。"[②]旅游地理学对其研究的主要任务,一方面,要为查明旅游资源情况,包括资源的种类、分布、数量、质量、规模、密度级别、特点、成因及开发利用程度、价值、功能等提供理论依据和科学的方法;另一方面,对旅游资源在调查的基础上进行技术经济论证和评价。例如,按旅游容量、开发程序、投入产出效益、市场评估、开发适宜时间、利用方式、各种组合配套等指标进行评价。

(六)旅游环境容量(旅游容量)

旅游容量(又称为旅游承载力)的概念是从生态学的环境容量(Environmental Carrying Capacity)的概念引借过来的。在旅游学科中,旅游容量是指在可持续发展的前提下,在某一时间段内,旅游区自然环境、人工环境和社会经济环境所能承受的旅游及其相关活动在规模和

---

① 谢彦君.基础旅游学(第二版)[M].北京:中国旅游出版社,2004:247。

② 《旅游规划通则》(GB/T18971—2003),2003。

强度上极限值的最小值。[2]旅游容量有四方面的内容,即旅游生态容量、旅游心理容量、旅游社会容量和旅游经济容量。旅游地理学对于旅游容量的研究主要是围绕旅游的饱和、超载与污染展开的,其研究焦点为各种旅游资源(场所)、各种旅游目的地的旅游生态指标、社会经济承受能力标准、旅游者个人空间标准的确定。其研究目的无外乎保证在从事旅游发展的同时不损害后代为满足其旅游需要而进行旅游发展的可能性,即旅游的可持续发展。

(七)旅游区划

旅游区划是指含有若干共性特征的旅游景点与旅游接待设施组成的地域综合体。各种旅游资源都有自己独特的发展规律、存在形式和分区特点,旅游区划就是从发展旅游的角度出发,根据旅游地域分工原则,按照旅游资源的地域分异性及区域社会、经济、交通、行政等条件的组合和内部联系程度,在地域上划分出不同等级的旅游区。旅游区划的根本目的是为了客观地了解各个旅游区的不同性质和特征,揭示旅游区的内在规律,查明其所在区域的基本优势,为开发、利用和保护旅游资源,制定和实施中长期的旅游区域发展战略提供科学依据。进行旅游区划首先要分析各旅游区、旅游点、旅游设施及旅游交通的合理配置,确定区划原则及区划的指标体系,然后在区划的基础上进行分级、分类及进行区域相关研究。

(八)旅游规划

旅游地理学从旅游资源的调查评价出发,分析旅游环境容量、旅游者行为规律、旅游需求要素、旅游地演化规律,综合评价区位和区域经济条件,兼顾经济、环境和社会效益,按照时间顺序和空间关系,研究和制定旅游规划。旅游规划主要分为两个层次,2003 年 2 月颁布的《旅游规划通则》(GB/T 18971—2003)对其分别进行了定义:

1. 旅游发展规划(Tourism Development Plan)

旅游发展规划是根据旅游业的历史、现状和市场要素的变化所制定的目标体系,以及为实现目标体系在特定的发展条件下对旅游发展的要素所做的安排。其主要任务是明确旅游业在国民经济和社会发展中的地位与作用,提出旅游业发展目标,优化旅游业发展的要素结构与空间布局,安排旅游业发展优先项目,促进旅游业持续、健康、稳定发展。

2. 旅游地规划(Tourism Area Plan)

旅游地规划是指为了保护、开发、利用和经营管理旅游区,使其发挥多种功能和作用而进行的各项旅游要素的统筹部署和具体安排。具体包括旅游资源的开发、利用和保护规划;旅游基础设施规划;旅游路线设计规划;旅游客源组织规划;旅游管理机构设置规划;旅游点布局和建设规划;旅游商品生产和供应规划;旅游管理人才培养规划等。

(九)旅游可持续发展

可持续发展是当今世界出现频率最高的词语之一。可持续发展是既满足当代人的需要又不损害后代人满足其需要的发展。旅游可持续发展是可持续发展思想在旅游领域里的体现。1995 年 4 月,可持续旅游发展世界会议通过了《可持续旅游发展宪章》和《可持续旅游发展行动计划》两个重要文件。文件提出"可持续发展的实质就是要求旅游与自然、文化和人类生存环境成为一个整体",两个文件并对可持续旅游的概念进行了较全面的论述,提出了旅游可持续发展的目标:(1)增进人们对旅游产生的环境效益与经济效益的理解,强化其生态意识;(2)促进旅游的公平发展;(3)改善旅游接待地区的生活质量;(4)向旅游者提供高质量的旅游经历;(5)保护未来旅游开发赖以生存的环境质量。由此可见,旅游业可持续发展的核心,即在旅游开发和开展旅游活动时既满足当代人对旅游的需求,又不对后代人的旅游需求产生损害。旅游可持续发展就是要实现旅游的环境保护目标、社会发展目标和经济目标的结合,在不超越资源与环境承载力的前提下,合理地开发利用旅游资源,在开发中"点化江山",使山更秀、水更美,自然景观和人文景观完美结合,给子孙后代留下广阔的旅游发展空间,使旅游业可持续发展。

(十)旅游地理信息系统

旅游地理信息系统研究的内容主要是通过 3S(RS、GIS 和 GPS)技术、三位虚拟实现技术和网络技术构建综合旅游信息服务平台,以适应国家对旅游数字服务与管理的要求,进而实现旅游办公的自动化与服务的信息化，这将对旅游业的迅速发展起到积极的促进作用。目前，旅游地理信息系统的应用趋势主要是旅游资源管理信息系统和虚拟旅游系统。其中，虚拟旅游包括两类：一是针对现有的旅游景观进行虚拟旅游，如八达岭长城虚拟旅游、故宫虚拟旅游、黄山虚拟旅游以及异国风情虚拟旅游等；二是针对现已不复存在的旅游景观或即将不复存在的旅游景观，如对于原三峡景区的虚拟旅游、某些古建筑的复原与重建等。

（十一）旅游地理学理论

由于最初进入旅游地理学研究的学者大多出身于地理学，所以，旅游地理学的基础理论研究不可避免地受到地理学理论的影响，这种影响在旅游地理学发展初期是十分明显和广泛的，当然，这种影响也为旅游地理学科的理论建立做出了不可磨灭的贡献。但是，随着学科的迅速发展，该学科所涉及的领域越来越广，研究的现象也越来越多样复杂，单单是地理学科的基础理论已经不能满足学科研究发展的需要，于是旅游地理学的理论研究也越来越表现出其独立性和特殊性。

三、旅游地理学研究的方法

由于旅游活动是综合性的社会实践活动，涉及自然、经济、社会、技术诸因素，故面对错综复杂的旅游地理现象，在研究中，一定要有科学的方法论作为基础。旅游地理学研究对象众多，研究内容丰富，跨学科特点突出，这些决定了旅游地理学的研究方法也具有复杂多样的特点，随着旅游地理学研究的深入和发展，其逐渐形成了具有自身特点的研究方法体系。

（一）实地调查法

实地调查法在社会科学中既古老也非常新颖，这种方法比起其他观察方法，能够提供关于很多社会现象更丰富的理解。实地调查法是通过直接的观察、访问、记录、问卷调查和测量等手段获得第一手的材料，进而展开研究的方法。这是地理学、人类学、社会学、环境学经常使用的方法，旅游地理学的学习和研究也一定要以实地考察为基础。在研究社会文化状况、环境演变、经济发展和进行旅游资源调查与评价、旅游环境容量测算时，只有进行实地考察，才能获得这些方面准确翔实的材料。

(二)分类对比法

分类学是综合性学科，特征对比是分类的基本方法。由于旅游地理学的知识体系庞杂，如果不予分类，不予系统，便无从认识，难以研究利用。根据不同的目的，遵循统一性与差异性的原则对其进行分类，可以让我们系统地认识、掌握旅游地理内容。分类比较，可以发现区域旅游的主题和特色所在，对旅游区进行正确定位，为进一步有针对性的旅游开发奠定基础。在实际学习和研究中经常进行的分类有：旅游资源的分类、旅游市场分类、旅游环境分类以及旅游区划等。可以预言，分类对比法将是未来旅游地理学研究的有效方法，由此而形成的比较旅游地理学将成为新的研究领域，具有广阔的发展前景。

(三)分析、综合、归纳和演绎法

分析就是对旅游主体、旅游媒体和旅游客体内部的组成要素分别进行研究，认识它们各自的特点及其在旅游地域综合体形成过程中的作用和影响。综合是把对各个要素和各个部分的分析结果，通过相互联系把它们结合形成一个整体，从中揭示构成这一综合体的内在联系和特性。分析法和综合法是相辅相成的，在对某一综合体进行研究时，两种方法同时运用。归纳法是在分析和综合的基础上，由一系列具体的事实概括出一般原理，提炼出综合体的特征和规律性认识，也就是对旅游地域综合体本质的认识。演绎法与归纳法相对应，是由一般原理、概念走向个别结论的思维方式。归纳是演绎的基础，归纳法必须以演绎为指导，在认识旅游地理学现象的过程中，归纳法和演绎法是相互联系、相互补充的。以上均属于唯物辩证法的方法论内容，可见，马克思主义的理论观点和科学方法论，在当代，对旅游地理学的研究依然具有重要的指导作用。

(四)计量分析法

计量方法包括一般统计法、统计预测法、线形规划与投入产出模型等。计量方法为定量分析收集第一手资料，经过构建分析、检验假设、理论分析等过程，最后得出结论。现代科学研究越来越倾向于定量分析,自 1963 年伯顿(L. Burton)提出“计量革命”的口号后,计量方法的运用在地理学中越来越普遍。而旅游地理学对计量方法的运用主要集中在数学分类方法和统计预测方法两方面。例如,数学分类法在旅游区域分析及旅游资源的分类与区划中的应用,应用统计预测法对游客数量与年份之间进行回归分析,以预测游客的增长等。

(五)现代科技手段和方法

随着科学技术的进步,旅游地理学的研究领域不断拓宽,研究方法也随之不断革新。计算机技术、多媒体技术、互联网技术以及包括遥感技术分析(RS)、全球定位系统(GPS)、地理信息系统(GIS)的 3S 技术等高科技手段相继被引入旅游地理学,构成了旅游地理学研究方法的新体系,这些技术的广泛应用,扩大了旅游地理学的研究范围,缩短了研究周期并提高了结论的科学性。

四、旅游地理学的作用

尽管旅游地理学还是一门新兴的学科,但旅游地理学界始终把握住了旅游地理学为国民经济服务的主方向,充分发挥了旅游地理学的应用性特点,并主动承担了多种不同类型和层次的科研任务,对旅游事业的发展做出了突出贡献。旅游地理学的贡献主要体现在实践和理论两个方面。

近 30 年,中国旅游地理学界始终以服务于国民经济为主攻方向,旅游地理学的实践价值凸显。实际上,很多学者自开始接触旅游地理学以来,便积极参加国内的旅游开发建设工作,承担了不同层次、不同类型的旅游发展战略研究课题和旅游规划任务,完成了大量具有实用价值的研究。此外,旅游地理研究并不仅仅只关注于经济问题,它也关注社会公平、环境伦理等可持续发展的问题。

另外,旅游地理学在其发展过程中,也获得了许多理论研究成果。例如,旅游资源评价的体系构建、旅游容量的测定、旅游需求的测定方法、区域旅游空间结构布局、旅游区划原则和程序,等等。这些理论性的研究成果为旅游事业的健康和可持续发展奠定了坚实的理论基础,对指导实践发挥着巨大作用。

第三节 旅游地理学与其他相关学科的关系

旅游地理学是一门以地理学为基础，综合人类学、经济学、美学等多领域的交叉性学科。根据本学科的对象和内容，旅游地理学同许多相邻学科有密不可分、相互补充的联系，旅游地理学从众多自然科学和社会科学学科中获取必要的知识和理论，以便建构自己的学科体系。

一、旅游地理学与地理学科的关系

旅游地理学是以地理学为基础发展起来的，地理学主要分为自然地理学、经济地理学和人文地理学三部分，旅游地理学正是介于三者之间的一门综合性部门地理学。旅游活动在大自然中进行，自然环境概念下的各个地表因素，如地质地貌、气候气象、动植物景观、水体景观等就成为旅游资源。对景观结构的理论研究应属于自然地理学的研究范畴。旅游活动带来的经济效应日益凸显，实际上，对于旅游现象的研究最早也是从它的经济表现开始的（1899 年意大利政府统计局的鲍迪奥发表的“在意大利的外国人的移动及其消费的金钱”一文，是可见到的最早的从学术角度研究旅游现象的文献）①。现如今，旅游业已成为国民经济的重要组成部分，是经济地理学研究的重要内容。从旅游活动的行为性质看，旅游现象属于社会文化活动，旅游活动主要遵守社会经济法则，这个性质决定了旅游地理学属于人文地理学范畴。

二、旅游地理学与旅游学科的关系

旅游学讨论旅游现象的社会经济基础，讨论旅游者、旅游资源、旅游业经营等问题，与旅游地理学有相通之处。旅游经济学、旅游心理学、旅游文化学、旅游社会学等对建立旅游地理学的社会经济价值体系具有不可替代的作用，与这些平行学科比较，旅游地理学更注重从空间上分析旅游活动。

---

① 谢彦君. 基础旅游学（第二版）[M]. 北京：中国旅游出版社，2004：3。

三、旅游地理学与其他学科的关系

旅游地理学不仅与地理学各分支学科及旅游学各平行学科相互联系，密切相关，还与地理学及旅游学以外的其他许多学科，如心理学、经济学、管理学、历史学、宗教学、美学、民族学、民俗学、环境学、社会学、建筑学、园林学等彼此渗透，研究旅游地理，往往还需要学习和掌握这些学科与旅游相关的基本知识。

思考与练习

1. 旅游地理学的学科性质是什么？
2. 旅游地理学有哪些特点？
3. 旅游地理学主要研究哪些内容？
4. 通常用哪些方法来研究旅游地理学？

第二章 旅游地理学的发展

引言

学习完第一章以后，小李发现旅游地理学确实有很多东西可以研究，小李开始对旅游地理学的后续内容充满了期待。但是，推陈出新，要想学好现在的旅游地理学，必须首先了解旅游地理学的发展史。由于东西方现代化进程的差异，旅游地理学在国内外的发展也存在巨大的差异。21 世纪以来，无论是国外还是国内，对旅游地理学的研究都得到了突飞猛进的发展。

本章学习目标

1. 了解旅游地理学在国内外的兴起与发展历史。
2. 掌握旅游地理学的主要成果以及未来的发展趋势。

第一节　国外旅游地理学的发展

旅游史研究对于从事旅游专业的人来说是一项重要的任务。通过对它的研究，我们可以总结过去发展经验，预测和展望未来演化趋势。旅游地理学作为旅游学科的一个分支，自然是在旅游学科发展过程逐渐产生的一门学科。因此，要了解旅游地理学的发展，首先要了解旅游的发展史。

一、世界旅游发展史

关于旅游的产生和发展,学者们都有自己的观点和看法,而一般认为,世界旅游发展大体经历了三个阶段。

(一)旅游发展的古代阶段(19 世纪 40 年代以前)

不同的学者对旅游起源的界定虽然有分歧,但是,他们基本都认同古代旅行开始于奴隶社会的形成时期,而且,最早的旅游活动都是从文明古国开始的。由此可见,古代旅游与一个国家政治经济有很大的关系。同时,古代旅游的动机主要是贸易和宗教,尤其是贸易。也可以这样认为,古代旅行的开拓者最早是从商人开始的。总之,旅行开始于奴隶社会形成时期,当时的人们为贸易、宗教等目的而旅行,他们主要的目的不是为了消遣、休闲,所以,古代旅行不同于今天的旅游活动,但可以看做是旅游的萌芽时期。

古代的旅行活动主要活跃在古文明的发祥地,如古埃及、巴比伦、古希腊、古罗马、古中国等。

(二)旅游发展的近代阶段(19 世纪 40 年代至第二次世界大战)

真正意义上的旅游,是 19 世纪中叶才开始发展起来的。资本主义国家产业革命的成功,在很大程度上促进了经济的快速发展,同时,人们财富的增加、交通工具的改进、城市化进程的加快等一系列有利条件大大地推动了旅游活动的发展,以至在 19 世纪中叶诞生了世界上第一家旅行社——托马斯·库克旅行社。该旅行社的出现标志着旅游作为产业的开始,也标志着真正意义上旅游活动的开始。在当时,旅游具有较为广泛的公众性,旅游业也不再是“业余活动”,完全成为商业行为,海报宣传、组团销售都体现了当今旅行社的基本业务,并且出现了全陪、地陪等现代旅游业服务。

(三)旅游发展的现代阶段(第二次世界大战以后)

第二次世界大战以后,世界经济开始持续稳定地发展,交通稳步改善,旅游业也得到了快速的发展。与之前相比,世界旅游业更具有社会性的特点,旅游者队伍由社会的上层人士逐步扩大为平常的百姓人家,旅游活动真正成为一种大众性活动,成为人们日常生活不可缺少的一部分。旅游需求持续稳定地扩大,促进旅游供给不断地增长。同时,各地区之间、国家之间旅游竞争也越来越激烈。并且,旅游需求的增长,也推进旅游方式的改变,在传统度假旅游的基础上,各种新兴旅游活动,如生态旅游、绿色旅游、探险旅游等层出不穷,这些特征共同构成了现代旅游。

二、国外旅游地理学的发展

国外旅游地理学研究的发端可以追溯到20世纪20年代的美国。美国是世界上旅游地理学研究最早、最发达的国家。第一篇旅游地理学论文于1931年在美国地理学者协会会议上被宣读。而在1946年第一篇旅游地理学硕士论文发布。1949年第一篇旅游地理学博士论文发表。1964年旅游地理学专著推出。1974年美国地理学者协会设置了旅游地理学特设委员会,从而承认和推动了其会员所从事的旅游地理学的研究活动。截至1985年,美国已有27所大学地理系设有旅游地理学课程,有21个地理系可以授予旅游地理学硕士学位,12所大学地理系可以授予旅游地理学博士学位。旅游地理学研究至今已有80年的历史。综合考虑,可以将国外旅游地理学的发展大致划分为以下几个阶段:

(一)萌芽阶段(第二次世界大战之前)

第二次世界大战之前,旅游没有被大众所熟知和了解,致使旅游地理学的理论研究长期处于停滞不前的状态。美国学者施内尔认为“旅游”可以分为广义的旅游和狭义的旅游两种概念,广义的旅游可理解为“包含在各种游憩活动的总名词中”。马特勒是把“旅游”置于“游憩”之下;富塞尔则将这两个名词当做同义语。由于概念上的混乱理解,导致旅游地理学研究内容混乱。

虽然地理学者在旅游的研究中扮演了很重要的角色,他们利用自己特有的关于地理环境的知识来描述某些旅游胜地,或研究区域的旅游开发(只是土地利用的研究)以及国内外的旅游流,但是这些多是着眼于小尺度的空间范围,一般没考虑到旅游服务设施的用地情况及其对周围环境的影响。也就是说,这一时期,地理学者对旅游的研究是不自觉的,多是个别旅游地的研究,对旅游地理学的基本理论探索极少。

这一时期旅游地理学者只是个别的,代表人物是麦克默里。1930年,在地理学者协会会刊《地理学评论》登载的《游憩活动与土地利用关系》被视为地理学者运用地理学观点和方法研究现代旅游的首作。

(二)初步发展阶段(第二次世界大战之后至20世纪60年代初)

第二次世界大战之后,西方一些国家经济发展很快,旅游需求急增,再加上喷气式民航客机在国际交通中的广泛应用,使旅游活动规模不断扩大,大众旅游随之出现。与之相适应,从20世纪60年代开始,大部分欧洲国家也开展了比第二次世界大战以前更为广泛的旅游研究。但总的来说,地理学者对旅游的研究没有明显的方向和兴趣,所做的研究工作仍然是零散的,不是纯粹的学术研究,而是有政策导向性的,具有很强的实践性。例如,在城市规划研究中涉及城市休闲和旅游环境的改善,包括城市公园用地娱乐设施的建立等问题;在国家公园的设立、乡村土地利用研究中讨论到旅游需求和设施的建立;少数地理学者参与了地中海沿岸、加勒比海地区、西太平洋沿岸地区部分旨在吸引国际旅游者的旅游地的早期开发和规划研究工作。其中,英国人文地理学者科波克关于确定杰出自然美地区的研究,美国克莱门特关于远东和太平洋地区旅游开发潜力的研究有较大的影响。

除了形成各类旅游区之外,旅游地理也成为了独立的科学。在理论研究方面,哈恩以游客的性质、滞留时间、季节性为标准,划分了联邦德国的旅游地区类型,编制了详细的旅游地图,探讨了不同旅游地域的特性。1960年,美国的克劳逊将休养娱乐地域分为利用者趋向型、资源趋向型和中间型三种类型。这对旅游区域规划具有重大参考价值。英国人斯坦斯费尔德在《旅游者评论》中著文《划分城市休养娱乐职能标准的补充办法》,以统计三指标划分旅游城市:休养娱乐人员与所有从业人员的比率、城市人均娱乐业收入、个人休养娱乐收入占个人平均收入的比重。1966年,美国人戴兹和费里斯在"旅游设施对旅游腹地的影响"中指出:地域基础相同的旅游城镇,其吸引范围差异的原因,外部是旅游市场距离;内部是设施和宣传。此外,鲁彼特和麦伊尔对旅游地区位论的研究等都有较大的影响。

（三）深入发展阶段（20 世纪 60 年代中期以后）

1. 20 世纪 60 年代中期至 20 世纪 70 年代中期

这 10 年，世界经济高速发展，旅游业也进入发展最快最稳的时期。旅游需求和供给规模的迅速扩大，给学者和决策者提出了大量亟待解决的课题。同客观需要相适应，各学科的研究人员从过去对旅游研究的不屑一顾，转而表现出浓厚的兴趣。这一时期的旅游研究以主动参与和多样化的研究内容为特点。

主要的研究领域有以下四个方面：一是旅游资源的评价。例如，1969 年加拿大在土地调查中提出的游憩资源评价系统，1974 年英国科波克等提出的旅游资源评价系统以及 1975 年美国土地管理局的土地供游憩活动适宜性评估系统，苏联莫希那制定了自然综合体旅游评价的几个主要阶段。二是旅游地和旅游区域的开发研究，重要的有夏威夷的进一步开发，加勒比海地区许多新旅游区（如墨西哥的坎昆）的开发，地中海沿岸旅游地带（如法国地中海沿岸、希腊沿海旅游地）的开发，莫斯科大学的地理学者则完成了国内大疗养区的实用研究。三是对旅游流的调查与分析，缘于发达国家政府部门对旅游因缺乏翔实资料而无所适从。例如，1967 年到 1969 年由英国地理学者罗杰斯主持的第一次试验性全国游憩调查。四是旅游影响的研究，包括对旅游容量问题的初步研究。例如，苏联卡然斯卡乐等人进行自然综合体旅游容量以及旅游负荷量稳定性研究。从 20 世纪 60 年代后半期开始，以普列奥布拉曾斯基等人为代表的苏联地理学者对旅游业的社会问题所做的大量旅游研究的实际工作，为旅游地理学的科学化和迅速发展奠定了基础。

2. 20 世纪 70 年代中期以后

世界旅游业总体规模仍持续增长，但因世界经济增长有较大的起伏，旅游需求的增长也相应减缓。加之发达国家及新兴的旅游业和条件较好的发展中国家的旅游开发和管理工作已渐上正轨，各国也出现了规模不等的一些旅游咨询公司，也由于研究旅游的学者逐渐增多，而侧重于学术研究的旅游学者减少，很多只忙于实际工作。同时，当开发和管理工作步入正轨，学者已完成了大量个案研究工作后，政府机构及学者都感到了管理和研究工作似乎都不够规范，于是开始致力于理性成分更高的研究总结,一个显著特征就是各种旅游地理学研究组织开始成立。1971 年,法国地理学会建立了旅游地理委员会;1972 年,在蒙特利尔国际地理学大会上,国际地理学联合会(International Geography Union)下面成立了旅游和闲暇地理工作组(Working Group on Geography of Tourism and Leisure);1976 年,在莫斯科召开的第二十三届国际地理学的大会上,第一次把旅游地理列为一个专业组;1980 年,在东京国际地理学大会上将其改为旅游和闲暇委员会;1992 年以后改为可持续旅游地理研究组(Study Group on Geography of Sustainable Tourism)。这些国家及国际旅游地理学研究组织成立后,积极组织开展各种学术活动,进一步促进了旅游地理学研究在国内及国际的交流与发展,使得旅游地理学研究不再像萌芽阶段一样处于分散状态。

这一时期相继出版了一批有分量的研究专著。20 世纪 70 年代出版的旅游地理学著作主要有赫·罗宾逊《旅游地理学》(1976 年)、伊恩·姆·马特勒《国际旅游地理》、冈恩《旅游规划》(1979 年)、南斯拉夫地理学者阿姆布洛诺维奇的《旅游地理》、苏联地理学者科特梁罗夫的《休憩与旅游地理》(1978 年)等。80 年代出版的旅游地理学著作主要有:皮尔斯《旅游开发》(1981 年、1989 年)、苏联 E. T. 札斯拉夫斯基的《海洋旅游地理和海上旅游资源》(1982 年)、日本浦达雄的《都心新的旅游空间》、L. S. 米切尔的《旅游地理学——综述与展望》、日本铃木富志郎的《城市周围娱乐旅游空间的变化》、苏联普洛布雷斯基的《苏联旅游区域和地带发展的总方向》、斯蒂芬和史密斯的《游憩地理学:区位和旅行的研究》(1983 年)等。在众多专著中,皮尔斯的《今日旅游:地理学分析》(*Tourism Today:A Geographical Analysis*)及肖和威廉姆斯的《旅游学主要论题:地理学观点》(*Critical Issues in Tourism:A Geographical Perspective*),被认为分别代表了旅游地理学研究的不同倾向:前者代表了用传统地理学方法来研究旅游现象,后者则反映了旅游地理研究中更新的、更广泛的以及更灵活的研究方法。

对旅游地理学的研究,不同的国家表现出不同的特点。总的来说,在发达国家,以多样化多角度的研究视野为特点,在从事理论性的研究时也注意对特定案例的分析,表现为较明显的实证性质。在旅游业较发达或新开发旅游业的发展中国家,以借鉴发达国家的研究成果为主,把主要精力放在旅游开发和规划的实际调查与研究工作中，而对理念研究较少。

第二节 国内旅游地理学的发展

在中国，现代旅游地理学初始研究始于20世纪30年代，系统科学研究始于20世纪70年代末80年代初，比国外晚了60年。对中国旅游地理学发展历程、主要研究内容的分析，有助于我们更好地了解当前旅游地理学的特点以及未来发展趋势。

一、古代朴素的旅游地理著作

我国古代有关旅游和山水景观的著作大致可分为两大类：以《岳阳楼记》、《黄鹤楼》、《滕王阁序》等为代表的诗文为一类，表现手法多为写景抒情，而且写景只为抒情，可称为“游记文学”；《水经注》、《入蜀记》、《佛国记》、《大唐西域记》等是作者深入考察后写成的，根本目的在于纪实和科学研究，并非单纯抒发情怀，可称为古代的“旅游地理著作”。

中国是一个有着极其悠久旅游传统的国家，古人为我们留下了许多旅游地理著作。有关中国人出游的记载最早可追溯到先秦时代的诗歌集《诗经》，它写的是民间的出游活动。至于封建帝王的“巡游”、士大夫阶层的“宦游”、宗教僧道的“云游”和文人学士的“漫游”，更是不绝于史载。成书于战国时代的《山海经》，为中国最早记载山川风物的典籍。西汉史学者司马迁周游塞北江南各地，“纵观山川形势，考察民风，访问古籍，采集传说”，撰成《史记》，其中《货殖列传》为我国最早的经济地理和旅游地理篇章。北魏地理学者郦道元游历名山大川，对我国1252条河流逐一探流求源，撰成《水经注》，成为6世纪前我国最全面系统的综合性地理著作。晋代僧人法显历时15年，游历今南亚、东南亚地区的30余国，所著的《佛国记》是世界上最早的、规模空前的旅行巨著。唐代高僧玄奘泛游中亚和印度，历时17年，归国后著《大唐西域记》，记述了极为丰富的旅游地理内容。明代徐弘祖的《徐霞客游记》和王士性的《广志绎》分别从自然地理和人文地理的角度对我国各地的锦绣河山和人文风貌进行了详细的考察和记述。

值得一提的是，对现代旅游地理学特别有影响的“天下奇书”——明末徐弘祖的《徐霞客游记》，历时 34 年，足迹遍及今 16 个省区，行程数万里。引用英国科技史专家李约瑟的话来说，“他的游记，读起来并不像是 17 世纪学者所写的东西，倒像是一部 20 世纪的野外勘察记录。”

二、现代中国旅游地理学发展

早在 20 世纪 30 年代就出现了旅行杂志，其中，许多文章也可以看成是早期的旅游地理学研究。例如，张其昀的《浙江风景区之比较观》（1934 年）。但对旅游地理学展开系统的研究还是在改革开放以后的 20 世纪 80 年代。

虽然中国旅游地理学系统研究只有短短 20 余年，但得到了较快的发展，在吸收国外旅游地理学研究理论和方法的同时，根据自身的特点，建立了自己的学科体系，走过了一条实践—理论—再实践—提高和完善理论的道路，其研究历程大致可分为以下三个阶段：

（一）初创阶段（1979 年—1985 年）

随着中国经济的发展，旅游业也得到不断发展，对旅游理论的需求愈加迫切，旅游地理学应运而生。这一时期，旅游地理学的发展动力，除了“文化大革命”结束后旅游事业得到了发展的客观因素外，地理学，特别是人文地理学的复兴，也起到了推波助澜的作用。

我国于 20 世纪 70 年代末揭开了旅游地理学研究的序幕，其标志性事件有两个：一是 1979 年底中国科学院地理研究所组建了以郭来喜研究员为领导的旅游地理学学科组；二是北京大学地理系陈传康教授首次提出了旅游地理学是中国地理学综合研究的方向之一的观点。北京大学陈传康、中国科学院郭来喜等是我国旅游地理学的主要开拓者和建设者，其中，郭来喜最早比较系统地研究总结了旅游地理学这门学科，陈传康则最早将风景与园林引入地理学领域，对风景及构景、建筑与景观、旅游资源开发的一些规律性问题做了阐述，奠定了旅游地理学的基础。

此后,不少学者发挥地理学的综合性、区域性和实践性的特点,同旅游开发实践相结合,使旅游地理学逐步发展起来。陈传康、郭来喜、杨冠雄等旅游地理学者都亲身投入并完成了大批国家和地方委托的区域旅游开发和规划任务。例如,1985 年郭来喜主持完成了《河北昌黎黄金海岸开发》。同时,他们又积极从事旅游地理学理论研究。例如,由郭来喜、杨冠雄等撰写的《旅游地理文集》(1982 年)和北京旅游学院筹备处编写的《旅游资源的开发和欣赏》(1981 年),虽未公开出版,但由内部印行而流传全国,对我国旅游地理研究有重大影响,是我国最早的两部有关旅游地理学的文集。1980 年,上海旅游高等专科学校率先在该校旅游专业开设了旅游地理学科并写出和内部印制了《中国旅游地理》教材。这本教材全面描述了中华大地的名胜古迹,虽因种种原因而未能较早公开出版,但仍具有相当的学科开创意义。由郭来喜等编写、北京旅游学院印行的《中国旅游地理讲义》(1981 年)则是我国最早的一部旅游地理学教材。吴传钧和郭来喜的"开发我国旅游资源,开展旅游地理研究"是这一阶段最重要的一篇论文。1985 年李旭旦主编的《人文地理学概论》首次列入了旅游地理学条目(郭来喜撰写),标志着旅游地理学正式成为地理学的一门分支学科。

在理论上,这一阶段主要以旅游资源为研究内容,侧重于对旅游地景观的描述并探讨其分布、形成的规律,对旅游区的交通、客源的流向以及旅游区的开发建设进行定性研究。

在实践上,取得了一些重要成果。郭来喜于 1983 年在全国保护长城工作会议上提出"保护长城,研究长城",首倡国内外集资修复长城代表区段,发展旅游业。1985 年郭来喜主持完成的"河北昌黎黄金海岸开发"是一个获得巨大成功的旅游地开发范例,使得一片荒凉的沙碱地成为新的旅游热点,取得了可喜的经济、社会与生态效益。其他的如卢村禾等完成的《皖南旅游区开发对策考察报告》(1985 年)、孙文昌等制定的《辉南龙湾区旅游规划》(1985 年)也有较大影响。

(二)初步发展阶段(1986 年—1991 年)

自 20 世纪 80 年代中期开始,经过广大学者的不懈努力,旅游地理学在科学实践中逐渐成长起来并以其独有的指导功能受到旅游界的认可,地理学界承担的小区域旅游开发规划数量剧增,完成了一大批有较高实用价值的科研报告,迎来了旅游地理研究的丰收期。

这一阶段的旅游地理学主要侧重于旅游资源的开发和规划,如孙文昌等的《长白山旅游总体规划》、张国强等的《崂山风景名胜区总体规划》、谢凝高等的《泰山风景名胜区总体规划》、陈传康等的《丹霞风景名胜区开发和规划》是颇具影响的案例。

陈传康总结大量个案实证研究,先后提出了风景要素组成、风景结构层次、旅游业的结构、旅游活动行为层次图式和区域旅游开发模式等,为区域旅游开发奠定了理论基础。郭来喜积极倡导开展旅游资源普查工作,提出了站在世界、全国、区域的大系统上来考虑区域旅游的优化模式,他还积极推动旅游地理学的国际合作与交流,其"中国旅游资源的基本特征与旅游区划研究"和"中国旅游资源的基本特征及其开发研究"是最早向国外介绍国内旅游地理研究成果的两篇论文。大量旅游地理专著也纷纷正式出版,先后有周进步的《中国旅游地理》(1986 年)、戴松年等的《中国旅游地理》(1986 年)、陈传康等的《北京旅游地理》(1989 年)、孙文昌等的《应用旅游地理学》(1989 年)、王兴中的《旅游资源景观论》(1990 年)、陈安泽等的《旅游地理学概论》(1991 年)、庞规荃的《中国旅游地理》(1991 年)等。

虽然在大量个案经验的基础上,广大学者对区域旅游开发规划理论和模式也已有了初步总结,广泛地探讨了旅游资源评价、客源市场分析和预测、旅游环境容量、旅游区划和规划及区域旅游开发等方面内容。但总的来说,这一阶段的研究涉及面还比较窄,成果主要体现在旅游资源与区域开发研究方面,其他的还相当薄弱。

(三)深入发展阶段(1992 年以来)

经过 20 世纪 80 年代的发展,在 20 世纪 90 年代,特别是 20 世纪 90 年代中后期以来,中国旅游地理学研究进入了历史以来最活跃的时期,研究领域日益拓宽,研究手段和方法不断更新,注重研究课题的实践意义和研究成果的应用价值以及与相邻学科的交叉渗透。从事旅游地理学研究的队伍也日益扩大,全国主要地理研究机构都相继在旅游地理学的基本理论和实践方面做了研究尝试。

旅游地理专业委员会的成立标志着旅游地理学在学术组织中已经得到了机构保障;国家旅游局资源开发司和中国科学院地理研究所制

定的《中国旅游资源普查规范(试行稿)》(1993 年)为编制中长期旅游规划提供了科学依据;1996 年由中科院地理所和国家旅游局计划统计司共同承担,由郭来喜主持的《中国旅游业持续发展理论基础及宏观配置体系研究》被国家自然科学基金委员会列为"九五"重点研究项目,成为中国国家级自然科学领域的第一项重点旅游研究项目,标志着旅游地理学在基础研究方面已经得到了学术界的认同,显示了旅游地理学研究旅游产业的成熟性和先导性,成为旅游地理研究的一个新里程碑;由郭来喜倡导设置生态旅游主题年的建议被国家旅游局采纳,这表明旅游地理学在高层次旅游决策中发挥了重要作用。

旅游地理学者以自己的独特优势和开拓精神,在促进本学科自身不断发展的同时,也积极参与、渗透进入其他相邻旅游学科,其中,中国区域科学协会下设的区域旅游专业委员会、中国旅游协会下设的区域旅游开发专业委员会和生态旅游专业委员会等学术组织大大促进了旅游地理学学科建设和旅游业的发展。

理论探索在实践中得到了进一步验证和提高,旅游地理学研究领域和内容也逐步扩大和深入,在旅游资源、旅游地、旅游者行为、旅游环境容量、区域旅游开发和规划等方面又提出了一些新的理论。旅游可持续发展思想受到了旅游地理学界的高度重视并贯穿于开发实践中,完成了一大批具有实用价值的旅游项目,以其独有的指导功能而受到社会各界的认可。

在这一阶段,旅游地理学界完成的旅游项目数以千计,其中以陈传康为主完成的《汕头风景区建设和旅游规划》、《中华文化博览城创意策划书》等,都突出了旅游产品开发和旅游形象设计的内容,为小区域旅游规划提供了一种模式。范家驹等人同海南省旅游局合作完成的《海南省旅游发展规划大纲》(1992 年)得到了国内专家和海南省政府的高度评价,1993 年由海南省政府颁布施行,成效显著。其进行规划工作的指导思想和做法,为各省旅游规划提供了参考。郭来喜等完成的《新疆维吾尔自治区旅游业发展布局规划》(1994 年)被国家旅游局推荐到 1995 年全国旅游计划会议上介绍经验。郭来喜主持的《北海市旅游发展与布局总体规划》(1997 年),首次进行了旅游资源普查、旅游发展战略研究和旅游业发展与布局总体规划制定三位一体的综合性研究,通过实地调查、资源普查、抽样调查和遥感图像分析,建立了旅游资源信息系统(TIS),为旅游产业发展规划的编制奠定了坚实基础,该规划被认为是到目前为止国内旅游规划体系最完整、技术方法最先进的区域旅游规划,成为区域级旅游规划的典范。

一大批青年旅游地理学者茁壮成长起来,其中,具代表性的有保继刚、楚义芳、吴必虎等,他们应用国外最新成果,采用定性与定量相结合的方法,参加了相应的实践任务研究,并重视国内外文献编目的翻译、述评工作,使中国旅游地理学沿着科学化与实用化研究方向健康发展。技术应用也呈现多样化和现代化,如 RS、GIS、GPS 等在内的高新技术也在资源普查和规划中得到了应用。

旅游地理学教材也不断更新,其中,保继刚等的《旅游地理学》被评为国家高等教育中青年优秀教材(1997 年)。同时,旅游地理学者在全国各种地理刊物和旅游刊物上发表了大量旅游地理学术论文,为我国旅游业的发展作出了重要贡献。根据马秋芳、杨新军(2005 年)的研究,按旅游地理学研究特征将相关刊物分为两类:Ⅰ类为《地理学报》、《地理研究》、《地理科学》、《自然资源学报》;Ⅱ类为《经济地理》、《人文地理》、《地域研究与开发》、《地理与地理信息科学》(原《地理学与国土研究》)、《干旱区地理》、《热带地理》。两类期刊在 1994 年—2003 年发表了大量旅游论文,尤其是第Ⅱ类期刊增长速度很快。

第三节 旅游地理学的趋势

一、旅游地理学的主要成就

(一)国外旅游地理研究成就

地理学是一门包罗万象、涉猎范围十分广泛的学科,而旅游现象又恰恰是一种复杂的地理现象。以地理学的知识背景来研究复杂的旅游现象,其研究内容的纷繁复杂程度可想而知。米切尔教授将旅游地理学研究内容的发展归结为他所谓的“鸟足理论”。他认为,旅游现象研究内容的发展像鸟足一样,由一个研究点而分叉,成为几个相近的研究内容而同时可能有多个研究点，随着时间的推移，研究的前沿变得毫无秩序，一片混乱。因此，要想将西方国家旅游地理学的研究内容归为几个研究领域是十分困难的事情，也没有一个现成的客观标准。但为了了解西方国家旅游地理学研究的全貌，我们人为地将西方国家旅游地理学研究内容归为以下几个主要领域，领域之间也许会存在重叠现象。

1. 相关概念

可被广泛接受的、标准的“旅游”概念的缺乏，是导致上述旅游地理学研究内容混乱的根本原因之一。准确地定义和区分旅游(tourism)、游憩(recreation)和闲暇(leisure)这一组相关概念，向来是旅游研究争论的焦点，旅游地理学家也不可避免地参与了这种讨论。早在20世纪30年代，就有地理学者注意到旅游研究概念不清的弱点。此后，对于这几个概念的外延及内涵问题一直争论不休。有的学者认为应将旅游置于游憩概念之下，有的学者则认为应相反。但大部分学者认为，闲暇的外延比旅游和游憩要大。现在，这些概念的讨论正朝着更加实用性和技术性的方向发展。

虽然有关这些基本概念的讨论很多，但却很少有人给旅游地理学本身下过明确的定义。只有德国学者在20世纪60年代末曾给过一个定义：“旅游地理学研究旅游的空间分布，适合旅游和游憩目的的地区或区域的自然基础以及存在于旅游与旅游胜地和旅游地之间的相互作用和相互关系。”此外，保加利亚学者也曾从区域的角度给出过两个定义。

2. 旅游吸引物

旅游吸引物(tourism attraction)在国内被称之为旅游资源，有关这方面的研究是地理学家进行旅游研究最具特色的方面。旅游吸引物的研究主要集中在其适宜性及评价方面。早期的旅游地理学者对各种旅游吸引物的适宜性进行了研究。例如，法国学者对山地、海岸的研究，英国学者对森林的研究，等等。旅游吸引物评价从开始的定性评价到后来的定量评价，评价技术越来越复杂，但评价技术和评价目的清晰度却受到质疑。到了20世纪80年代以后，因为无法有更大的技术上或理论上的突破，已经很少有学者再进行这方面的研究了。

3. 游客空间行为

有关这方面的研究，皮尔斯在《今日旅游：地理学分析》(1995年第2版)中进行了详细的论述。从旅游模型、游客空间行为动机到国际、国内游客流研究，皮尔斯都进行了详细的综述和重点内容论述。需要指出的是，基于新西兰官方旅游统计的便利，在国际及国内游客流研究方面，新西兰旅游地理学家做出了杰出的贡献，处于领先地位。另外，皮尔斯等人在研究环线旅游中所用的旅行指数，是量度环线旅行中在某一目的地的相对停留时间以及区分日旅行目的地和过夜目的地的重要指标。

4. 旅游影响

在旅游研究中，相当大的一部分文献是研究旅游影响的。从人类学、社会学，到地理学、经济学以及生态学、生物学，旅游影响研究涉及的学科十分广泛。这种状况反映了旅游影响涉及面的广泛性，引起了各个学科学者的广泛关注。旅游地理学家由于地理学的研究传统综合性和以人地关系为中心的缘故，在均衡处理旅游所带来的益与弊方面处在领先地位。地理学者早期的有关研究也是从单方面影响着手的，如经济影响、生态影响、社会影响等。随着研究的深入，西方国家旅游地理学者们开始认识到，单一的影响研究不足以全面认识旅游影响，他们开始转向对其进行综合研究。即使是这种综合性的研究，人们发现旅游发展的影响从一个地方到另一个地方，从一个研究到另一个研究，也有很大不同。伴随旅游影响研究，始终有一个数量度量指标——承载力(carrying capacity)。它最初也是单一指标，随着影响研究的发展，演变成多重指标系统，现已作为旅游开发和管理的重要手段，但其进一步的发展还有赖于旅游影响研究的深入。

5. 旅游空间分布

这方面的研究继承了地理学区域研究传统，主要集中在国际、国内旅游空间结构以及某一地区旅游空间结构。但由于数据获得的困难性及各国统计口径的出入较大，这方面的研究多为区域性的，如一国以内的某一地区、较小的国家或岛国。同样，有关这方面的具体研究内容，皮尔斯也在《今日旅游：地理学分析》一书中进行了详细论述。

6. 旅游地发展研究

最早的旅游地理研究就是有关这方面问题的。例如,英国学者对于海滨旅游胜地发展的研究,美国学者有关旅游别墅发展的研究,苏联学者有关莫斯科周围游憩带发展的研究,等等。地理学者运用地理学的综合观点以更长的时间段来研究旅游发展,随着研究的深入,于20世纪80年代初,加拿大地理学者巴特勒提出了著名的旅游地生命周期理论假说。此后,众多学者对这个假说进行了大量的实例验证和改进,已经发展成为旅游地理学有限的几个理论模型之一。旅游规划研究也是旅游地发展研究的主要内容之一。旅游地发展研究经过早期的开发研究,后来的旅游地生命周期理论研究等,均为旅游规划研究提供了坚实的实践和理论基础。在此基础上,许多学者对旅游规划的方法进行了研究。但近20年,由于政府对此介入相对较少,导致旅游规划研究在一些西方国家相对减少,但在发展中国家的研究仍然十分活跃。

7. 新趋势研究

20世纪90年代以后,西方国家旅游地理学家开始对旅游地理学在地理学中的地位进行反省。例如,爱奥尼得司认为,"尽管旅游地理学很早就成为一个专业,但是微弱的理论基础使之成为地理学的外围学科。"皮尔斯也认为旅游地理学一直缺乏较强的概念基础和理论基础。同时,受全球化、政府所提倡的加强旅游在经济重组中的作用、地理学新思潮以及新的旅游现象等的影响,旅游地理学研究出现了一些新的研究点。针对旅游地理理论缺乏的问题,布里腾认为,主要是地理学家没有抓住旅游是一种重要的资本主义积累方式的事实,应该将政治经济学引入旅游研究,主要研究旅游生产和消费的资本主义本质和旅游对于区域竞争和经济重组分析的贡献。并且,他提供了有关旅馆业和地点商品化的实例。响应布里腾的观点,爱奥尼得司后来做了有关这方面的进一步论述。虽然很多旅游地理学者都强调地理学各个分支学科都可对旅游现象研究作出自己的贡献,但很少有这方面的具体研究。斯奎尔从人本主义地理学和文化地理学角度对旅游现象进行研究做了初步论述,这应该是从不同的角度研究旅游现象的良好开端。

（二）国内旅游地理学主要成就

1. 旅游资源及其分类、评价研究

1998 年—2004 年，旅游资源调查和区域开发仍然得到了旅游地理研究者最大的关注。众多旅游地理学者研究了各类旅游资源的特点、成因和开发策略。在旅游资源的分类上，较有影响的分类方法是郭来喜和吴必虎(2000 年)共同完成的《中国旅游资源分类系统与类型评价》，其在《中国旅游资源普查规范》(试行篇)基础上，共增加 3 个景系，10 个景类，98 个景型。更多的论文集中于旅游资源的评价上，层次分析法仍然是进行旅游资源评价的主要方法。具有代表性的有李悦铮(2000 年)运用层次分析法对辽宁省沿海主要景区(点)进行的评价，他提出了该地区旅游资源开发的框架思路；钟林生(2002 年)利用层次分析法并运用 GIS 技术，对公园生态旅游适宜度进行了计算并得出分类统计值；于涛方(2002 年)用层次分析法对吉林省主要的自然和人文景点进行了评价并得出了吉林省旅游资源呈现“六族群”、“三带状”的分布格局；齐德利(2004 年)运用层次分析法对江苏省沿海生态旅游资源的吸引力、开发潜力和综合价值进行了定性和定量的评价，探讨了江苏省沿海生态旅游的策略；蒋勇军(2004 年)运用层次分析法定量评价了重庆市的旅游资源并借助 GIS 技术，对重庆市旅游资源的结构和空间分布特征进行了分析。另有学者采用其他的方法对旅游资源进行了评价。薛达元(1999 年)、郭剑英(2004 年)采用旅行费用法、费用支出法分别评价了长白山自然保护区和敦煌旅游资源的旅游价值；范业正和郭来喜(1998 年)共同对中国滨海旅游地气候适宜性进行了技术性评价；任健美(2004 年)分析了五台山气候状况和气象景观，计算了各月的舒适度指数、寒冷指数、平均穿衣指数，得出了人体气候舒适度的时间分布。李占海(2000 年)借鉴国外海滩旅游资源质量评价体系的发展状况，建立了适合我国国情的评价体系。吴必虎(2001 年)创建了“等距离专家组目视评测法”，提供了线性旅游景观评价的适用技术，并用之评价了黑龙江省的国内第一条架车旅游观光风景道。

2. 旅游地研究

在保继刚、谢彦君、陆林等分别借鉴外国的旅游生命周期理论对旅游地演化规律进行初步探讨后，丁健和保继刚(2000 年)更深入地研究了云南省建水燕子洞的特殊旅游生命周期,分析了该洞旅游生命周期的各主要原因并提出了重建建水燕子洞旅游业的对策和建议;张朝枝(2003年)通过对广东省七星岩、丹霞山,湖南省岳阳楼等案例分析与比较研究,运用形象本底分析等方法,得出了市场潜力需求是旅游地衰老和复苏的根本动力的结论。杨效忠(2004年)通过旅游地生命周期的动力因子的探讨,认为旅游地生命周期实质是在诸多外部因素的影响下的旅游产品持续调整的过程,通过旅游产品结构周期模型的建立和分析,论述了影响生命周期内在、外在因素及其作用机制。很多学者研究了旅游地的空间结构。曹雪旺(2003年)以生态学阻力面理论为依托,创建了符合旅游规划需要的旅游地阻力面理论并构建了旅游景点、旅游景区、旅游地、旅游区域之间联系的阻力层次体系,建立了旅游空间联系的影响因子系统,并在黑龙江省五大连池进行了实证研究。吴必虎(2004年)研究了中国城市周边乡村旅游地和旅游目的地区域的空间结构;王瑛(2000年)通过对云南省旅游用地的分布和旅游业发展情况的分析,发现了旅游业的分布呈一种类似杜能环的旅游业区位结构,以旅游集散地为中心,由内向外,呈现四条带状分布的旅游业区位模型;王铮(2003年)在考察了贵州省旅游景观的分布后,修订了这个模型并强调这绝不是杜能现象而是一种新的地理现象。伴随着中国城市旅游越来越成为旅游的主体部分,城市旅游地得到了众多学者的关注。彭华(1999年)提出了考虑城市发展的动力机制,必须分析影响产业发展的诸因素以及有针对性地找到推动城市旅游发展的主导因素。吴必虎(2001年)定义了环城游憩带概念并以上海市为例对影响城市游憩带形成的基本因素、土地利用特征和空间结构进行了研究。苏平(2004年)按照地复合分类法并根据旅游地资源属性和旅游活动的性质将旅游地分为9类,又根据北京市的情况归并为4类,得出了北京市环城游憩带旅游地空间结构特征。保继刚(2004年)运用28座重点旅游城市1982年—2001年的统计资料,并参照1989年—2001中国旅游统计资料对改革开放以来中国旅游目的地的发展进行了研究,得出了城市旅游目的地地理集中指数变化趋缓的结论,他还讨论了中国旅游目的地的发展趋势。

3. 旅游者行为及旅游市场研究

在旅游者行为及旅游市场研究方面，研究人员注重于采用各种方式获得大量数据并进行数理统计，有的还建立了模型进行预测。代表性的有：聂献忠（1998年）通过问卷调查法分析揭示了九寨沟旅游流的结构特征和现状以及国内旅游者的行为特征，提出了开拓客源市场的方法。孙根年（1998年）提出旅游本底线的概念，依据1978年—1996年共计19年境外客流量统计数据，建立了外国人、港澳台同胞、华侨和境外客流总量的4条本底趋势线并用之说明1989年政治风波对我国境外旅游业的影响，利用其预测功能预测了其后4年我国境外旅游业发展趋势；陆林（2002年）利用1996年—2001年国内旅游客流月份分布数据，分析了三亚、北海、普陀山等海滨（岛）型城市旅游地和黄山、九华山等山岳型旅游地国内客流季节性特征，分别计算出旅游客流集中指数及其变化趋势，同时分析其变化的自然季节性因素和社会季节性因素；保继刚（2002年）利用1987年—1999年第一手调查资料，对桂林市12年来的旅游客源市场演变进行了研究，得出了桂林旅游市场在空间上逐步分散、吸引半径得以加大、波浪式推进和跳跃式增长的演变结论；丁健（2004年）详细分析了广州市民的出游时间变化、出游目的、出游组织方式和目的地选择行为，总结出广州市市民的出境旅游特征；宣国富（2004年）在大量的实地调研的基础上，研究了三亚市旅游客流市场的空间分布特征，在重力模型的基础上以航空票价为评价经济距离指标，建立了基于航空廊道的旅游客流潜力模型，分析了三亚市旅游者的空间行为特征。同时，也有学者对古村落的旅游地市场的旅游者行为给予了关注。卢松和陆林（2004年）以安徽省西递、宏村为例研究了古村落旅游客流分布特征并从事件、社会因素、自然资源因素、黄山辐射效应、管理体制及经营管理水平等方面展开了客流时间变化影响因素分析。

4. 旅游环境容量研究

1998年—2004年期间旅游环境容量研究进展不大。冯学钢（1999年）引入风景旅游生态容量概念，以安徽省采石子风景区为研究对象，建立了旅游活动对风景区地被植物—环境影响模型。王剑（2002年）以贵州省东风湖为例，探讨了待开发旅游地旅游环境承载力研究的意义并从旅游环境承载力计算的计量模型、适合喀斯特地域特色的指标体系的建立及指标权重等方面，讨论了如何将旅游环境承载力的理论和方法应用于待开发区域规划设计的具体操作之中，引入了旅游环境承载量和旅游环境承载指数等新概念；陈飘（2004 年）从云南省香格里拉碧塔海景区土壤、植被的野外调查，探讨了景区旅游者分布与土壤践踏之间的规律并提出土壤践踏基础容量指标。

5. 生态旅游研究

生态旅游研究是旅游地理学中一个新兴的研究内容，国内生态旅游研究始于 20 世纪 90 年代。但 1998 年到 2004 年，随着人们消费观念的转变以及旅游地环境问题的出现，生态旅游在这几年获得了旅游地理学术界广泛的关注，一些学者也开始关注区域生态旅游开发。王仰麟（1998 年）以云南省安宁市为例将景观生态学应用于区域旅游开发；杨兆萍（2000 年）对新疆维吾尔自治区哈纳斯自然保护区进行了旅游环境质量评价，对旅游区生态容量进行了计算并提出了相应的保护措施；苏维词（2001 年）探讨了贵州省茂兰喀斯特森林自然保护区发展生态旅游的意义并评价其优劣势，提出其开发生态旅游应坚持的 4 条原则及开发方向、相应对策；鄢和琳（2001 年）首次提出了川西生态旅游开发模式及相应的生态旅游持续发展的宏观调控措施；吕永龙（1998 年）、牛亚菲（1999 年）、刘忠伟（2001 年）则研究了生态旅游的理论问题。吕永龙提出生态旅游景观资源可持续利用的一般途径、旅游地发展的一般政策、一般原则，分析了地区生态旅游的发展潜力和限制条件、产业的结构和空间适应性；牛亚菲阐述了可持续旅游、生态旅游的定义和两者之间的关系以及实施可持续的生态旅游战略的途径，评价了生态旅游和可持续旅游的标准和国际上生态旅游实施现状，分析了生态旅游战略面临的问题并提出了可持续生态旅游策略、目标和方案；刘忠伟等则初步探讨了景观生态学在生态旅游供给方、需求方和二者的综合层次尤其是生态旅游规划管理中的应用。

6. GIS 应用研究

GIS 超强的空间信息处理能力使其在旅游地理中获得了越来越重要的应用。王铮（2001 年）通过建立风景名胜区市场域概念、基本模型以及风景名胜区市场域识别划定标准，从而基于 GIS，计算出我国各国家级风景名胜区市场域及各级阈值并对结果进行分析，提出了加速交通业发展是促进我国西部地区旅游业发展的关键；邓悦（2003 年）建立旅游集散地的计算案例，所有的模型多采用 VB6.0 编写程序实现并调用 GIS 软件中 Map Objects 2.0 控件实现地理显示和分析功能，获得了强大的空间分析能力。而蒋勇军（2004 年）借助于 GIS 技术，对重庆市主要自然和人文景区的旅游资源的结构和空间分布特征进行分析，对重庆市进行了概念规划，得到 4 个结构区并提出每个规划区发展的整体思路和方向。上述论文均发表于层次最高的地理刊物《地理学报》和《自然地理学报》。

7. 旅游影响和旅游可持续发展研究

随着旅游地的快速发展，旅游业也暴露出一系列的问题，引起了学术界的关注。许多学者从实践的角度出发，关注了区域旅游业出现的问题。为了评价旅游业对旅游地影响的程度，不少学者提出了旅游环境影响的评价模型。葛小东（2002 年）以九寨沟国家级自然保护区为例，将廊道的空间格局和生态功能结合起来，采用运筹学方法，提出了评价旅游活动对环境影响的新指标——网络有效性指标；席建超（2004 年）分析了旅游消费占用基本构成，提出了旅游消费占用计量模型并以北京市海外旅游者为例，对旅游消费生态占用做了初步探讨；章锦河（2004 年）提出了旅游生态足迹的概念，构建了旅游交通、住宿、餐饮、购物、娱乐、游览 6 个旅游生态足迹计算模型并以黄山为例，计算分析了 2002 年黄山游客的旅游生态足迹及效率。俞穆清（1999 年）、俞锦标（2001 年）、徐颂军（2001 年）、鄢和琳（2001 年）、汪宇明（2002 年）、胡善风（2002 年）分别探讨了各特定旅游地的可持续发展。牛亚菲（1999 年）、杨兆萍（2000 年）分别阐述了可持续旅游、生态旅游的一般原理及实施可持续生态旅游战略的途径。旅游地理学在我国旅游业大发展的背景下，取得了长足的进步。1998 年—2004 年期间，主要的研究进展表现在：旅游地理学学者更加关注区域旅游业的发展，为区域旅游业的发展出谋划策，提出影响旅游业的各种因子的评价指标体系，同时，不乏有识之士更加关注旅游业在发展中出现的各种问题并为解决此类问题提供对策和思路。

旅游地理学在理论和方法上表现出兼容并蓄、博采众长的特点。

经济学、旅游学、景观生态学、数理统计方法、系统动力学、“旧三论”、“新三论”、3S理论和方法、图论、网络拓扑都为旅游地理学研究所借用,学者们在吸收相关学科的精华并用之于旅游地理学方面做了很多有益的尝试,四大地理期刊(《地理学报》、《地理科学》、《地理研究》、《自然资源学报》)的导向作用明显,有利于实现旅游地理学理论和方法的现代化。

但我们仍然要看到旅游地理学研究有许多不足。表现在研究内容方面,是研究力量分配极度不平衡。从事旅游资源研究力量仍然过强,对旅游市场、旅游者行为、旅游影响等的研究力量偏弱,旅游地图,旅游主题公园研究力量过小。对国外旅游地理研究力量不足,国外的译文比重太小,这说明我国旅游地理学界借鉴国外先进经验的力度仍需加大。表现在研究方法方面,则是在传统方法中徘徊的人仍占太大的比重。

二、旅游地理学的发展趋势

(一)国外旅游地理学发展趋势

现代旅游到20世纪70年代才真正引起地理学者的充分重视,可见学术研究大大滞后于旅游现象。国外学者对此做了综合分析,形成了阶段性认识。首先,学术界长期忽视对于非生产过程的研究,认为旅游现象不是严肃的研究话题,正如爱奥尼得司所指出的,“尽管旅游地理学很早就成为一个专业,但是微弱的理论基础使之成为地理学的外围学科”;其次,“大众旅游”现象出现的时间相对较晚,因此它的影响在各种景观中被反映出来再成为旅游地理学研究的对象都需要时间;再次,旅游研究的相关统计数据十分缺乏,研究起来困难重重;最后,旅游现象本身的复杂性使旅游地理学的研究从一开始便出现种种概念性的争论。

这种学术研究的滞后性,严重阻碍了旅游地理学的发展。但总的来说,国外旅游地理学已经初步确立了自己的学科地位。再加上世界旅游业方兴未艾,受全球化、政府所提倡的加强旅游在经济重组中的作用、地理学新思潮以及新的旅游现象等的影响,旅游地理学新研究课题也在不断涌现,朝着漫长的成熟阶段发展。

1. 旅游地理学与地理学其他分支学科的关系进一步协调

旅游地理学者对于地理学各分支学科的重视与各分支学科学者对旅游地理学的看法并不一致，很多旅游地理学者都强调地理学各个分支学科都可对旅游现象研究作出自己的贡献，但很少有这方面的具体研究。斯奎尔从人本主义地理学和文化地理学角度对旅游现象做了初步论述，这应该是从不同角度研究旅游现象的良好开端。另一方面，虽然旅游地理学是一门综合性地理学，但各分支学科学者对旅游地理学的看法并不一致。旅游地理学者把自己归属于人文地理学范畴，但人文地理学著作却常常忽视旅游地理学的存在。例如，约翰斯顿在其有关战后人文地理学发展的重要论述《地理学与地理学者：1945 年以来的英美人文地理学》一书的关键词索引中，根本就没有出现旅游、游憩等词语。因而，有必要进一步协调旅游地理学与其他地理学分支学科的关系，使他们互相接纳、融入。

2. 许多新的旅游方式的研究力度有待加强

随着大众环境意识的增强，出现了许多新的旅游方式，如生态旅游（Ecotourism）、自然旅游（Nature Tourism）、替代性旅游（Alternative Tourism）等，有关这方面的研究会不断深化。

3. 旅游地理学者与地理系的关系亟待调整

旅游地理学者脱离地理系的事实，严重影响了旅游地理学在地理学学科内的发展。在 20 世纪 80 年代和 90 年代，许多旅游地理学者因为不愿自己的研究工作受到认为旅游地理不是主流空间研究的同辈地理学者的阻碍，而纷纷脱离地理系。例如，在新西兰，除了一两个著名的学者以外，其余的旅游地理学者现在均供职于商学院的旅游和游憩系；澳大利亚的情况也类似。这种情况的出现，与上述学术界根深蒂固的偏见——旅游现象不是严肃的研究话题，有很大关系。

4. 旅游需求在广度和深度上的变化

应用学科是环境的产物，其发展受制于社会对它的需求程度。例如，区域地理研究的衰落即是由于信息技术的高度发展，人们可以通过现代化的通信和信息处理技术很快获得所需区域的全景图像。

随着社会和经济的持续发展，旅游作为一种高层次需求会随之增长，以旅游为研究对象的学科只会继续兴旺而不会隐退。可以预期，随着全球经济的逐步一体化，发展中国家和地区迟早会摆脱仅能生存的局面，迈上较高的发展层次。

在此背景下，全球的旅游需求在规模上会逐步增大。也就是说，旅游研究同时也要面对旅游需求在广度和深度上的更多更复杂的研究课题。

5. 跨区域、跨学科性合作研究

未来迅猛发展的旅游业所提出的问题已非某一门类的专家就能解决，常常需要经济学者、地理学者等各个学科专家进行“会诊”。在参与合作研究的过程中，旅游地理学者也从原有的专业中走出来，吸收相邻学科的知识和研究方法，扩大自己的知识面，提高解决实际问题的能力，不断提高研究水平。

（二）中国旅游地理学发展趋势

自改革开放以来，中国旅游地理学得到了较快发展，但仍是一门尚不成熟的边缘交叉学科，至今旅游地理学的学科属性、研究任务、研究对象、研究内容等仍有商榷的空间。现存的很多不足之处和不断出现的各种复杂难题正是今后要解决的问题。

1. 研究内容广度和深度的矛盾有待解决

旅游地理学者来自不同的学科领域，基本上都站在原所属学科角度上研究旅游地理学，研究内容广度有余，或者因其研究内容过于宏观，缺乏实际意义，或者有更适合的学科和方法替代了旅游地理学及其方法体系的位置。而另一些研究内容如旅游环境、旅游形象策划、旅游信息系统、城市旅游、旅游者行为等，虽然得到了发展，但是挖掘的深度不足，成果的显示度不高，一些能够更深刻提示旅游发展规律的研究内容尚未得到足够关注。

2. 应用价值夸大和非生产过程研究淡化的状况有待改善

30 年来，旅游地理学界始终以服务于旅游发展为主攻方向，旅游地理学的应用价值被夸大，反过来制约了非生产过程研究的拓展和深入。我国的旅游研究首先就是从经济的角度来认识旅游业和旅游现象的，最早进入旅游地理领域的学者正是注意到了旅游的产业特征、经济效益，其研究目标也恰恰着眼于通过旅游发展带动区域经济发展。特别是自 20 世纪 90 年代以来，我国进入经济结构调整的关键阶段，很多地方政府将旅游作为经济增长点，完成了很多不同层次、不同类型的旅游规划，将学科的应用性特点发挥到了极致。

旅游地理学研究，绝不只是一个经济问题，仅仅关注旅游地理学在促进国民经济发展上的应用价值，不能解决因旅游业发展带来的很多相关社会公平、环境伦理问题。因此，今后要加强对非生产过程的研究，如加强社区参与研究，为当地人谋利益等。

3. 定性研究和定量研究的关系有待商榷

目前，国内出现不少为量化而量化的文献，虽然人文社会科学广泛应用量化方法是一个国际性趋势，但是应清楚地认识到，任何定量研究结果一定要在逻辑上没有漏洞并能够用定性的语言加以描述和解释。对现实模拟的不完善，始终是量化研究的缺陷之一。实证研究在过去30年的旅游地理研究中是一种常见方法，但不能把利用数学和量化的方法来进行研究看做解决问题的唯一途径，况且低水平实证研究有时会成为无价值的案例堆积，浪费研究资源和研究者的精力。

4. 正确地处理学术研究和应用实践之间的关系

在我国，高校与研究机构的旅游地理学者，既要从事较为纯粹的学术研究，又要从事面向实践的规划等任务。在这样一个特殊的研究大环境下，如何处理学术研究和应用实践的关系，既保证学术研究的质量和数量，也保证规划等应用工作的质量，是一个很值得思考的问题。

处理好两者关系，促进旅游地理学的进步，一方面，要提高旅游地理研究者的自身素质。培养正确的研究观念、掌握科学的研究方法并将学术研究作为第一使命。旅游地理学者要随时保持清醒的头脑，找准自己在学术研究和规划实践之间的位置，认识到作为一个学者与政府、企业、公众之间所存在的身份差别。实际上，在研究对象、研究工具、研究者三个方面中，研究者的能动性最为突出，然而现在存在于研究者自身的问题也较为突出。另一方面，要纠正社会对学者价值评估上的错位。目前，社会在评价一个学者贡献时，很容易将学术研究成果与完成的应用实践成果混淆起来，这实际上是一种评估错位。应用性的“规划成果”并不等于学术上的“研究成果”，学者之所以为“学者”，其赖以立足的“学术贡献”被一再淡化。学者的研究工作应该尽量避免外界的干扰，尤其不能受控于现实的经济利益或权力。学者的使命，主要体现为通过严谨的研究工作，推进学科的学术进步，不应将直接参与或指导实践作为学者的首要任务。西方旅游地理学者十分重视哲学思想对研究工作的报导作用。例如，“弱势群体”、“话语权”、“利益相关者”、“NGO”（非政府组织）等近年来频繁应用于旅游研究中的新词汇正是他们在反思社会发展过程中出现的种种问题后，积极寻求更为公平、更为有效、更为持久的发展模式的一些努力。

社会的认同是很可贵的，虽然应用价值也必要，但如果喧宾夺主，占用学者投入学术研究本身的精力，回顾—反思—提炼—升华这一学科进步的过程被压缩、推迟，甚至被忽略，则可能使整个学科得不偿失，从而导致依赖于学科存在的学者的自我群体认同感变得越来越淡薄，最终反过来削弱学者本身成就的学术价值和社会价值。因此，为了更好地实现社会价值，应用性研究成果不应该成为评价一个学者成就的主要标准。

5. 现代科学技术手段的使用水平有待提高

郭来喜等对旅游业的科技化发展战略给予了密切关注，呼吁制定《中国旅游业高技术发展计划纲要》。目前，已有部分专家在旅游地理研究中应用了高新技术。例如，马耀峰在研究旅游流中应用了地理信息系统技术，但总的来说，尚不深入。

采用遥感方法、自动制图、电子计算机等现代科学技术手段可以使研究视野扩大、周期缩短、精度提高。最突出的是旅游信息系统的建立和运用，不仅能快捷地提供各方面信息，而且还可以作为便利的分析工具，大大提高研究成果的多样化表达水平。

6. 跨学科合作和跨国际交流有待加强

旅游地理学涉及面非常广，涉及地理学、园林学、经济学、建筑学、心理学、社会学、生态学等多门学科。旅游业是一个综合产业，许多问题都具有综合性，要解决这些问题，就必须开拓视野，提倡跨学科研究，吸收相邻学科的理论知识和研究方法，积极借鉴其他学科的优点，促成各学科专家、学者的合作研究，共同解决问题。

思考与练习

1. 国外旅游地理学的发展经过了哪几个阶段?
2. 现代中国旅游地理学发展经历了哪几个阶段?
3. 目前国外旅游地理学研究取得了哪些成就?
4. 国内旅游地理学研究在哪些方面具有较大的进展?
5. 旅游地理学出现了哪些新的趋势?

第三章

旅游资源

引言

要到周末了,小李和同学们想要组织一次郊外远足。小李想:搞一次人迹罕至的森林之旅听起来是一个不错的创意,如果能在森林里遇上点儿野味就更好了。可是,在小李生活的城市周围,大多数森林都是人造的,哪里有什么野味呢?那么,到一个人造森林里去度过周末算不算是旅行呢?人造森林和原始森林是不是旅游资源呢?哪一个具有更高的旅游价值?该如何进行评价和开发?

本章学习目标

1. 了解旅游资源的概念、特点和分类。
2. 掌握旅游资源调查和评价的方法。
3. 了解旅游资源开发的一般原则、程序和开发内容。

第一节　旅游资源概述

旅游资源是旅游者进行旅游活动的客体,巨大的地区差异是旅游地域富有魅力并吸引游客前往旅游地体验的根本原因所在,这使旅游资源成为旅游地理学的基本组成部分。

一、旅游资源的概念

我国学者对旅游资源的认识大致经历了三个阶段:第一阶段是20世纪90年代以前,旅游资源的定义主要是从旅游资源的范围界定的,主要讨论了旅游资源的要素;第二阶段从旅游资源功能方面进行了探索,张凌云在1988年对旅游资源的定义就提到了“激发旅游者动机”,从此开始一直到20世纪90年代前期,对旅游资源的定义主要基于旅游资源的吸引功能和旅游资源要素两方面;20世纪90年代后期以来,面对经济全球化的潮流,旅游在推进标准化的同时,个性化的趋势也越来越明显。对旅游资源的定义也出现了多方向、多角度的讨论。例如,杨时进所下的定义基于规划与开发的可能性,杨振之的定义基于三大要素吸引性的总和,谢彦君强调旅游资源具有的审美和愉悦价值,杨东升则从旅游价值的角度进行定义。①

和我国学者不同的是,西方学者常使用旅游吸引物(tourist attraction)的概念。霍洛韦(Holloway,1986年)定义道:“旅游吸引物必须是那些给旅游者以积极的效益或特征的东西,它们可以是海滨或湖滨、山岳风景、狩猎公园、有趣的历史纪念物或文化活动、体育运动以及令人愉悦舒适的会议环境。”

虽然学者们在对旅游资源进行定义时表述各有不同,但也存在一些共同之处。其中,最主要的一点就是旅游资源必须能够吸引旅游者,否则就不能称之为旅游资源。此外,就是旅游资源既可以是物质的,也可以是非物质的,既可以是有形的,也可以是无形的。

关于旅游资源的概念,也存在一些有争议的问题。其中,第一个是“旅游业利用观”问题,即被旅游业利用能否作为判断旅游资源的标准。有些学者认为,旅游资源除了能激发旅游者动机以外,还必须能被旅游业利用,以产生经济效益和社会效益。21世纪以来,随着经济的增长和各种设备的完善,自助游、探险游等大量新型旅游的出现,已经逐渐对“旅游业利用观”产生了冲击,旅游者已经基本可以脱离旅游业的五大部门自主完成旅游。在这种情况下,将“旅游业利用观”纳入旅

① 冯学钢,黄成林.旅游地理学[M].京:高等教育出版社,2006:99。

游资源的定义，显然已经不合时宜了。

第二个是关于旅游吸引物、旅游资源、旅游产品的关系的问题。在大多数情况下，旅游吸引物是旅游资源的代名词，二者通用。持有这一观点的人认为，凡是对旅游者具有吸引力的因素就是旅游资源，而不必考虑这些因素是否能被旅游业利用，即模式一。第二种观点认为旅游资源是旅游吸引物和旅游产品的交集。认为旅游资源既要吸引旅游者，又要为旅游业所利用并成为旅游产品，即模式二。第三种观点认为，旅游资源是旅游吸引物和旅游产品的并集，认为劳务、人力、市场、设施等因素都应算作旅游资源，即模式三。笔者认为，由于旅游吸引物的吸引力强弱有差异，并不是所有的旅游吸引物都能成为旅游资源（地处荒凉之处的半片石碣可能具有吸引力，但却不足以造就吸引力环境），只有那些能够为旅游者造就吸引力环境的旅游吸引物才能构成旅游资源。旅游资源属于旅游产品，有些特殊的劳务或设施也具有吸引力功能（如特殊的茶艺服务或同时具备游览功能的海上宾馆），也应该属于旅游产品，但是，那些不能对旅游者产生吸引力的一般劳务、人力、市场、设施等不能称之为旅游资源。可以认为，旅游资源是存在于特定的地域空间并能造就吸引力环境的旅游吸引物，可以是任何自然、历史或社会因素，即模式四。

模式四与模式二看上去都认为旅游资源是旅游吸引物和旅游产品的交集，但是其内涵是不同的。模式二将能否被旅游业开发作为界定的标准，而模式四的主要界定标准是能否造就吸引力环境。四种模式可以用图 3－1 表示。

二、旅游资源的特点

旅游资源是旅游目的地借以吸引旅游者的重要因素，也是旅游开发必备的条件之一。正确认识旅游资源的特点，有利于合理开发和充分利用旅游资源。总的来讲，旅游资源具有区域性、吸引性、垄断性、文化属性、可创造性和不可再生性、整体性和发展性的特点。

（一）区域性

旅游资源的区域性是指各种旅游资源都被打上了它所在区域的烙印，反映出它所在区域的特色。由于旅游本身具有异地性的特点，区域

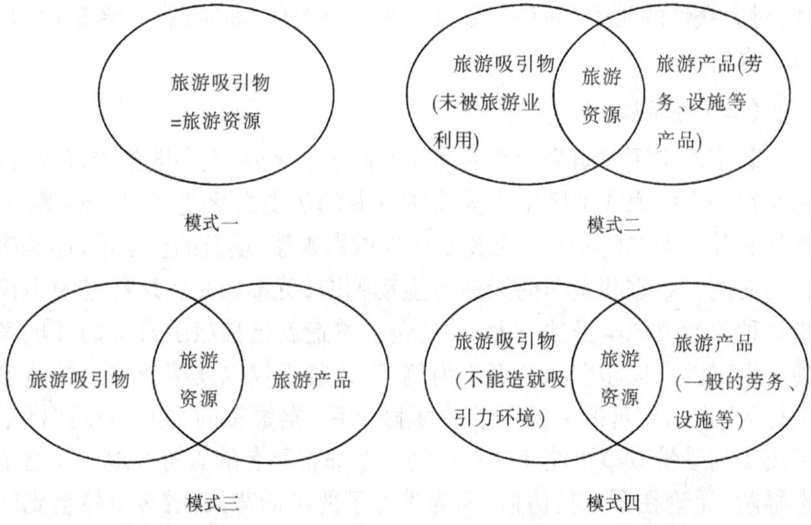

图3-1 旅游吸引物、旅游资源、旅游产品关系模式图

间的差异正是旅游资源吸引旅游者的重要因素。因此,凡是能成为旅游资源的因素,都存在较强的区域性,体现着该区域的自然或人文特征。在中国北部的内蒙古自治区,半干旱的气候和平坦的地形使这里成为中国主要的牧区,那达慕大会就成了这里具有区域性特征的旅游资源。而在云南省,傣族泼水节上泼清水、划龙舟则印证了当地河流众多、降水丰富的区域特色。区域性是旅游资源的内在属性,是旅游者产生旅游动机的根本原因。

(二)吸引性

旅游资源不同于其他资源就在于其本身所具有的旅游吸引性。旅游资源凭借其自身的区域特征对旅游者产生吸引力。不同的旅游资源吸引力的强度并不一样。张家界、九寨沟这样风景绝伦的地区,自然有非常强的吸引性,而各地区地方性的风景区,其吸引性就要弱一些。同样是主题公园,大连市的发现王国和香港特别行政区的迪斯尼乐园对游客的吸引力也不能相提并论。这样就会产生世界级或国家级、省级的旅游区。与此同时,即使是同一个旅游资源,由于旅游者的个体存在差异,该旅游资源对旅游者的吸引强度也是不一样的。尤其是历史内涵、文化内涵较深刻的旅游资源,对相关的专业人士会具有较强的吸引性,对大众性的旅游者而言,吸引力会相对弱些,即所谓"仁者乐山,智者乐水"。

(三)垄断性

除了以主题公园为代表的当代人造景点之外,大多数旅游资源,特别是在一个国家或地区中作为旅游资源的历史文化遗产和自然遗产,都具有独一无二的特点。无论是印度的泰姬陵、埃及的金字塔,还是澳大利亚的大堡礁和东非的天然野生动物园,莫不如此。这种垄断不仅指该种旅游资源本身独一无二,还包含着造就这种旅游资源的环境是独一无二的。以印度的泰姬陵为例,泰姬陵不仅以其精美绝伦的造型被称为"人间建筑的奇迹",在泰姬陵背后,泰姬陵的主人与沙贾汗皇帝凄美的爱情故事更能使这里成为一个非常著名的旅游胜地。而这个泰姬陵,无论在哪里被仿造,因为失去了故事的背景,游客所体会到的也不可能是原汁原味的泰姬陵了。这种原址原迹的垄断性,可以增加旅游资源吸引性的砝码。

(四)文化属性

一般的旅游资源都具有一定的文化内涵,即蕴藏着一定的科学性和自然的或社会的哲理。人们通过观光、游览、参与、体验,可以得到各种知识和美的享受,增进人们对生活和对世界的理解。有些博物馆、科学馆、文化馆本身就是旅游资源,蕴涵有非常丰富的科学文化知识。有一些鬼斧神工的自然景观,展现着不同的美感,激发人的想象力。各类民俗风情的体验,可以使旅游者发出感悟生活、认识世界的惊叹。但是,要想深刻地感受旅游资源的文化属性,对旅游者也有一定的要求。旅游者的文化素养越高,对旅游资源的文化属性感受越深刻。反之,旅游者的文化素养越低,对旅游资源的文化属性感受越肤浅。

(五)可创造性和不可再生性

随着时代的发展,旅游资源的范围变得越来越大,宇宙空间、虐囚的监狱都已经得到了一定的开发。而各种类型的人造景点,也极大地激发了人们的旅游热情。从这个角度来讲,旅游资源具有可创造性。国内很多地区原有的古塔、寺庙等建筑由于各种原因已经被破坏掉,20世纪80年代以来,随着经济的复苏和旅游业的发展,这些古塔和寺庙又被重新建造了起来。与此同时,一些非常珍贵的旅游资源也具有不可再生性,一些濒危的动植物,一旦灭绝就永远不会再出现;在汶川地震中受损的兵马俑,永远不能恢复其原来的样子了;拥有1500多年历史的巴米扬大佛,也在2001年永远离开了人类。

(六)整体性

很多旅游资源是与自然环境和人类社会环境融合在一起的,在通常情况下,很少存在孤立的、与周围环境和景观要素互不联系的旅游资源。黄山是对国内外游客具有强大吸引力的名山,有黄山四绝之称的奇松、怪石、温泉、云海各有特色,共同造就了“五岳归来不看山,黄山归来不看岳”的神话。苏堤春晓、曲苑风荷、平湖秋月、断桥残雪、柳浪闻莺、花港观鱼、雷峰夕照、双峰插云、南屏晚钟、三潭映月构成的西湖十景一直是旅游者心中的圣地。一般来说,旅游资源的组合越好,对游客的吸引力就越大。由多种高质量的旅游资源组合而成的旅游景区往往是具有全国、甚至世界范围内吸引力的著名景区。一些地区为了展示自己丰富的旅游资源,也会做出“某某八景”“某某十景”的宣传。

(七)发展性

旅游资源总是随着人类物质文明和精神文明的进步而不断补充着、发展着。旅游需求的不断变化影响着旅游资源的吸引程度。名噪一时的旅游胜地可能随着人们兴趣的转移而萧条,鲜为人知的地方却因投旅游者所好而日趋兴旺。旅游资源也具有和其他产品一样的生命周期,所以需要不断地增添新的旅游产品。除了传统的山水、名胜之外,现代的工业设备、特色民风都可以作为旅游资源进行开发,卫星发射中心、总统官邸也可以开发成旅游资源对游客开放。各种另类旅游更是层出不穷。

三、旅游资源的分类

旅游资源涵盖面广泛、内容丰富,为了更好地认识旅游资源,合理地进行开发和利用,需要对旅游资源进行分类。目前比较常见的分类方式有如下几种:按照旅游资源的基本属性、按照旅游活动的性质、按照旅游资源的特征和游客体验、按照旅游资源的开发利用方式以及一些专项旅游资源如地质旅游资源、海洋旅游资源、红色旅游资源、体育旅游资源、民族风情旅游资源等的分类。

(一)按照旅游资源的基本属性分类

1. 二分法

按照旅游资源的基本属性,首先将其分为自然旅游资源和人文旅游资源两大系列,这种方案简称为“二分法”,是目前最常见、应用最广泛的一种分类方案,但是,由于认识上的差异及所采用的依据不同,对自然旅游资源和人文旅游资源进一步细分的过程及结果有所不同。甘枝茂、马耀峰采用“二分法”将旅游资源分为2大类、14个基本类型、63个类型,见表3-1。

2. 三分法

除了“二分法”以外,有些学者将旅游资源分为自然旅游资源、人文旅游资源、社会旅游资源三大类,被称作“三分法”。几乎所有的“三分法”都是将人文旅游资源中一些难以物化的资源单列出来,提高到与人文旅游资源同等的地位。

国家自然科学基金“九五”重点项目成果——郭来喜、吴必虎等的《中国旅游资源分类系统与类型评价》可以认为是学术研究型方案的典型代表。这就是一种“三分法”的模式,将旅游资源分为自然景系、人文景系、服务景系三大景系,在此基础上将旅游资源分为10个景类和98个景型,见表3-2。

表 3-1 旅游资源分类表[①]

大类	基本类型	类型	大类	基本类型	类型
自然旅游资源	地质	岩石 化石 地层 构造遗迹 地震灾害遗迹	人文旅游资源	历史古迹	古人类遗址 古战场遗址 名人遗址 重要史迹 其他古迹
自然旅游资源	地貌	山地 峡谷 喀斯特 风蚀风积景观 冰川遗迹 火山熔岩 黄土景观 丹霞地貌 海岸与岛礁 其他地貌	人文旅游资源	古建筑 陵墓	防御工程 宫殿 水利工程 交通工程 瞭望观赏建筑 起居建筑 其他建筑 帝王陵墓 名人陵墓 其他陵墓
自然旅游资源	水体	河川 湖泊 瀑布 泉 海洋 其他水体	人文旅游资源	园林 宗教文化	皇家园林 私家园林 寺观园林 公共游憩园林 佛教文化 道教文化 伊斯兰教文化 基督教文化
自然旅游资源	气象气候与天象	气象 气候 天象	人文旅游资源	城镇	历史文化名城 现代都市 特色城镇
自然旅游资源	动植物	植物 动物 动植物园	人文旅游资源	社会风情	民俗 购物
自然旅游资源	综合景观	自然保护区 田园风光 其他综合景观	人文旅游资源	文学艺术	游记、诗词 楹联、题刻 神话传说 影视、戏曲 书法、绘画

① 甘枝茂,马耀峰. 旅游资源与开发[M]. 天津:南开大学出版社,2000:9。

表 3-2 中国旅游资源分类系统表①

景系	景类	景型
自然景系	地文景观景类	(1)地质现象景型;(2)山岳景区景型;(3)探险山地景型;(4)火山景型;(5)丹霞景型;(6)地表岩溶景型;(7)峡谷景型;(8)土地/沙林景型;(9)黄土景型;(10)雅丹景型;(11)沙地/砾地景型;(12)海岸景型;(13)岛屿景型;(14)洞穴景型;(15)探险/徒步景型;(16)自然灾害遗迹景型
	水文景观景类	(1)海面景型;(2)非峡谷风景河流景型;(3)湖泊/水库景型;(4)河口潮汐景型;(5)瀑布景型;(6)泉景型;(7)现代冰川景型
	气候生物景类	(1)天文/气象景观景型;(2)日照景型;(3)空气景型;(4)冰雪景型;(5)雾/雾凇景型;(6)气候景型;(7)原始植物群落景型;(8)风景林景型;(9)风景草原/草甸景型;(10)观赏花草景型;(11)野生动物栖息地景型;(12)游憩性渔猎地景型;(13)构景地表土壤景型
	其他自然景类	其他自然景观景型
人文景系	历史遗产景类	(1)人类文化遗址;(2)社会经济文化遗址;(3)军事防御体系遗址;(4)古城与古城遗址;(5)帝陵与名人陵墓;(6)皇室/官署建筑群;(7)宗教/礼制建筑群;(8)殿堂;(9)阁楼;(10)古塔;(11)牌坊/门楼;(12)碑碣;(13)传统建筑小品;(14)古典园林;(15)近代西洋建筑;(16)名桥;(17)传统聚落/田园;(18)古井;(19)古民居;(20)石窟/摩崖石刻;(21)古代水利/交通工程;(22)历史街区;(23)历史纪念地;(24)革命纪念地
	现代人文吸引物景类	(1)产业旅游地景型;(2)现代水工建筑景型;(3)现代大型桥梁景型;(4)特色聚落/平日活动景型;(5)城市现代建筑景型;(6)城市广场/客流集散地景型;(7)现代城市公园景型;(8)动植物园景型;(9)主题公园/人造景观景型;(10)购物旅游地景型;(11)疗养度假地景型;(12)科学教育设施景型;(13)博物馆/展览馆景型;(14)体育/军体设施景型;(15)健身康体设施景型;(16)节庆活动景型;(17)景观建筑景型;(18)人工喷泉景型;(19)土特产/工艺美术品景型;(20)娱乐设施/表演团体景型;(21)雕塑景型

① 郭来喜等. 中国旅游资源分类系统与类型评价[J]. 地理学报,2000(5):294~301。

续表

景系	景类	景型
人文景系	抽象人文吸引物景类	(1)民间传说景型;(2)山水文学作品景型;(3)名胜志/地方志景型;(4)戏曲/民间文艺景型;(5)少数民族文化景型;(6)特色民俗景型;(7)历史寻踪景型
	其他人文景类	其他人文景观类型
服务景系	旅游服务景类	(1)旅游住宿设施景型;(2)旅游餐饮场所景型;(3)旅行社景型;(4)旅游交通设施/机构景型;(5)旅游教育/科研机构景型;(6)旅游管理机构景型;(7)特种劳务/服务场所景型
	其他服务景类	其他服务类型

(二)按照旅游活动的性质分类

英国学者科波克在1974年依据旅游资源适宜的旅游活动并考虑海拔高度等因素将英国的旅游资源划分为:

1. 供陆上旅游活动的资源

(1)露营、篷车旅行、野餐旅游资源,包括所有具乡间碎石小路400m以内的地方。

(2)骑马旅游资源,指已开辟有步行道、车行道和驰道的海拔在300m以上的高地地带。

(3)散步及远足旅游资源,指海拔450m以上的高地,已经建有驰道、步行道、车行道的地方。

(4)狩猎旅游资源,指所有有狩猎价值的地方。

(5)攀岩旅游资源。要求是高差在30m以上的断崖。

(6)滑雪旅游资源。要求有效高差在280m以上,且有3个月以上的滑雪期。

2. 以水体为基础的旅游活动资源

(1)内陆钓鱼水域。要求宽度在8m以上,未遭污染的河流、溪谷及运河,以及面积在$5km^2$以上的水面。

(2)其他水上活动内容水域,指面积在$20km^2$以上,或宽度在

200m 以上,长度在 1000m 以上的未污染水域。

(3)靠近乡间道路的水域,指距乡间碎石小路 400m 范围之内,可供一般活动的未污染水域。

(4)适于海上活动的海洋近岸水域,如海岸边。

(5)适于海岸活动的靠近乡间道路地带,指有沙滩或岩石的海岸,要求位于乡间碎石道路 400m 范围以内。

3. 供欣赏风景的旅游资源

以绝对高差和相对高差分类:

(1)低地。要求海拔高度在 152m 以下。

(2)平缓的乡野,指海拔高度在 152 ~ 457m 之间,相对高差在 122m 以下。

(3)高原台地,指海拔高度在 152 ~ 457m 之间,相对高差超过 122m 或海拔高度在 152 ~ 610m 之间,相对高差在 122 ~ 244m 之间。

(4)俊秀的小山。海拔高度超过 610m,相对高差在 122 ~ 244m 之间,或海拔高度在 457 ~ 610m 之间,相对高差超过 183m。

(5)高的山丘。海拔高度在 610m 以上,相对高差超过 244m。

这种分类方法虽然只是对英国的自然旅游资源进行了分类,在海拔高度的选择上带有很强的英国地域特色,但是,按照旅游活动的性质进行分类却成为较好的分类方式,目前,根据旅游活动的性质可以将旅游资源分成观赏型旅游资源、娱乐型旅游资源、文化型旅游资源、保健型旅游资源、购物型旅游资源以及特殊型旅游资源(如具有科学考察价值、探险价值的旅游资源等)。

(三)按照旅游资源的特征和游客体验分类

这种综合性的旅游资源分类考虑了旅游资源的性质特点和旅游者的休闲体验,将旅游资源情况、空间分布、旅游设施和旅游体验结合在一起进行考虑。分类更具灵活性,对旅游开发有借鉴意义。在这种分类方法中,以克劳森和尼奇(Clawson M. and Knetsch J. L.)在 1966 年提出的分类最具有代表性。具体分类如下:

1. 消费者导向型旅游资源

以消费者需求为导向,靠近消费者集中的人口中心(城镇)开发的人造旅游资源(如球场、动物园、一般性公园等),满足城市居民的日常休闲活动。自然环境和景观要素是这些资源的基础,但供人们休闲娱乐和游览的资源主体是人造的,其旅游设施完善,娱乐性较强,开展的旅游活动有高尔夫球、网球、野餐、步行、骑乘等。其通常由地方政府(市、县)或私人经营管理,距离城市在60km的范围之内。

2. 资源导向型旅游资源

这类旅游资源通常是高质量的,采用低密度开发,尽可能少地布置和建设旅游设施,一般面积在1000km^2以上,可以使旅游者获得近于自然的体验,主要是国家公园、国家森林公园、州立公园及某些私人领地等。资源地与客源地之间有一定距离,旅游者在中长期度假中利用这类旅游资源。其由资源来决定旅游活动的内容,主要活动内容有观光、科学和历史考察、远足、登山、钓鱼和狩猎等。

3. 中间型旅游资源

其为特性介于上述二者之间的旅游资源,游客在这里获得比消费者导向更接近自然的旅游体验,但比资源导向型又要差一些。这类旅游资源一般为旅游者短期旅游休闲所利用,如一日游或周末休假。

(四)按照旅游资源的开发利用方式分类①

按照旅游资源的开发利用方式可以将旅游资源分为原生性旅游资源和萌变性旅游资源两大类。

1. 原生性旅游资源

此类旅游资源包括在成因、分布上具有相对稳定和不变特征的自然、人文景观和因素。它们一般具有不可再生性、地域垄断性和继生性,如自然旅游资源中的山、河、湖泊、地貌、野生珍稀动植物等,人文旅游资源中的历史古迹、文物、习俗、土特产等。这类旅游资源是经过沧海桑田的自然变化造就的或是人类文明的结晶,具有易损性和不可再生性,应加以保护,永续利用。

2. 萌变性旅游资源

此类旅游资源包括在成因、分布上具有明显变化的自然、人文景观和因素,一般具有可再生性,不具备地域垄断性,如人造景观、博物馆、

---

① 冯学钢,黄成林. 旅游地理学[M]. 北京:高等教育出版社,2006:110~111。

疗养院等。

除以上几种分类方法外，还可以从其他角度对旅游资源进行分类。按照旅游资源的组合性状，可以将旅游资源分成聚汇型、辐散型、单线型、环线型、矩型和叠置型6种类型。依据旅游资源形成的原因，可以分为自然赋予天成型、人类历史形成型、天然与人工结合型和人工创造型4类旅游资源。

(五)我国国家旅游局提出的分类方法

2003年，中国科学院地理科学与资源研究所、国家旅游局规划发展与财务司联合起草的《旅游资源分类、调查和评价》(GB/T 18972—2003)将旅游资源分为8个主类、31个亚类和155个基本类型，见表3-3。

表3-3 中国旅游资源分类表

主类	亚类	基本类型
地文景观	综合自然旅游地	(1)山丘型旅游地;(2)谷地型旅游地;(3)沙砾石地型旅游地;(4)滩地型旅游地;(5)奇异自然现象;(6)自然标志地;(7)垂直自然地带
	沉积与构造	(1)断层景观;(2)褶曲景观;(3)节理景观;(4)地层剖面;(5)钙华与泉华;(6)矿点矿脉与矿石积聚地;(7)生物化石点
	地质地貌过程形迹	(1)凸峰;(2)独峰;(3)峰丛;(4)石(土)林;(5)奇特与象形山石;(6)岩壁与岩缝;(7)峡谷段落;(8)沟壑地;(9)丹霞;(10)雅丹;(11)堆石洞;(12)岩石洞与岩穴;(13)沙丘地;(14)岸滩
	自然变动遗迹	(1)重力堆积体;(2)泥石流堆积;(3)地震遗迹;(4)陷落地;(5)火山与熔岩;(6)冰川堆积体;(7)冰川侵蚀遗迹
	岛礁	(1)岛区;(2)岩礁

续表

主类	亚类	基本类型
水域风光	河段	(1)观光游憩河段;(2)暗河河段;(3)古河道段落
	天然湖泊与池沼	(1)观光游憩湖区;(2)沼泽与湿地;(3)潭池
	瀑布	(1)悬瀑;(2)跌水
	泉	(1)冷泉;(2)地热与温泉
	河口与海面	(1)观光游憩海域;(2)涌潮现象;(3)击浪现象
	冰雪地	(1)冰川观光地;(2)长年积雪地
生物景观	树木	(1)林地;(2)丛树;(3)独树
	草原与草地	(1)草地;(2)疏林草地
	花卉地	(1)草场花卉地;(2)林间花卉地
	野生动物栖息地	(1)水生动物栖息地;(2)陆地动物栖息地;(3)鸟类栖息地;(4)蝶类栖息地
天象与气候景观	光现象	(1)日月星辰观察地;(2)光环现象观察地;(3)海市蜃楼现象多发地
	天气与气候现象	(1)云雾多发区;(2)避暑气候地;(3)避寒气候地;(4)极端与特殊气候显示地;(5)物候景观
遗址遗迹	史前人类活动场所	(1)人类活动遗址;(2)文化层;(3)文物散落地;(4)原始聚落
	社会经济文化活动遗址遗迹	(1)历史事件发生地;(2)军事遗址与古战场;(3)废弃寺庙;(4)废弃生产地;(5)交通遗迹;(6)废城与聚落遗迹;(7)长城遗迹;(8)烽燧

续表

主类	亚类	基本类型
建筑与设施	综合人文旅游地	(1)教学科研实验场所;(2)康体游乐休闲度假地;(3)宗教与祭祀活动场所;(4)园林游憩区域;(5)文化活动场所;(6)建设工程与生产地;(7)社会与商贸活动场所;(8)动物与植物展示地;(9)军事观光地;(10)边境口岸;(11)景物观赏点
	单体活动场馆	(1)聚会接待厅堂(室);(2)祭拜场馆;(3)展示演示场馆;(4)体育健身馆场;(5)歌舞游乐场馆
	景观建筑与附属型建筑	(1)佛塔;(2)塔形建筑物;(3)楼阁;(4)石窟;(5)长城段落;(6)城(堡);(7)摩崖字画;(8)碑碣(林);(9)广场;(10)人工洞穴;(11)建筑小品
	居住地与社区	(1)传统与乡土建筑;(2)特色街巷;(3)特色社区;(4)名人故居与历史纪念建筑;(5)书院;(6)会馆;(7)特色店铺;(8)特色市场
	归葬地	(1)陵区陵园;(2)墓(群);(3)悬棺
	交通建筑	(1)桥;(2)车站;(3)港口渡口与码头;(4)航空港;(5)栈道
	水工建筑	(1)水库观光游憩区段;(2)水井;(3)运河与渠道段落;(4)堤坝段落;(5)灌区;(6)提水设施
旅游商品	地方旅游商品	(1)菜品饮食;(2)农林畜产品与制品;(3)水产品与制品;(4)中草药材及制品;(5)传统手工产品与工艺品;(6)日用工业品;(7)其他物品
人文活动	人事记录	(1)人物;(2)事件
	艺术	(1)文艺团体;(2)文学艺术作品
	民间习俗	(1)地方风俗与民间礼仪;(2)民间节庆;(3)民间演艺;(4)民间健身活动与赛事;(5)宗教活动;(6)庙会与民间集会;(7)饮食习俗;(8)特色服饰
	现代节庆	(1)旅游节;(2)文化节;(3)商贸农事节;(4)体育节

续表

主类	亚类	基本类型
数量统计		
8	31	155
[注] 如果发现本分类没有包括的基本类型时,使用者可自行增加。增加的基本类型可归入相应亚类,置于最后,最多可增加 2 个。编号方式为:增加第 1 个基本类型时,该亚类 2 位汉语拼音字母 + Z、增加第 2 个基本类型时,该亚类 2 位汉语拼音字母 + Y。		

国家标准则是国家规范性质的实战操作型方案的典型代表。该分类方法是目前我国各地展开旅游资源调查、评价和分析的基本方法,为各地进行旅游资源调查和分类提供了统一的标准,具有如下优点:

(1)这是一种开放的分类方法,使用者可以根据实际情况对基本类进行增减。

(2)相对于一些其他方案,国标操作起来比较简洁、方便。

但是也有不少学者提出了国标分类中存在的问题。

(1)存在着一些概念模糊(观光游憩湖区和水库观光游憩区段雷同)、前后重复(人类活动遗址和原生聚落、宗教与祭祀活动场所和祭拜场馆)、类型细分(可以将地热与温泉再细分为热水、热气、出露泉)的问题。①

(2)该分类都是从观光角度进行认定的,对于视觉感受、环境质量等指标则无法涵盖。②

正是由于旅游资源的多样性和不同资源之间所存在的性质差异,决定了任何分类都将无法穷尽或涵盖全部资源类型。此外,更由于分类原则的非唯一性,决定了不同分类结果之间的交叉和不兼容。

---

① 何效祖.《旅游资源分类》问题的初步诊断分析[J].旅游学刊,2005(6):9~10。

② 杨振之.论度假旅游资源的分类与评价[J].旅游学刊,2005(6):30~32;王衍用.对旅游资源应该进行深度研究[J].旅游学刊,2007(2):11。

第二节　旅游资源的调查与评价

一、旅游资源的调查

旅游资源是一个地区开发和发展旅游的基础，只有详细深入地了解本地区的旅游资源情况，才能合理地对这些资源进行开发。旅游资源调查是旅游开发的基础性工作，是全面认识当地旅游资源存量的必要条件。只有经过旅游资源调查以后，才能对旅游资源进行开发，并且根据旅游资源的实际情况妥善安排旅游管理和环境保护方面的相关事宜。

在旅游资源调查过程中，常用的方法有三种，即实地调查法、遥感调查法和资料分析法。

（一）实地调查法

实地调查法是指调查人员深入到旅游资源中去，在现场对旅游资源进行直接调查，这是在旅游资源调查中最常用也是最必需的调查方法。调查人员需要对旅游资源的体量、外貌、颜色及其他特征进行直观地观察、测量和记录。对于一些在平常情况中难以见到的自然和社会现象，如蜃景、佛光、特殊的仪式等旅游资源，需要通过访问亲身经历过这些现象的当地人，获取有关的信息和资料。一些随季节变化的旅游资源，如瀑布水量的变化、候鸟来去的时间等，需要通过走访当地的政府部门的有关专业人员，才能获得这些方面的资料。随着科学技术的发展，便携式的GPS、数码照相机、摄像机等设备越来越普遍地应用在实地调查法中，也大大地提高了实地调查的效率，加强了实地调查的精确程度。实地调查法不仅是核实和补充各种资料的最主要的方法，还能让旅游资源的调查评价人员对这些资源产生感性认识，有利于对旅游资源做出正确的评价。

（二）遥感调查法

对于较大区域的旅游资源调查，需要采用遥感调查加以支持。遥感调查法既可以节省人力、物力、时间,提高工作效率,还可以通过遥感图像的整体性全面掌握调查区现状,判断各景点的空间分布和组合关系。遥感法不仅能定性调查旅游资源,而且能对某些资源单体的特征进行定量,可以发现一些野外调查不易发现的资源,可获取全面、准确的资料。但是,由于卫星、飞机遥感对资金和技术等方面要求较高,遥感调查的即时性较差,调查人员大多数会采用已有的近期遥感材料(航片、卫片等)对旅游资源进行分析。

(三)资料分析法

除了实地调查法和遥感调查法以外,资料分析法也是调查旅游资源必备的方法之一。首先,在实地调查之前,调查人员需要得到一些基本资料,以确定实地考察的范围和重点考察对象。其次,旅游资源所在地区的地理环境和经济状况、民俗风情等内容,必须由当地部门以资料形式呈现给调查人员。最后,在只能采用资料分析法进行旅游资源调查时,需要注意资料的时效性和全面性,还需要注意对资料进行分析和对比,剔除虚假的资料信息。

在实际的旅游资源调查过程中,经常采用三种方法并用的方式。首先,收集一些该地的基本资料,如地质、地貌、水文、气候、生物、古迹与建筑、民风民俗等,对旅游资源状况进行基本的了解。然后,深入实地进行实地调查,对已有资料加以文字、数据、图片的补充和完善,对一般性资料进行处理,使其成为旅游资源调查的专用资料。必要的时候可以找出当地的卫星照片、飞机航片或大比例尺地图加以处理,制成旅游资源图。在处理过程中如果遇到解决不了的问题,可能需要再次收集、分析资料或再次深入实地进行考察,直到完成调查任务为止。

二、旅游资源的评价

旅游资源是地方发展旅游的基础,其开发评价又是编制旅游规划的重要基础。正确对旅游资源做出评价,是做好旅游规划的前提。目前,国内旅游资源的评价方法主要有定性评价和定量评价两种类型。

(一)定性评价方法

定性评价方法在我国资源评价的历史上一直占据主要地位。它主要凭借评价者的知识和经验,根据一定的评价体系,对旅游资源做出主观色彩较浓厚的结论性描述。其优点在于能客观地把握旅游资源的特色,工作量较小,容易得出结论。不足之处在于不易量化,主观性比较强,缺乏科学性,操作性不强。具有代表性的定性评价方法主要有:“三四五”评价法、“三三六”评价法、两方面评价法、“八六五”评价法、一般体验式评价法、美感质量评价法等。

1.“三四五”评价法

“三四五”评价法由徐德宽提出。其中,“三”是指三大效益,即经济效益、社会效益和环境效益;“四”是指四大价值,即历史文化价值、观赏价值、科学价值和潜在价值;“五”是指五大条件,包括景区(点)的区位条件(包括地理位置和交通)、经济社会条件、市场客源条件、旅游资源特质条件、旅游环境条件。

2.“三三六”评价法

“三三六”评价法由卢云亭提出。其中,第一个“三”是指三大价值,包括旅游资源的历史文化价值、艺术观赏价值和科学研究价值;第二个“三”是指三大效益,即经济效益、社会效益和环境效益;“六”是指六大条件,包括景区的地理位置与交通条件、景物或景象的地域组合条件、景区旅游资源容量条件、旅游客源市场条件、旅游开发投资条件和施工条件的难易程度。

3. 两方面评价法

两方面评价法由上海科学院黄辉实提出,他认为需要对旅游资源从旅游资源本身和其所处的环境两个方面进行评价。旅游资源本身指美、古、名、特、奇、用;而其所处的环境则主要考虑自然环境、经济环境和市场环境。他提出的评价体系是:季节性、污染状况以及旅游环境的质量、联系性、可进入性、基础结构、社会经济环境、旅游市场。

4.“八六五”评价法

北京旅游学院科研室提出按八项吸引力、六项开发条件和五项效益进行评价。八项吸引力包括观赏价值、文化价值、科学价值、项目旅游、游览内容丰富程度、环境质量、季节差异、特殊价值和环境容量。六项开发条件包括地区经济条件、可进入性、依托城市、通信条件、地方积极性和已有服务设施情况。五项效益包括目前年均接待游客量、开发所需投资量、投资来源、客源预测和社会效益。

5. 一般体验式评价法

一般体验式评价法是由旅游者(也可以是旅游专家)根据自己的亲身体验对某一个或一系列的旅游资源就其整体质量进行定性评价,该评价结果是具有可比性的定性尺度。通过统计大量的旅游者或旅游专家有关旅游资源(或旅游地)优劣排序的问卷回答或统计旅游地或旅游资源在报刊、旅游指南、旅游书籍上出现的频率,从而确定一个国家或地区最佳旅游资源(地)的排序,其结果能够表明旅游资源(地)的整体质量和大众知名度。但这种方法仅限于少数知名度较高的旅游资源(地),对一般的或尚未开发的旅游资源(地)难以采取这种方法。

6. 美感质量评价法①

旅游资源的美感质量一般是在对旅游者或专家的体验深入分析的基础上,建立规范化的评价模型,该评价结果为定性尺度或数值,大多具有可比性。其中的自然风景视觉质量评价较为成熟,已发展成为四个公认的学派,即专家学派、心理物理学派、认知学派、经验学派。

(1)专家学派。专家学派认为,凡是具有形式美的风景就具有较高的风景质量。通常由少数专业人员来完成此项工作,他们通过线条、形体、色彩和质地四个元素来对风景进行分析,强调多样性、奇特性、协调统一性等形式美原则在风景质量分级方面的重要作用。这种评价法评价的要素相对明确,便于操作,是美感质量评价法四大学派中应用较多的一个学派。

(2)心理物理学派。心理物理学派把风景与风景审美理解为一种刺激—反映关系并将心理物理学中的信号检测方法引入到风景质量评价中来。其基本思想是:①人类具有普遍一致的审美观,这种普遍一致的审美观可以作为风景质量的衡量标准;②人们对于自然风景质量的评估是可以通过风景的自然要素来定量表达的;③风景审美是风景和人之间的一种作用过程,风景质量评估就是建立一种反映这一作用关系的定量模型。

---

① 张林.旅游地理学[M].天津:南开大学出版社,2007:135~138。

(3)认知学派。与专家学派和心理物理学派不同,认知学派注重研究如何解释人对风景的审美过程。心理学派把自然风景作为人的生存空间和认知空间来研究,强调风景对人的认知作用在情感上的影响,试图用人的进化过程及功能需要来解释人对风景的审美过程。

(4)经验学派。与上述三个学派不同,经验学派把人在风景审美评判中的主观作用提到了绝对高度,将人对风景的审美评判看做是人的个性和其文化历史背景、志向和情趣的表现。通常通过考证文学艺术家关于风景审美的文学作品、艺术作品以及名人日记等,来分析人与风景的相互作用以及某种审美评判产生的背景,也通过心理测量、调查和访问等形式记述现代人对具体风景的感受和评价。经验学派的心理的调查并不要求被调查者评价风景的优劣,而是要求被试者详细描述自己的个人经历及关于某风景的感受等,其目的是分析某种风景价值所产生的环境和背景。因此,经验学派的方法和结论不能直接应用于风景质量评价中。

(二)定量评价法

旅游资源的定量评价法有单因子评价法和综合多因子评价法两大类。

1. 单因子评价

对于每一项旅游活动,都会有一个或几个旅游资源因素对旅游活动的质量起决定性作用。单因子评价是指评价者在进行资源评价时,根据需要,主要考虑这些起决定作用的关键因子并对这些因子进行全面的技术性评价或优劣评价。例如,美国土地管理局对滑雪旅游资源进行单因子定量评价时,主要选取了七个起决定作用的因子(雪季长度、积雪深度、干雪保留时间、海拔、坡度、温度、风力)[①]并根据每个因子的实际情况设定评分标准。最后,按照要素评分总和值将滑雪资源分为三等。

2. 综合多因子评价

层次分析法是应用广泛的对旅游资源综合多因子评价方法。其主

① 保继刚,楚义芳. 旅游地理学[M]. 北京:高等教育出版社,1999:94。

体思路是：首先，将要评价的因子进行分解并确定层次；其次，通过分析和计算，确定出个层次指标的权重值；最后，利用得出的各项指标权重值，对旅游资源进行分项打分，利用公式计算，得出最终的综合结果。以保继刚提出的层次分析法为例。首先，确定评价的层次和因子。见图3－2。

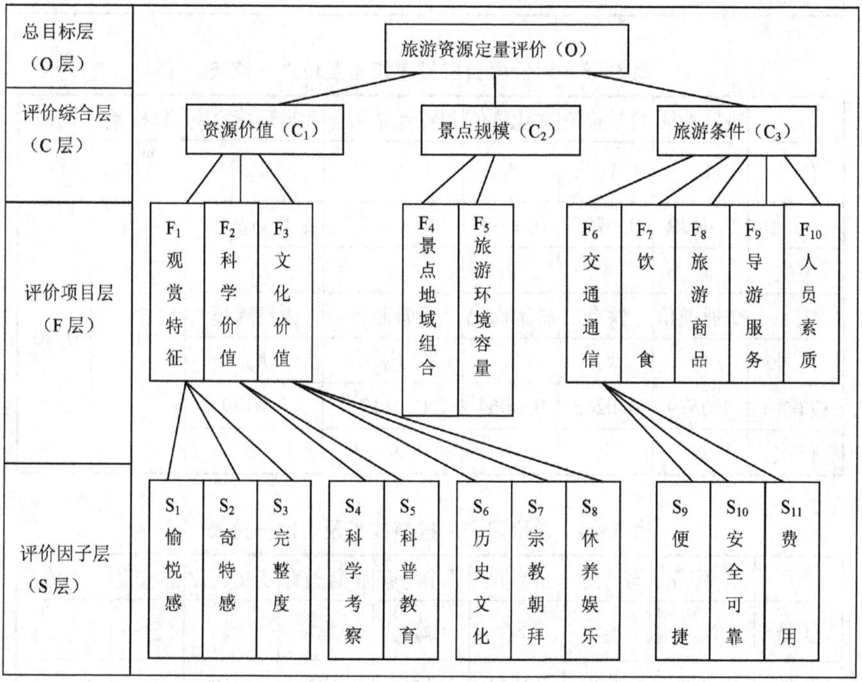

图3－2 旅游资源评价树状图

然后，邀请专家以填表的方式按重要、稍重要、明显重要等评判级别，分别以1、3、5、7、9或其倒数作为量化标准，对同一层次的各因素相对于上一层次的某项因素的相对重要性给予判断，提出意见，再运用计算机进行整理、综合、检验，排出最后的结果。见表3－4，表3－5，表3－6。

表 3－4 评价综合层排序权重及位次一览表

	资源价值	景点规模	旅游条件	总权重	均值
代号	C_1	C_2	C_3	$\sum_{i=1}^{3} C_i$	
权重值	0.7241	0.1584	0.1175	1	0.3333
位次	1	2	3		

表 3－5 评价项目层排序权重及位次一览表

	观赏特征	科学价值	文化价值	景点地域组合	旅游环境容量	总权重	均值
代号	F_1	F_2	F_3	F_4	F_5	$\sum_{i=1}^{10} F_i$	
权重值	0.4479	0.0765	0.1995	0.0885	0.0699	1	0.10
位次	1	4	2	3	5		
	交通通信	饮食	旅游商品	导游服务	人员素质		
代号	F_6	F_7	F_8	F_9	F_{10}		
权重值	0.0579	0.0263	0.0064	0.0119	0.0149		
位次	6	7	10	9	8		

表 3－6 评价因子层排序权重及位次一览表

	愉悦感	奇特感	完整度	科学考察	科普教育	历史文化	总权重	均值
代号	S_1	S_2	S_3	S_4	S_5	S_6	$\sum_{i=1}^{11} S_i$	
权重值	0.2505	0.1210	0.0751	0.0414	0.0551	0.075	0.7819	0.00711
位次	1	2	3	8	6	4		
	宗教崇拜	休养娱乐	便捷	安全可靠	费用	人员素质		
代号	S_7	S_8	S_9	S_{10}	S_{11}			
权重值	0.0542	0.0663	0.0148	0.0082	0.0049			
位次	7	5	9	10	11			

最后，根据权重排序，以 1 为满分按权重赋予各个因素一定分值。见表 3－7。

表 3－7 旅游资源定性评价权重表

评价综合层	权重	评价项目层	权重	评价因子层	权重
资源价值	0.72	观赏特征	0.44	愉悦感	0.20
				奇特感	0.12
				完整度	0.12
		科学价值	0.08	科学考察	0.03
				科普教育	0.05
		文化价值	0.20	历史文化	0.09
				宗教朝拜	0.04
				休养娱乐	0.07
景点规模	0.16	景点地域组合	0.09		
		旅游环境容量	0.07		
旅游条件	0.12	交通通信	0.06	便捷	0.03
				安全可靠	0.02
				费用	0.01
		饮食	0.03		
		旅游商品	0.01		
		导游服务	0.01		
		人员素质	0.01		
合计	1	1			

以上得出的是各因子的权重值，在进行实际评价时采用公式 3－1 进行计算。

公式 3－1

$$E=\sum_{i=1}^{n}Q_iP_i$$

在公式中，E 为旅游地综合性评价结果值；Q_i 为第 i 个评价因子的权重；P_i 为第 i 个评价因子的评价值；n 为评价因子的数目。最后计算的结果就是综合多个因子及其权重值对旅游资源的评价值。

第三节 旅游资源的开发与保护

旅游资源是发展旅游产业的基础，旅游资源开发就是对已经真实、全面、科学地评价过的各类旅游资源做出以经济目的为主、适合于旅游者活动并能使其满意的经营、管理活动,发掘其经济的、社会文化的、环境的潜在价值或扩大其现有价值。从本质上来讲,旅游资源的开发过程就是将旅游资源转化成旅游产品的过程,即旅游资源产品化的过程。

一、旅游资源开发的原则

旅游资源开发一般应遵循以下几个原则:

(一)特色原则

特色原则是指在对旅游资源进行开发时要突出其与众不同的特色。"新、奇、特"的旅游资源往往更具有旅游价值,为了突出特色,常见的做法就是开发在某些方面具有"最"字的旅游资源,如历史"最"悠久,规模"最"大,造型"最"奇,工艺"最"精,知名度"最"高等。旅游资源贵在稀有,与众不同的旅游资源,是其能够对旅游者产生吸引力的根本所在,也是决定其吸引力大小的主要影响因素。但是,旅游者的需求有求异的一面,也有求同的一面。一方面,旅游者追求一种不同于常住地的旅游环境,另一方面,绝大多数旅游者又希望旅游目的地所提供的生活条件符合其生活习惯和惯常的要求。所以,特色原则主要是指正常的生活服务之外的特色原则。

(二)经济原则

经济原则是指旅游资源的开发必须服从当地社会经济发展的需要。首先,并不是所有拥有旅游资源的地区都可以或者应该发展旅游业。在开发旅游资源所付出的机会成本高于它所能带来的收益的情况下,就不应该进行开发。其次,在决定发展旅游业的情况下,也要根据自己的经济实力和有关开发项目的投资效益进行预测,分期分批和有重点地优先开发某些项目,不能不加选择地盲目开发,更不能不分先后地全面开发。最后,在旅游资源的开发及与此有关的建设中,要注意尽量利用本国或当地的原材料,使用本国或当地的技术力量和人员。不应该盲目迷信外部的人才或设备,导致经济浪费。

(三)美学原则

美学原则是指在对旅游资源进行开发时要体现美学特征。旅游消费在很大程度上是一种审美活动，在对旅游资源进行开发时，从创意构思到规划设计，从整体布局到单项景观设计，都应该体现出较高的艺术品位和审美意境。在实施旅游资源开发时除了满足功能要求之外，建筑和设施的风格、尺度、轮廓、层次、色彩等都要精心推敲，使之与周围的地形地貌相适应，与山海、岩石、草木、古迹和远景等融为一体，构成优美的景色。

（四）市场原则

市场原则是指在旅游资源开发之前一定要进行市场调查和市场预测，准确掌握市场需求及其变化规律，结合旅游资源的特色进行开发。由于市场需求处于动态变化之中，旅游资源的开发不能仅局限于客源市场现实需求的满足，还应把握市场的各种形成要素，了解长期发展方向，预测潜在需求的变化趋势，用一种动态、连续、长期的发展战略进行旅游资源开发，使旅游资源开发具有前瞻性和应变性。

（五）保护原则

保护原则是指在旅游资源开发时要尽量避免破坏原生态。开发旅游资源的目的是为了利用，保护旅游资源的目的也是为了利用，从这点来看二者是不矛盾的。但是，开发往往会破坏旅游资源的原生态，这是不容否认的事实。因此，在对旅游资源进行开发时，要注意尽量保护环境的原生态，在需要进行设施建设时尽量避免环境的污染和生态的破坏。此外，在旅游景点建设配套建筑时，应注意做到衬景而不能夺景甚至毁景。除了用于点景、配景的建筑物外，其余各类建筑都应尽量做到藏而不露。

二、旅游资源开发的程序

旅游资源是一项复杂的系统工作，一般来说应该按照以下程序进行：

（一）旅游资源调查与评价

旅游资源开发的基础工作是对旅游资源进行全面的调查研究和评价。调查的内容主要包括旅游资源的类型、数量、规模、布局、景观特色和开发利用现状等。对自然旅游资源，应科学解释其成因及演变；对人文旅游资源，应查清其历史渊源及其在相关领域具有的价值。然后对旅游资源进行定性、定量评价，分析其旅游价值、功能、空间组合特征及其旅游容量。此外，还要调查当地的交通、水、电等基础设施状况以及与旅游相关的配套服务设施情况，如住宿、通信、娱乐、购物等。通过调查和评估，了解该地区旅游资源的优势、劣势和潜力所在。

（二）旅游资源开发可行性论证

旅游资源的开发是一项经济技术活动，必须进行可行性论证分析，包括经济可行性分析、技术可行性分析和社会环境可行性分析。

1. 经济可行性分析

经济可行性分析是可行性论证分析的主要内容和关键。主要包括市场分析和投资效益分析两大部分。市场分析首先要分析游客的来源地及其空间距离、社会经济发展水平、主要旅游动机以及人口统计学指标特征，如游客总量、性别、年龄、民族、教育程度、信仰、职业等。其次要进行市场竞争分析，即分析市场的制约因素，如季节因素、与其他旅游资源的相似性及其互补代替关系等，最后还要预测旅游客源市场需求的方向和大小。

投资效益分析需要根据资源现存状况进行三方面的分析。首先进行投资条件分析，分析近期远期内可以获得投资的规模；其次进行社会经济基础和开发基础条件分析，如投资政策、物价水平、交通、通信、水电设施等；最后进行投资效益评估，预测相应的投资能够带来的旅游收入额、收回投资期限、投资回收率和赢利水平等。

通过经济可行性分析，应该选择那些投资效益较好的旅游资源优先开发。

2. 技术可行性分析

技术可行性分析是指事先论证开发能否在技术方面达到预期目标。首先要分析旅游资源开发的技术条件要求和施工要求，然后对一定时期内的施工条件、施工设备、施工技术和工作量进行评估。对这些因素进行充分论证，提出每一项工程建设的经济技术指标，既要做到技术过关，又要节约资金，产生良好的施工技术效益。

3. 社会环境可行性分析

社会环境可行性分析主要是指对当地的社会承载力和环境承载力

进行分析。社会承载力分析主要分析当地居民对旅游开发的观念和态度、当地政府对旅游开发的支持力度、有关法律政策对旅游活动的规定、旅游业可能带来的文化冲击和社会影响等。环境承载力分析主要分析旅游资源的脆弱性、生态环境的敏感性、旅游环境容量(包括旅游资源容量、旅游心理容量、生态环境容量、经济发展容量和社会地域容量等)、旅游活动可能造成的资源和环境破坏程度等。

(三)旅游资源规划

旅游资源规划是指在可行性分析的基础上对拟开发的资源进行策划或规划,一般要从下面几个方面开展。首先要进行市场定位与总体形象设计。通过对旅游资源的认识与深入分析,确定主要客源市场,在此基础上确定开发区的总体形象与开发方向。其次要进行功能分区与项目设置。结合拟开发区的地理环境及区位优势进行功能分区与布局。在功能分区的基础上,利用各种资源条件,根据客源市场的需求设置项目并对各个项目进行具体设计,力求具有可操作性。最后要对游览的线路和交通进行组织安排。对游览线路和选取的交通工具要配套设置,同时要考虑到景点之间的距离并尽量避免线路的迂回,以实现最佳游览效果。

(四)旅游规划实施

在把旅游规划的文本付诸实践的过程中会遇到很多问题。为了有效地解决规划与实施脱节的问题,在实际操作中必须掌握两个原则。

1. 以规划文本为指导

现在绝大多数景区都有总体规划或旅游策划,可是,当项目实施时,有时会出现与规划文本脱节的问题,所以,在规划实施阶段必须以规划文本为指导。为了真正实现规划的作用,提高规划的执行水平,在规划实施中,还应该加强相关人员(主要包括主管人员和执行施工人员)的培训,组织深入学习规划文本,提高他们的素质,从而更好地指导和贯彻规划的实施。另外,还应该将通过评审的规划公布于众,让群众了解地方发展旅游的意图,使旅游规划得到社会普遍认可,以便在执行过程中得到社会的高度配合。

2. 实际操作与规划文本出现矛盾时要科学论证

在实际操作中可能会发现规划中的某些项目实施起来技术难度很

大、协调工作过大或投资成本太大等规划偏差或规划不足的问题。在这种情况下，不能单纯地放弃实施或简单地改变实施方案，而是应该通过原规划单位、施工单位和相关专家再次论证，慎重选择一种最优化的形式进行建设。还可以请相关单位在原来规划的基础上做修建性详细规划，更具体地指导施工。

三、旅游资源开发的内容

旅游资源开发内容主要包括景区景点规划建设、旅游配套设施规划与建设、旅游交通系统建设、客源市场定位与营销、人力资源开发、旅游环境培育等。

（一）景区景点规划建设

景区景点规划建设是旅游资源开发的核心内容，包括景区景点的初次建设、景区景点的改造和景区景点的深入开发三种类型。景区景点的规划建设不仅涉及硬件方面的开发与建设，还包括对游客活动项目、活动形式等软件活动的开发与更新。在具体操作时，其还应该包括旅游资源保护等方面的内容。

（二）旅游配套设施规划与建设

成功的旅游资源开发需要对旅游所需的旅游配套设施进行统筹规划和建设，完善旅游地的旅游环境。配套设施主要包括两大类：一类是主要为当地社区建设的基础设施，但它对于旅游者而言也是必不可少的，如供水、供电、排污、夜间照明等设施和医院、银行、治安管理等机构。还有一类是专门为旅游者规划和建设的配套设施，包括宾馆、饭店、旅游问讯中心、旅游商店、休闲场地等。由于这类设施主要是供旅游者使用，在规划时要结合景区景点的实际状况，设计其外观、容量、面积等。

（三）旅游交通系统建设

旅游交通便利与否对旅游资源开发是否成功起着至关重要的作用。即使旅游资源本身质量再好、品位再高，如果该地的交通运输问题得不到解决，旅游资源的价值也会被打折扣，也就是所谓的“酒香也怕巷子深”。旅游交通系统建设包括当地社区交通系统建设和景区内交通系统建设两部分。当地交通系统建设需要和政府相关部门进行协调。景区内交通系统建设主要包括交通线路的设计、交通配套设施的建设和交通工具的选择等。有些景区为了保护环境质量，禁止机动车入内，需要配备一定数量的电瓶车。也有些景区将骑马、坐轿等传统交通方式开发成旅游产品，其配套设施就需要单独设计。但无论怎样，交通线路的设计要尽量避免迂回，尽量遵循省时、舒适的原则。

(四)客源市场定位与营销

旅游资源开发要取得预期的经济、社会和环境效益，就应该注重旅游市场的需求和变化。结合旅游资源自身的特点和市场变化的最新苗头，对旅游资源进行开发才是明智之举。所以，旅游资源开发既需要挖掘旅游资源自身特点，还需要了解旅游需求的新变化，在此基础上准确地进行资源开发和市场定位。在进行市场定位后，还需要探讨如何进行有效地营销，设计令人耳目一新的标志，采用现代化的手段，通过报纸、电视、网络等媒体将旅游产品推向更广阔的市场。

(五)人力资源开发

很多经验和教训表明，无论是对于一个旅游目的地还是对于一个旅游景区或景点，其吸引力的本源虽然在于所拥有的旅游资源，但旅游服务工作的好坏或质量高低，也会相应地增强或减弱该地对客源市场的吸引力。“祖国山川美不美，全凭导游一张嘴”的俚语从某种程度上反映了一线旅游服务人员的重要性。旅游业是劳动密集型产业，需要大量的管理人员和服务人员，管理人员可以引进，服务人员通常都大量来自于当地社区，如何开发和培养这些人员，也是旅游资源开发需要做的工作之一。

(六)旅游环境培育

旅游地环境包括旅游政策、出入境管理措施、政治动态或社会安定状况、社会治安、民俗习惯以及当地居民的文化修养、思想观念及好客程度等。它直接或间接地对旅游者产生吸引或排斥作用，进而影响旅游资源的开发效果。旅游环境培育主要是指培育旅游地的自然环境、文化环境和社会环境。自然环境主要是指保护与培育良好的生态环境；文化环境培育包括提高当地居民的文化修养和对旅游者的文化引导;社会环境培育主要是指培育安定团结的社会秩序、社会与居民的旅游观念及政府对旅游的管理与支持等。

思考与练习

1. 你认为什么是旅游资源? 旅游资源有哪些特点?
2. 旅游资源有哪几种分类方式?
3. 如何对旅游资源进行调查?
4. 有哪几种旅游资源评价的方法?
5. 旅游资源开发要遵守哪些原则?
6. 旅游资源开发的主要内容有哪些?

第四章 旅游者与旅游市场及其开发

引言

小李刚刚大学毕业，应聘到一家旅行社的门市销售部。工作的第一天，他早早来到社里准备以饱满的热情去迎接每一位顾客。

恰好来了位中年人咨询新疆的路线，大概是科学考察者吧，他提及想要去的景点都是固定行程中没有的。小李打电话问了几家长期合作的新疆当地地接社，都没有走这些点的线路，小李只好和中年人说抱歉了。中午，经理知道这件事后，略有些责备地说："小李啊，顾客就是上帝，像这样的顾客很有可能背后就是十几个甚至几十个的科学考察大团队，我们可以联系到别的地接社安排。下次注意，我们的宗旨就是不遗余力地满足顾客！"

下午来了一对新婚夫妇，想要去海南蜜月旅行。小李接受了上午的教训，大胆承诺"我们旅行社是一切以顾客为本，按照您的需求灵活安排旅游线路"，结果行程单被改得面目全非，经理看后，气不打一处来："小李：你知道行程这样改变后我们的成本会提高多少吗？这样的承诺意味着当地地接社要专门派出导游陪同。要知道我们公司是以接待北京周边、新疆、西藏、云南、华东五市这些地方的团队为主，其他地区都是散客到当地统一拼团。你到底是不是旅游专业毕业的？知不知道什么是我们的主要目标客源市场？懂不懂得用什么方法吸引目标市场，引导游客消费方向？"

晚上回家，小李把大学课本重温一遍终于想明白了。

同学们,旅游行业实用性、操作性很强,不过这种实用性是需要理论背景去支撑的,“旅游者需求的准确把握及有效满足”等一系列相关问题是本章要解决的。

本章学习目标

1. 了解旅游者的概念、特点与分类。
2. 了解旅游动机及其影响旅游决策的因素。
3. 了解旅游市场的概念、内涵、特征和分类。
4. 了解影响旅游需求的因素并掌握预测旅游需求的方法。
5. 掌握旅游营销战略决策过程与主要策略。

第一节 旅游者

一、旅游者的概念、特点与分类

旅游者是旅游活动的主体,其概念是旅游学科理论的基础,也是旅游实践的核心,更是旅游地理学的首要研究对象;旅游者在旅游活动中表现出与日常生活有所不同的特点;因地域背景、文化背景、经济背景等客观因素的不同以及个人主观心理需求的差异,旅游者又分为不同类别。

(一)旅游者的概念

粗略统计,从不同研究角度给出的旅游者定义有多种。不过,目前占统治地位的是政府官方用于相关部门进行旅游统计的技术性定义,根据出游地的行政范围分为国际旅游者和国内旅游者两大类。考虑到参加旅游相关工作时与国际、国内同行沟通的有效性,我们重点介绍官方定义。

1. 国际旅游者

(1)国际公认的定义

国际旅游者的定义是随着时代的变化而不断发展的。

早在1937年,由国际联盟统计委员会提出国际旅游者的定义:离开自己的居住国到另外一个国家访问旅行至少24小时的人。

1950年,世界旅游组织的前身"国际官方旅游组织联盟"对定义具体包括范围做了修改,主要是将以修学形式旅游的学生视为旅游者;界定了一个新的旅游者类型 International Excursionists,即短途国际旅游者。

1963年,联合国在罗马举行国际旅行与旅游会议,在以上定义的基础上提出了游客(visitors)、旅游者(tourists)、短途旅游者(excursionists)三种人。"游客"是除了获得一个有报酬的职业外,基于任何原因到一个不是常住国家去访问的人。"旅游者",即到一个国家去逗留至少24小时的游客,其旅游目的:娱乐、度假、健康、学习和运动或者是商业业务、探亲访友、出访、开会等。"短途旅游者"是到一个国家逗留不到24小时的游客(包括航海环游的游客),包括在法律意义上没有进入被访问国家的人(例如,没有离开机场中转站的航空旅行者或其他类似情况的人)。

1967年,联合国统计委员会通过了罗马会议的定义。1970年,经济与发展组织委员会采纳了该定义。1976年联合国统计委员会召开了由世界旅游组织以及其他国际组织代表参加的会议,进一步明确了游客、旅游者和短途旅游者的技术性定义,成为当今世界各国普遍采用的定义。具体内容:

属于国际游客的:

①出于娱乐、医疗、宗教、探亲、体育运动、会议或过境的目的而访问他国的人;

②中途停留在该国的外国轮船上或飞机上的乘客;

③逗留时间不到1年的外国商业或企业人员,包括安装机器设备的技术人员;

④国际团体雇用的不超过1年或回国短暂停留的侨民。

不属于国际游客的:

①为移民或获得一个职业而进入其他国家的人;

②以外交官或军事人员身份访问该国的人;

③上述人员的随从;

④避难者、流浪者或边境往来的工作人员；

⑤逗留时间超过1年的人。

国际游客又分为国际旅游者（在目的地国家的接待设施中度过至少1夜的游客）和国际短途旅游者（利用目的地国家的接待设施少于1夜的游客）。

（2）我国的定义

我国基本上采用了国际上公认的对"国际旅游者"概念的界定，并结合我国实际将国际旅游者定义为海外游客、海外旅游者和海外一日游游客三大类。

海外游客：来我国观光、度假、探亲访友、就医疗养、购物娱乐、参加会议或从事经济、体育、宗教活动的外国人等海外入境人员，其连续停留时间不超过12个月，并且主要目的不是通过所从事的活动获得任何报酬。

海外游客包括海外旅游者和海外一日游游客。海外旅游者是指入境的海外游客中，在我国使用旅游住宿设施并至少停留1夜的外国人、华侨等。海外一日游游客是指入境的海外游客中，未在我国的旅游住宿设施内过夜的外国人、华侨等。

2. 国内旅游者

与国际旅游者概念得到全世界绝大多数国家公认不同的是，各国因旅游发展状况不同，对国内旅游者的认识存在差异，以世界旅游组织提供的"国内旅游者"定义为基础，结合本国实际给出了自己的定义。

（1）世界旅游组织的定义

1991年世界旅游组织对国内旅游者的定义：国内居民到他通常居住地以外的国内另一个地方旅行，时间不超过12个月，主要目的不是为了从访问地获得经济利益。国内游客分为"国内旅游者"（在访问地的公共设施或私人住宿设施中停留至少1夜的国内游客）和"国内一日游游客"（未在访问地的公共设施或私人设施中过夜的国内游客）。

（2）其他国家的定义的典型特色

加拿大和美国采用的是出行距离的量化定义，即以出行距离为标准来区别是否属于国内旅游者，没有考虑时间的因素。

以英国和法国为代表的一些欧洲国家在判断一个人是否属于旅游

者时所采用的标准是逗留时间的量化定义,而不考虑出行距离。

(3)我国的定义

在我国官方国内旅游统计中,凡是在我国境内旅游的人员统称为国内游客,包括在我国境内长住1年以上的外国人、华侨以及港澳台同胞。其分为国内旅游者和国内一日游游客:

国内旅游者:大陆居民离开常住地在境内其他地方的旅游住宿设施内至少停留1夜,最长不超过6个月的游客。

国内一日游游客:我国大陆居民离开长住地10公里以外,出游时间超过6小时但不足24小时并未在我国境内其他地方的旅游住宿设施内过夜的国内游客 。

不在国内游客统计之列的:到各地巡视工作的部级以上领导;驻外地办事机构的临时工作人员;调遣的武装人员;到外地学习的学生;到基层锻炼的干部;到境内其他地区定居的人员;无固定居住地的无业游民。

可以看出,国际旅游者与国内旅游者的根本区别在于是否跨越国界,若不考虑"国际"与"国内"的限制性区别,旅游者概念的界定关键在于:以来访者的目的区分是否为旅游者 ;根据访问者的定居地,而不是根据其所属地来区分是否算做旅游者,从而与旅游的异地性相吻合;根据来访者的停留时间,将其划分为过夜旅游者和不过夜的一日游游客。

(二)旅游者的特点

旅游活动是旅游者在异地为了特定目的而开展的一系列活动,本身具有不同于日常生活行为的特点。根据以上对旅游者概念的界定,以下具体分析旅游者在进行旅游活动时具备的独有特点:

1. 异地性

旅游者离开常住地,到异国他乡进行精神文化活动,是一种特殊的生活方式。异地性是旅游者进行旅游活动时最基本的特征,旅游活动的发生要以行为主体的空间移动为前提,异地性排除了在常住地内的旅行和在住所和工作场所之间的往返。离开异地性的休闲活动就不能称其为"旅",而是发生在居住地的休闲娱乐活动。

2. 享受性

旅游者外出旅游的主要目的是为了满足高层次的发展和享受的需要,因而,旅游者的购买行为必然表现为以享受为主。旅游者购买行为的享受性特点不仅表现在旅游者对物质产品需求的水平远远高于平时,而且对服务产品的需求以及基本生活必需品的需求也往往更加严格。例如,旅游者在异地旅游时往往会出于安全、卫生、舒适,甚至是出于炫耀住星级标准高的宾馆,吃昂贵的饭菜,购买奢侈的旅游纪念品。与此同时,有些旅游者会选择一些"艰苦"的旅游方式,如体验蒙古包、探险旅游等,这样的旅游方式虽然在物质方面会比较艰苦,但对于旅游者而言,并不失为一种精神享受。

3. 业余性

旅游是现代社会居民的一种短期性特殊生活方式,具有业余性的特点,业余性就是许多国家学者讲的闲暇性。这种提法,从主观目的上是想把业务目的旅行、考察活动摒弃于旅游之外,但是,以科学为目的的考察,在古今中外都是一种旅游项目。因为旅游目的之一就是"求知",既包括业余性的求知,也包括业务范围内的旅游求知活动。特别是在我国,会议、商务旅游是重要的旅游形式。

4. 消费性

很多研究证明,旅游者在旅游过程中的消费倾向明显,哪怕是平时很节俭的人,一旦身在旅途,也会表现出很强的消费能力。有的学者认为可能受旅游目的审美和愉悦的约束,不愿意因消费这一环节的窘相而干扰到整个旅程的好心情;也可能是受其他旅游者消费行为示范作用的影响。每个旅游者个体情况不同,导致的原因也不尽相同。总之,在旅游过程中,旅游者离开了工作单位、日常生活环境,内在欲望受理性约束,控制的力量弱化,其行为在很大程度上依从情感而不是理性,在消费上表现为对自身约束的松弛。

5. 地域性

由于旅游者具有异地性的特点,这决定了旅游者的地域性。一方水土养一方人,不同地区的旅游者无不深刻反映自己所在地的地域特性。不同区域的气候、环境、经济水平、文明程度不同,也体现在旅游者身上。其具体表现包括语言上的地域差异、饮食文化上的地域差异、服饰的地域差异、言谈举止的地域差异、宗教信仰和禁忌的地域差异，等等。旅游从业者需要根据来访旅客的地域性做出多元化的安排和有针对性的服务。

（三）旅游者的分类

关于旅游者的分类有很多标准如按地理范围、组织形式、消费水平以及按旅游者对目的地的熟悉程度等。分类的根本目的是为了研究旅游活动。对于中小企业来说，市场细分是为了选定目标客源，策划旅游行为的发生。

根据实际工作的需要，从不同的旅游目的将旅游者分为五种类型：

1. 观光型

观光是传统的旅游活动类型，观光型旅游者是以游览异国他乡的自然风光、名胜古迹等为主要目的，是最常见的旅游者类型。他们主要是希望通过这些观光活动能增长见识，开阔视野，满足“读万卷书，行万里路”的需求；在旅游活动中更重视以相对小的经济、时间成本得到最大的收益，即游览较多的景点及高档次的景区，在目的地逗留时间较少，大多对旅游花费比较关心。

2. 娱乐消遣型

这类游客更强调参与性，是以得到身心的放松、消除紧张工作状态、享受临时变换环境所带来的愉悦为目的，积极寻求娱乐消遣的游客。现代社会竞争加剧，人们的生活节奏不断加快，城市化的发展，社会化大生产使得生活单调而无味。为了抛弃紧张生活带来的烦恼，更多人选择离开居住地，暂时摆脱固定社会生活圈和工作压力，去异地消遣娱乐。随着全球化和经济一体化，这类旅游者呈稳步上升趋势，这是当今世界旅游者的主要类型之一。

3. 文化知识型

主要是以求知修学为目的而离开常住地，参加与文化有关活动的旅游者。他们大多对历史文化知识有浓厚的兴趣，乐意体验民俗风情，其中一部分从事田野调查和人类学研究。

4. 公务型

公务型旅游者以工作为主要目的，如经商、参加会议和展览等，顺便参加旅游活动。当公务型旅游者工作结束后，就有可能参加一些休闲娱乐的旅游活动；有些公务活动（会议旅游、讲学旅游）的整个过程就是旅游活动。这类旅游者的规模非常可观，因其收入较高，对价格不太敏感；出行频繁且没有季节性；同时，公务型旅游兼顾公务与旅游，给旅游目的地带来的经济收益远远超过单纯的旅游者带来的收益，引起很多城市及相关企业的重视。

5. 医疗保健型

这类旅游者主要是通过参与有益于身心健康的旅游活动，达到治疗疾病、增强体质、消除疲劳以及愉悦身心的目的。主要旅游活动有：温泉旅游、森林旅游、体育保健旅游、疗养旅游等。

需要注意的是，在现实生活中，大多数旅游者的旅行目的并不是单一的，或多或少都具有多重性，即除了一个主要旅游目的之外还有一个或多个次要目的。

二、旅游动机及其影响因素

（一）旅游动机及其分类

旅游活动作为一种社会经济现象，其最终产生既有外在因素的拉动影响，更重要的是旅游者内在心理因素的推动。旅游动机是直接推动一个人进行旅游活动的内部驱动力，它由旅游需要所催发，受社会观念和规范准则的影响，是决定旅游行为的内在动力源泉。

旅游动机产生的前提是旅游需要，旅游需要的多样性决定了旅游动机的多样性；而且，旅游活动本身综合性极强，因此，旅游动机是丰富多样的。

不同的学者对旅游动机的分类不同，美国学者罗伯特·麦金托什将旅游动机分为四类：一是身体健康的动机，特点是以身体活动来消除日常生活或工作造成的紧张和不安；二是文化动机，即了解和欣赏异地文化、艺术、语言等；三是交际动机，包括探亲访友、商业往来等；四是地位及声望动机，特点是在旅游活动的交往中追求被人尊重和认可。

日本学者田中喜一将旅游动机分为四类：(1)心情的动机，包括思乡之心、交际之心和信仰之心；(2)身体的动机，包括治疗需求、保养需求和运动需求；(3)精神的动机，包括知识的需求、见闻的需求和欢乐的需求；(4)经济的动机，包括购物目的和商务目的等。

由于不同的标准可归纳出不同的旅游动机。在实际工作中,我们必须根据旅游心理的一般规律和旅游活动的实际发展状况进行抽样调查,针对调查的标准设计分析旅游动机。

（二）影响旅游动机的主要因素

研究的主要目的是深刻把握产生动机的原因,通过对旅游动机的激发,产生旅游动力,使动机转化为实际的旅游行为。旅游动机在表现形式上千差万别,其形成受许多因素的影响,并不是简单的偶然现象。对影响旅游动机因素的分析是有效激发动机的前提。以下是对个人心理因素、背景因素的分析:

1.个性心理因素

个人心理因素对旅游动机的产生起着重要的作用,不同个性的人有着不同的旅游动机,从而产生各自不同的旅游决策行为。

首先是个人性格,它极大地影响每个个体的旅游倾向和具体旅游期望。外向型的人喜欢交际,活泼开朗,善于和外界接触,语言和行为都比较敏捷,但比较轻率,不拘泥于小事,在进行旅游决策时较为果断,期望适时满足旅游动机,旅游动机产生后易随时改变。内向型旅游者感情比较深沉,不爱交际,待人接物比较小心谨慎,好观察不好表露,但常因过分担心而缺乏决断力,进行行为决策时比较缓慢,考虑因素全面周到。

其次是个人气质,即与生俱来的对事物的反应。传统心理学认为人的气质分为多血质、胆汁质、黏液质、抑郁质四类,不同气质的人旅游动机不同,有时同一个体兼备两方面的气质,因此旅游动机充满了不确定性。例如,多血质的人热情开朗,兴趣广泛而不确定,旅游动机也综合多样;抑郁质的人安静稳重,敏感多疑,孤立不合群,旅游动机相对稳定;而有些人表现出两面性,时而开朗坦率,时而细心谨慎,使得旅游动机交叉重复。

最后是旅游者的个人心理特征引起的兴趣、爱好差别。根据普罗格的研究,将人们按个性心理分为五大类型,表4-1是针对不同心理特征对旅游动机的影响:

表 4-1　个性特征对旅游动机的影响表

个性特征	对旅游动机的影响
追新猎奇型	希望去新奇的地方；热衷于新发现、新经历；愿意接触不熟悉的文化和外围居民；希望有充分的自由时间
近追新猎奇型	较追新猎奇型稍微收敛点，希望较新的发现、新经历；愿意去不太熟悉的文化环境
中间型	中庸心理，既希望追求新奇，又顾及安全感；追求一种似曾相识而又陌生的满足感
近安乐小康型	较安乐小康型开放一点，喜欢熟悉气氛
安乐小康型	喜欢熟悉的地方、传统的旅游项目；希望一切食宿、交通路线都事先安排好，没有任何干扰地享受度假生活

用普罗格的理论解释旅游动机存在合理性，但需要注意的是在实际运用中，大多数人的性格是在两个极端“追新猎奇型”、“安乐小康型”中间摇摆，旅游动机不是一成不变的，而是随着时间的变化不断变化。

2. 个人背景因素

对旅游行为产生具有恒定持续影响作用的个人背景因素很多，下面主要分析个人生活背景、文化背景、经济背景等。

个人生活宏观背景是包括旅游者日常生活居住地的自然地理背景及环境质量背景。自然地理背景由地貌、水文、气候、植物、动物等因素组成，地理环境的差异性和丰富性与人类各自居住环境的局限性和单调性之间的尖锐矛盾，激发了人类探索未知环境的好奇心，引发了人们的旅游动机；而居住地生态绿地面积的大小、地表水的多寡、环境的污染程度等环境质量也是激发旅游动机的一大重要因素，越来越多的居民渴望暂时摆脱严重污染的环境，到污染较轻或原生态无污染的地区放松身心、增强体质。个人生活微观背景是旅游者个体在日常生活中所属的社会阶层圈，包括圈中其他人对旅游这种生活方式的态度与看法。

文化背景是旅游者所处的文化环境，包括物质文化、精神文化、制度文化环境。文化是人类在社会实践发展过程中创造的物质财富和精神财富的总和，具有地域性和传承性，人类在不同的自然环境影响下创造出具备当地特色的物质文化景观和非物质文化遗产，而这种文化对该区域内生活的人类思想观念、价值取向的影响根深蒂固。由于文化本身的博大精深与纷繁多样，旅游者文化背景对其旅游动机的激发要复杂得多，既包括异质文化区之间文化背景较大差异而形成的互相吸引力；也包括同质文化区的历史文化古迹、历史文化遗产对人们怀古溯源情感的激发，文化发祥地对扩散区、影响区人们文化寻根心理的牵动，特殊文化对特定人群的吸引。一般来讲，处在特定文化背景下的旅游者对文化差别较大的异质文化区域更感兴趣。

经济背景包括个人所处的区域经济环境、个人经济条件。区域经济背景对旅游者动机产生较大的促进作用，经济比较发达的地区生产力水平高、有限时间内的工作强度大，则人均国民收入相对高、闲暇时间也比较充裕，具备外出旅游的客观条件；同时，经济的发达带来的生活紧张、心理压力需要得到定期释放与排解，而旅游可以暂时脱离生活节奏快的区域到节奏较慢、恬静的田园享受生活，从而成为一种生活的必需与时尚。个人经济条件就是个人抛除必需开支以外所剩余的可自由支配收入，与个人所处的年龄阶段、家庭成员健康状况等相关。

三、旅游决策行为产生的影响因素

“需要—动机—行为”是旅游活动最终产生的一个周期，旅游需求是人类对旅游的渴望与欲望，当这种渴望遇到能够充分满足的目标时，旅游动机便产生。然后，旅游者会积极搜集相关信息，通过综合衡量做出旅游决策行为。旅游决策行为决定着旅游活动的最终成行以及旅游行为的时间范围、空间目的地、消费水平、旅游方式等。旅游决策行为受诸多因素的影响，主要包括：旅游服务因素、个人心理因素、个人社会经济因素。

（一）旅游服务因素

旅游服务因素是指旅游目的地提供的基础设施、娱乐服务设施、景区质量等供给条件。由于旅游者进行决策时并非亲临目的地考察，旅游服务因素对决策行为是通过“感知”来影响的，人们在进行旅游决策时，通过媒体、杂志、互联网、亲友同事介绍等渠道搜集相关的旅游信息并把各种信息摄入脑中，形成对外界的整体印象。在购买决策时，感知环境强烈的地方,容易引起旅游者的购买欲望;感知印象薄弱的旅游地,不可能成为旅游者选择的目的地。

可见,“感知”影响着旅游者的决策行为,旅游目的地相关企业在切实提高自身服务质量、标准的同时,更要通过旅游促销和宣传手段增强潜在游客对该地的“良好环境”的强烈感知,吸引旅游者进行旅游活动。

(二)个人心理因素

影响旅游者决策行为的心理因素存在“共性”,但具体到每一个旅游者其心理因素存在着“个性”差异,这种差异由于旅游者所处的生活阶段、年龄层次等不同而改变。我们主要研究年龄、性别、职业、学历等因素对旅游者决策行为的影响。

年龄的变化更多地代表可自由支配收入的变动和闲暇时间的变化。青年人对自然和社会的探索欲望强烈,闲暇时间多,但收入水平有限,旅游追求经济实惠;中年人在事业上有一定基础,积蓄增加,多选择稳定、安全、高档次的旅游活动;老年人时间多,但体力有所下降,更愿意选择清净且交通方便的旅游区。

性别的差异导致了男性、女性决策心理因素的不同。男性在社会上承担更多的责任,主动性、进攻性、冒险性强,外出旅游机会也较多,喜欢追求刺激、新奇的旅游体验;女性更多承担家庭中的责任,其天生的平和个性决定更喜欢静观美丽的景致以及购物旅游等。

不同的职业工作环境氛围形成不同的个性,构成旅游决策行为的不同。企事业单位的高中层管理人员社会地位高,公费参与商务、会展旅游的机会多,多选择高档次、显身份的产品;普通大众旅游者收入稳定,但大部分属于自费旅游,对费用相对敏感,关心旅游产品的物有所值,物超所值。

受教育水平层次的差异,影响着旅游者的感知范围和感知深度。由于旅游者的旅游愿望与对外部世界的了解成正相比,学历高的人较为理性,旅游目的性强,更青睐有文化内涵的旅游地;受教育相对少的人易受外界的影响,旅游目的性较弱,喜欢娱乐和消遣性的旅游活动。

(三)个人社会经济因素

个人经济因素主要是由个人家庭状况决定的,家庭状况包括家庭成员的收入条件、余暇时间、家庭形态及家庭所处的生命周期阶段。

家庭收入水平:旅游活动是基本生活充分满足后的一种高消费的生活方式,家庭收入特别是可随意支配收入是人们选择这种生活方式的基础,决策行为受经济能力的制约。

余暇时间:由于旅游活动的业余性,使得人们无论在什么条件下选择旅游决策都要考虑是否有闲暇时间。特别是有小孩的家庭,出游时间不免受到牵绊。

家庭形态,即家庭组合方式,不同家庭成员在旅游决策中起各自的主导作用。例如,丈夫对度假地点、住宿条件的决策起主导作用;妻子对食品、服装等生活必需品的携带与购买起主导作用;双方共同决策度假时间、度假活动内容、花费预计等。

家庭生命周期:家庭生命周期分为6个阶段,年轻的单身汉;年轻夫妇,没有小孩;年轻夫妇,有小孩;中年夫妇有小孩且小孩在家;中年夫妇有小孩但小孩不在家;老年夫妇。一般没有孩子的家庭旅游欲望强,出行可能性比较大;刚刚有了孩子需要照顾,旅游次数会大大减少;随着孩子年龄的增加,旅游次数逐渐增加;当孩子成家立业,夫妇无负担往往有充分的条件进行多次旅游。

第二节 旅游市场概述

从经济学的角度,市场是指在旅游产品交换过程中所反映的各种经济活动现象和经济关系的总和,包括旅游供给市场和旅游需求市场。

从市场学的角度,旅游市场是指在一定时间、一定地点和条件下,具有购买力、购买欲望和购买旅游产品权利的群体,即指旅游客源市场和旅游需求市场。旅游市场特征的深度把握、旅游市场的合理细分,对旅游目的地开发、旅游市场的整体管理乃至整个旅游业的发展都具有重要意义。本节根据实践工作的需要,从市场学角度对旅游市场及其特征进行分析。

一、旅游市场特征分析

(一)市场需求不断扩大

第二次世界大战结束后,世界经济逐步恢复并进入快速发展时期,更多的工薪阶层工资水平提高,拥有相对充裕的闲暇时间,旅游走向大众化,越来越多的人涌向旅游胜地。同时,世界各地纷纷挖掘本地资源,论证发展旅游业的可行性,聘请专家策划、包装,形成各式各样的旅游产品,全人类处在多样的旅游信息的海洋中和铺天盖地的旅游类广告的包围中;内心对旅游需求的渴望推动着旅游行为的产生,结合极具吸引力的旅游供给相关企业宣传的拉动,最终使得旅游市场需求不断扩大。

(二)客源市场的异地性

由于旅游资源的不可移动性、旅游产品生产与消费的同时性,旅游者必须离开常住地到旅游供给地消费,从而旅游客源市场来源于目的地以外的区域。旅游市场异地性的特点,要求旅游目的地通过各种宣传方式帮助旅游者熟悉、喜欢旅游产品,从而最终购买旅游产品。

(三)市场的多样性和多层次性

旅游资源的多样性、产品种类的多样性与旅游需求的多样化共同决定了市场的多样性。按照不同旅游地提供产品的不同,有滨海旅游市场、乡村旅游市场、会展旅游市场、工业旅游市场等,更多的品种将根据旅游者的需求逐步开发。

多层次性是指旅游市场需求偏好、形式、档次、消费水平是不同的。例如,西方人喜欢东方的神秘与古老,东方游客对于西方的现代化心驰神往;年轻人喜欢新鲜、刺激,老年人向往悠闲、轻松;先富起来的偏重于享受休闲,工薪阶层更喜欢经济实惠型的旅游经历。旅游产品购买形式和交换关系也呈现多层次性。

(四)旅游市场时间上的季节性

旅游市场在时间分布上表现出季节性,一方面,受到旅游目的地所处地理区位、气候条件与自然因素的影响,景观在不同季节的呈现不同;同时,一些节庆活动、民俗风情等人文旅游资源也在长期的历史演化中集中于特定时期，导致了旅游市场的淡、旺季。另一方面，受客源市场来源地经济发展水平和社会风俗习惯的影响，游客闲暇时间不同，外出旅游带有明显的季节特征。

（五）空间范围内的全球性

现代旅游市场在空间上是以全球为活动范围的，随着人们旅游经历的不断丰富，本国、本洲已经不能满足游客日益增长的游历需求，旅游者的足迹早已遍布世界的各个地区和绝大多数国家，而旅游业对于经济所具有的增长强大的拉动作用，使得世界各国也都积极支持和鼓励旅游业的发展，促进了旅游市场在全球范围内的流动。

二、旅游市场细分

旅游市场细分，是指旅游业或旅游企业根据旅游者不同的旅游需要、购买动机与习惯爱好，依据不同的标准将市场划分为不同类型的旅游消费者群体，每一个消费群体就是一个细分市场。

旅游需求多种多样，任何企业都不可能满足全部旅游者的所有需求，通过市场细分，掌握不同旅游市场的特点。相关企业根据自身特点，确定有能力为之服务的特定客源，利用有限资源为目标市场提供旅游产品，从而提高顾客满意度。从社会整体角度来看，市场细分有利于资源在区域范围内的合理利用，减少个体经营者盲目性的风险。

旅游市场细分的标准很多，下表列出了根据不同划分标准的各类旅游市场类型。见表4－2。

表4－2 按照不同标准的市场细分类型表

划分标准	细分因素	市场类型
地理因素	居住地洲别及国家；居住地经济发达状况；人口密度；与目的地时空距离	欧洲、美洲、东亚与太平洋、非洲市场；省内、省外旅游市场；近程、远程市场等
人口统计因素	受教育程度；宗教信仰；职业；收入水平；性别；年龄；婚姻状况	老年、中年、青少年市场；公务员、教师、企事业管理人员市场；学生市场；女性市场等

续表

划分标准	细分因素	市场类型
消费行为因素	购买目的与动机;消费者追求的利益;消费水平、购买频率、对品牌的信赖程度	商务、度假、观光市场;修学市场;高端、大众市场等
心理因素	对旅游目的地的了解程度;对价格的敏感性;对目的地的安全信任感;旅游偏好、个性特征、兴趣、生活方式	全包价、半包价游客;团队、散客、自助游客等

表中列出的细分因素很多,在具体实践中根据企业自身的整体发展战略选取相应因素进行分析。需要关注的是市场细分后的效益性,即细分市场要具有一定的规模和稳定性,相关企业可以从中获得短期和长期的效益。

第三节　旅游市场的开发

一、旅游需求及其影响因素

旅游需求是在特定时期内,价格相对稳定的情况下,旅游者主观愿意并且能够购买的旅游产品数量,即旅游者对某一旅游目的地景区(景点)的需求量。客观上讲,旅游需求是科学技术进步、生产力提高和社会经济发展的必然产物,对影响旅游需求因素的分析是进行有效预测的前提。

影响旅游需求的因素可以分为旅游客源地和旅游目的地两方面,具体分析如下:

(一)经济发展水平

一个国家或地区的经济发展水平的高低直接影响到当地居民的收入水平,而居民的收入水平又直接影响市场的容量和消费者的支出模式,从而决定购买力水平。一般来说,目的地 GDP 的增长与该国的个人收入是成正比的,当人均 GDP 达到 300 美元时,国内旅游就会兴起;当人均 GDP 达到 1000 美元时,人们就会有出境旅游的需求;当人均 GDP 达到 3000 美元时,跨洲的国际旅游的需求就会趋旺。

(二)人口特征

人口数量规模、人口自然分布结构、人口地理分布等因素对旅游需求有一定影响。人口数量的大小与旅游市场规模成正比,人口总量越大,旅游市场的潜在规模就越大;不同年龄、不同性别的旅游者有着不同的旅游偏好,旅游企业必须研究人口年龄结构及性别的构成及其变化,据此开发出相应的旅游产品,优化产品结构;人口地理分布和地区间的人口流动也会引起社会消费结构和消费水平的变化,对旅游企业来说,人口比较密集的地区,旅游潜在市场较大。

(三)收入与闲暇

收入与闲暇是产生旅游需求的必要条件。影响旅游需求的并非单纯的个人或家庭收入。个人或家庭的收入扣除全部纳税为可支配收入,可支配收入扣除社会消费及日常生活必需消费后为可自由随意支配收入,决定旅游支付能力的是这部分可随意支配收入。可支配收入影响着旅游者的消费水平及消费构成,还影响到旅游者对旅游目的地及旅行方式的选择。

闲暇时间是在日常工作、学习、生活及其他必需时间之外,可用以自由支配,从事消费娱乐或自己乐于从事的任何其他事情的时间,只有足够数量、相对集中的闲暇时间才能用于旅游,零散的闲暇时间只可用于日常休闲。

(四)职业和教育水平

职业不同,相对应的社会地位、收入水平不同,旅游需求的档次和类型也不尽相同。一般来说,企事业单位的管理人员、高级白领、自由职业者追求高档舒适的休闲度假旅游;学生、普通职员市场更倾向于经济实惠、知识含量高的旅游形式,他们出游的动机强烈,利用出差、节假日旅游的可能性大。

受教育水平越高,对旅游这种生活方式的认可和接受越容易,对旅游的需求越大，越是愿意牺牲部分物质享受，通过旅游获得高层次的精神享受。

（五）资源与交通

旅游资源的品位、知名度、吸引力是产生旅游需求的重要前提条件，资源级别高的旅游区比一般的旅游区更具有强烈的吸引力。人们进行旅游活动也总是倾向于到常住地没有的自然资源和人文资源地区，这些地区往往能体现某一国家或某一地区的特色，是特定区域范围内旅游资源的精华部分，较能满足旅游者在自然、文化景观方面的猎奇心理需求，在较短时间、用相对少的成本获取较大的旅游享受。

旅游活动作为一种空间移动，离不开一定的交通运输条件。现代科学技术的进步，为人类提供了方便快捷的交通运输条件，从而促进了国际、国内旅游需求的迅速扩张；尤其是大型民航飞机数量的增多、列车的不断提速、高速公路的全世界范围内蔓延，极大地缩短了旅游的空间距离，使旅游者在旅游活动的空间移动更加舒适、安全和方便，有效刺激了旅游需求，加快了旅游业的发展。

（六）价格与汇率

旅游是需求弹性比较高的奢侈消费品，价格上升，旅游需求就会下降；反之，如果价格下降，就会带来旅游需求的上升。

汇率其实是从国际角度对价格的衡量，在价格没有变动的情况下，汇率下跌，则相当于旅游价格下降，旅游需求会增加；汇率升高，则相当于旅游价格上升，旅游者会适当减少出游。例如，在2008年发生金融危机时，欧美国家对人民币的汇率下降，则相同的人民币可以购买到更多的产品项目，促进了出境旅游市场。

二、旅游需求的预测

对旅游需求的预测一直是旅游学者研究的重点，从20世纪60年代起，随着科学技术手段的不断革新，旅游需求预测方法也不断推陈出新，如因素分析法、引力模型、因果分析法及经济计量学方法等。当然，没有一个放之四海而皆准的旅游预测方法，旅游市场规模、范围不同，其各个细分市场的类型特点也不尽相同，旅游供给方要综合考虑各方面因素，选择合适有用的预测方法和技术。

（一）定性方法

定性分析方法是旅游市场分析的基本方法，主要是凭借旅游市场研究人员较高的专业理论素养、长期的经验积累和敏锐的观察力，通过逻辑分析、演绎归纳等对旅游市场进行评估和主观判断。主要有旅游者意图调查法、销售人员综合意见法及专家意见法。

1. 旅游者意图调查法

该调查法是指在给定的条件下，通过对旅游者的深度访问和调查估计潜在游客的可能行为。使用调查法应具备的条件：购买者意向明确清晰、购买意向能够转化为购买行为、购买者愿意将意图如实告诉调查者。

2. 销售人员综合意见法

当企业直接接近旅游者有困难时，可请相关销售人员分别进行预测，取期望值的平均数作为最终预测结果。

3. 专家意见法

最为著名的是德尔菲法，首先请相关专家针对问题独立提出自己的估计和假设；主持人将结果审查、汇总后，将专家意见全部公布，专家根据上一轮预测结果，修改调整自己的意见，进行新一轮的预测，不断循环往复，直到各位专家的意见达到一致为止。

（二）定量方法

定量分析模型是目前旅游市场分析广泛使用的方法，是应用数学和统计学等知识，对较完整和系统的资料及数据进行分析，从而对旅游市场及其变化做出评估和判断的方法。一般有时间序列模型、回归预测模型、神经网络、灰色预测等。

1. 时间序列模型

时间序列模型是通过对历史数据的外推、延伸，求取预测值，主要有简单模型、长期趋势预测模型、季节模型等几种。

（1）简单模型大体分为三类：简单平均法，依据简单平均数的原理，把预测事件中各个时期的实际值相加后平均，以平均数作为预测值；移动平均法，依据预测事件中各历史时期的实际值确定移动周期，分期平均，以移动平均数作为预测值；指数平滑法，利用本期预测值和实际值的资料，以平滑系数为加权因子来计算指数平滑平均数，以此作为下期的预测值。

（2）长期趋势预测模型是利用描述事物长期趋势的数学模型进行外推预测，包括直线趋势模型、非直线模型的二次抛物线模型、简单指数曲线、修正指数曲线等。

（3）季节模型预测在考虑长期趋势的情况下对季节变动进行预测，首先利用简单模型、长期趋势模型测定趋势值；然后测定季节比率（预测月的历史平均值/历史上各月的总平均值）；最后趋势值与季节比率相乘得到最终预测值。

2. 回归预测模型

回归预测模型是通过对具有相关关系的变量建立回归模型的方法进行预测，相对于时间序列模型，其考虑的因素更加全面。主要有一元回归模型预测和多元回归模型预测。运用回归模型预测的程序是：首先利用相关图判定变量间的相关类型，确定采用何种回归模型，然后计算相关系数，判定变量间的相关程序。如果变量显著相关，则配合回归线建立模型进行预测，在必要时最后应予以检验。

（1）一元线性回归分析：假定 X 为自变量，Y 为因变量，选取 N 个样本值（XI，YI）作回归直线 Y = A + BX，对于每一个 XI，估计出对应 YI 值，据此计算相关系数，即具有因果关系的若干变量之间的关系。

（2）多元线性回归分析：分析的基本原理同一元线性回归一样，也是用最小二乘法使预测值与实际样本值之间的总偏差（平方差之和）最小，求出多元线性回归系数，达到回归方程与实际数据点的最佳拟合。

3. 灰色预测

灰色系统理论（Grey System Theory）是由邓聚龙教授于 20 世纪 80 年代初提出，主要研究含有未知的或非确知的信息、系统模型不明确、行为信息不完全系统的建模、预测、决策和控制等问题。旅游目的地的客流量具有明显的动态特征和不确定性及要素间的关系模糊性，符合灰色系统的特点，可视为一个独立的灰色系统。因此，应用灰色系统理论进行动态预测是可行的，而且，灰色预测不需要大量的数据，对一些新兴的旅游地的市场前景预测时可以应用。

(1)数列预测。这是对系统变量的未来行为进行预测,常用的数列预测模型是 GM(1,1)。根据实际情况,也可以考虑采用其他灰色模型,在定性分析的基础上,定义适当的序列算子,对算子作用后的序列建立模型,通过精度检验之后,用来做预测。

(2)区间预测。对于原始数据非常凌乱,用什么模型模拟都难以通过精度检验的序列,我们无法给出其确切的预测值,这时,可以给出其未来变化的范围,预测出它的取值区间。

(3)波形预测。当原始数据频频波动且摆动幅度较大时,往往难以找到适当的模拟模型,这时,可以考虑根据原始数据的波形预测未来行为数据发展变化的波形。

(4)系统预测。对于含有多个相互关联的因素与多个自主控制变量的复杂系统,任何单个模型都不能反映系统的发展变化,必须考虑建立系统模型才能有效地预测。

三、旅游市场营销战略

旅游市场营销战略是旅游企业为实现其营销目标,以求自身发展而设计的行为纲领或方案。

(一)营销战略的特点

1. 全局性

旅游市场营销战略是对整个企业的生存和未来发展,对企业发展方向等根本性问题的"战略"决策,一旦确定后,在一定时间范围内,企业的发展以此为根本准绳。

2. 系统性

企业是由不同部门组成的复杂大系统,旅游市场营销战略是从全局的角度,对系统各个部分进行优化整合,以求达到整体功能大于局部功能,产生较好的总体效益。

3. 长期性

旅游市场营销战略是对企业未来较长时间内发展趋势的总定位,不仅要获得短期内接待人次和销售额的高速增长;更重要的是对企业营销重点、营销目标的长远谋划。

4. 适应性

市场环境瞬息万变，旅游市场营销战略要具备以不变应万变的特点，根据动态变化的市场环境做出正确的反应并能够充分捕捉到因环境变化带来的市场新机会，保证企业的有效经营。

5. 风险性

旅游市场营销战略关系到整个企业的生存和发展，而外部环境时刻在变化，竞争对手的实力也在日益增长；营销战略若不具备超前性、前瞻性，则对企业的运营指导充满了不确定的风险。

（二）旅游市场营销战略决策过程

旅游市场营销战略的决策过程，就是在前期市场调研和预测的基础上提出决策问题、确定决策的任务和目标，对目标实施的内外部形势进行分析，制订为实现目标的各种备选方案，经过认真权衡比较，择优选取效益最大化的方案并付诸实施的全过程。营销的战略决策在企业经营管理中作用重大，关系到企业的兴衰成败。以下我们具体分析决策全过程。见图 4－1。

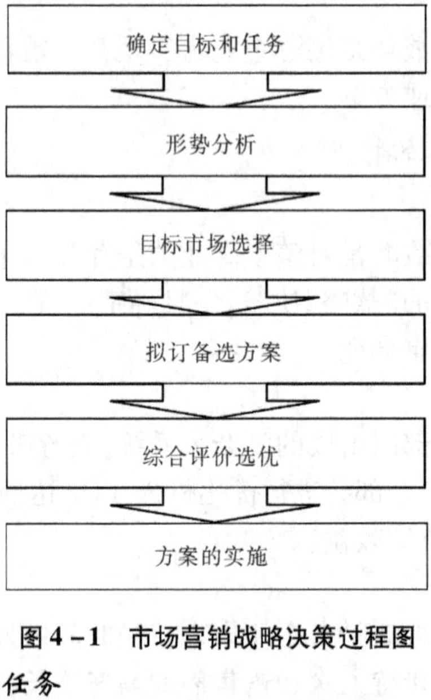

图 4－1　市场营销战略决策过程图

1. 确定目标和任务

此阶段主要是旅游企业明确“做什么”，是在对市场细分、市场有效预测的基础上确定的。营销目标指明了旅游企业的未来发展方向，是企业以下其他工作开展的基础；营销目标和任务既要有先进性又要具备现实可操作性；既要从实际出发，又要大胆体现竞争性；既要有对未来目标的定性展望，如未来发展的总体市场地位，也要重视定量技术分析，具体到利润、市场占有率、销售增长率等。任务和目标确定后，随着时间推移逐次实现。

2. 形势分析

形势分析是对企业决策的内、外部环境的考察。

外部环境主要是企业周围状况的变化，包括政治法律因素、社会文化因素、经济因素、人口因素、科学技术因素和自然生态环境因素等宏观因素，也包括企业的资源供应者、购买者、中间商、竞争者以及社会公众，是企业自身无法改变的因素，只能积极主动去适应。例如，上级主管部门意图的改变，上级有时会从全局出发，合理调整某些企业的业务范围，企业要服从全局的利益做适时调整。

内部环境是企业自身内部条件，包括企业优势及现有营销能力以及历史上的发展特征，是企业通过自身努力协调而改变的。

3. 目标市场选择

经过前期的详细论证与分析，企业必须筛选出为数较少的旅游目标市场，即企业的目标消费者。在进行目标市场的选择时要考虑到旅游者需求的特点、旅游企业自身条件与竞争实力，总的标准是“选择企业能够充分利用自身资源条件去满足需求的市场”。具体地讲，有四个标准：

（1）可测量性。企业可以通过各种市场调查手段和销售预测方法提前测量目标市场的现实购买力大小和潜在旅游者购买力和购买趋势。

（2）需求足量性。企业选择的市场应有较强的购买力，能够带来良好的经济效益。

（3）可进入性。企业的产品能够通过竞争者设置的壁垒有效到达目标市场。

（4）易控制性。企业能够便利地搜集到目标市场的反馈信息，动态调整营销策略适应市场变化。

4. 拟订备选方案

在确定目标市场后,接下来就要为各目标市场拟订相应的备选方案,一般包括以下三种:

(1)无差异营销战略,这是旅游企业以旅游市场总体为服务对象,以一种产品、一种市场组合吸引所有游客。其优点在于大批生产可以带来规模经济、树立统一的形象、降低生产和营销成本;缺点是忽视了不同消费者需求的差异性,信息到达后可能在部分市场是无效的,造成营销费用的浪费。

(2)差异性市场营销策略,这是选择细分市场中的几个市场为目标,并且针对不同的目标市场个性采取不同的市场营销战略。优点是企业运用这种战略可以针对不同的市场在渠道、促销和定价等方面加以变动;缺点是营销成本费用高,一般适合于规模比较大、资金比较雄厚的旅游企业。

(3)密集性市场营销策略,这是指旅游企业把人力、资金、物质资源等投入到选定一个或少数的几个特定细分市场上,实行专业化生产和经营的市场营销策略。其优点是集中所有力量对这一个或少数几个市场,资源得到合理利用;其缺点是一旦目标市场出现问题,企业容易陷入困境。

5. 综合评价选优

拟订好战略备选方案后,根据企业要达到的目标,从两个或两个以上可选择的行动方案中,选取一个最佳方案并付诸实施。选优的过程就是决策的过程,按照决策的可靠性程度,可分为以下几种:

(1)确定型决策,各备选方案所需要的条件和信息是已知和完备的,并且每一个备选方案只有唯一确定结果;

(2)不确定型决策,备选方案的各种因素大部分是难以控制的,每一个备选方案的后果不止一个,并且决策者不能确定每一个后果出现的概率;

(3)风险型决策,在决策时虽然每一个备选方案的后果不止一个,但是决策者可以确定每一种后果出现的概率,决策后果带有一定的风险性;

(4)竞争性决策,在决策环境中除自身外,还存在与之对立竞争的另一个决策者,两者利益冲突。

优选决策方案后,就是方案的实施与监测以及后续的实施效果的反馈对方案的适时调整。

四、旅游市场营销策略

(一)旅游产品策略

旅游产品是旅游者所购买的旅游活动,从离家开始到旅游结束回到家中所经历的整个活动过程所包含的全部内容,它包括企业确定的旅游产品生命周期策略、旅游路线开发策略、旅游品牌策略、旅游产品组合策略等。

1. 旅游产品生命周期

生命周期是产品从投入市场开始,经过成长、成熟到最后被市场淘汰的整个过程。在市场生命周期各阶段的营销策略主要包括:

(1)投入期,也称产品介绍期,可采用低价策略迅速扩大市场份额,也可采用高价策略限于较高消费能力的旅游者,树立产品形象;

(2)产品成长期,是指消费者开始接受该产品,产品的销售量呈大幅增长的阶段,赢利状况相对良好,但竞争者也开始出现,旅游企业应着手研究如何在竞争中取胜,尽可能延长成长期;

(3)产品成熟期,消费者已经接受了该产品,销售量和利润都较高,但是,由于生产竞争状况加剧,企业需要通过增加产品内涵,向顾客提高新的利益,进一步挖掘市场潜力,扩大销售量;

(4)旅游产品衰退期,由于竞争激烈加上新的替代产品的出现,产品的销售量迅速下降,企业要果断决定是推出市场开发新产品,还是将产品更新换代继续留在市场。

2. 旅游路线开发策略

旅游路线的开发是企业遵循旅游产品开发的原则,在满足旅游者需求的基础上最大限度地有效地利用资源,设计组合最佳的旅游路线。线路开发策略主要有:

(1)全线全面型策略,是指旅游企业经营多种产品线并将其推向多个不同的市场;

(2)市场专业型组合策略,是指旅游企业向某一特定的旅游市场提供其所需要的产品，集中力量为特定的目标市场提供多样化、多层次的旅游产品；

（3）产品专业型组合策略，是指只经营一种类型的产品来满足多个目标市场的同一需求。

3. 旅游新产品开发策略

新产品是指任何能给顾客带来新的利益和新的满足的产品。面对不断变化的外部竞争环境，企业自身生产力改善，顾客需求层次提高，企业必须适时开发出新的产品。

（1）旅游新产品开发的原则：独特性，求新求异是旅游者的普遍心理，别具一格的产品能够产生强烈的吸引力；针对性，新产品的设计和开发必须在调查研究旅游者的真实需求的基础上，而不是是主观想象出来的；经济性，企业经营的根本目的是获得收益，新产品必须考虑成本与收益之间的差额尽可能最大化。

（2）旅游新产品开发的程序：①构思，即形成创意的过程，是对旅游企业未来新产品的基本轮廓和架构的设想；②筛选，并非所有的构思都能付诸实践，企业必须根据自身的资源和特点来对各种构思进行筛选；③形成产品概念，在概念上将产品展示给部分潜在消费者，测试其在旅游者心目中的位置；④经济效益分析，了解产品概念在商业领域的吸引力有多大及其成功与失败的可能性；⑤产品开发，企业将产品列入实际开发项目，增加投资，建立和测试构成产品的有形要素；⑥市场试销，将产品预销售接受消费者的检验与评价；⑦正式上市，旅游企业正式开始向市场推广新产品，新产品进入其市场生命周期的引入阶段。

4. 旅游产品组合策略

旅游产品组合策略是指旅游经营者根据其经营的目标、资源条件以及市场需求和竞争状况，对旅游产品组合的宽度、长度、深度和一致性方面实施最佳选择的决策。

（1）扩大产品组合策略：旅游产品广度的拓宽，即在原有的产品组合中增加一个或几个产品线，增加旅游线路，扩大经营范围；产品深度挖掘，即在原有项目上增加新内容，增加游客的停留时间。

（2）缩减产品组合策略：经过市场运营检验后，产品的赢利的大小逐渐显现，将原有的旅游产品组合中利润低、未来发展前景也不太明朗的项目抛弃,从而使旅游企业可以集中人力、财力、物力,发展获利多的产品线和产品项目。

(3)产品延伸策略:是指全部或部分地改变原有旅游产品组合的市场定位。具体的方法有:①向上延伸,旅游企业将原来定位于低档产品市场的项目与线路,增加高档产品项目,使旅游产品进入高档产品市场;②向下延伸策略,旅游企业把原来定位于高档市场的产品线向下延伸,增加低档产品项目,扩大市场份额;③双向延伸策略,旅游企业将产品向上、下两个方向同时延伸,既生产高档产品,也提供大众消费的低档产品。

(4)产品线现代化策略,随着当代科学技术的发展,一些经典旅游产品组合的广度、长度、深度虽然依然适合,但该旅游产品的组合形式却已经过时了,产品线现代化策略强调产品组合与现代科学技术相结合,如将交通方式由火车改为飞机,与时代发展同步,对旅游产品线实行现代化的改造。

(二)旅游价格策略

价格是营销组合中最为灵活的因素,有效合理的价格策略对企业吸引潜在消费者、获得利润、占据未来发展的竞争优势具有重要作用。

1. 影响价格策略的主要因素

(1)内部影响因素:主要是营销目标,如生存、短期利润最大化、市场份额最大等;营销组合策略中其他非价格营销手段;产品成本,包括固定成本和变动成本。产品所处的生命周期不同,其定价策略应有所不同。

(2)外部影响因素:市场需求规模的大小;市场结构特征;消费者预期心理价格及认知心理价格;其他产品如替代品、互补品的价格。

2. 旅游产品定价的方法

(1)成本导向定价,这是以成本为基础,再加上预期利润来确定价格的方法。①总成本加成定价法,是指把生产产品的总成本加上一定比例的预期利润作为产品售价;②保本点定价法,以保本点的总成本为依据来定产品价格,保本点是指总成本等于销售总额而利润为零时的销售水平;③目标收益定价法,根据企业的总成本和计划的总销售量,加上按投资收益率确定的目标利润额作为定价的基础方法;④经验定价法,是国际上较为通用的一种根据饭店投资总额的千分之一作为客房的出租价格。

(2)竞争导向定价,这是以市场竞争态势为定价标准的方法,主要形式:①随行就市定价法,将价格保持在市场平均价格水平上,并且随着市场竞争状况与需求状况的变化调整产品价格;②产品差别定价法,将自己的产品在消费者心目中树立起独特的产品形象,根据自身特点,选取低于或高于竞争者的价格作为本企业的产品价格。

(3)需求导向定价法,这是以消费者需求变化以及消费者对旅游企业产品价值认知和理解程度作为定价依据的方法。①理解价值定价法,企业以消费者对商品价值的理解度为定价依据;②需求差异定价法,根据旅游产品的销售对象、销售地位和销售时间的不同实行差异定价;③逆向定价法,依据消费者能够接受的最终销售价格,逆向推算出旅游产品价格、旅游线路组合的价格。

3. 常用的旅游产品价格策略

(1)折扣定价策略。①数量折扣:根据消费者购买产品的数量和金额总数不同而给消费者不同的价格折扣;②现金折扣:企业对规定时间内现金付款或提前付款者所给予的价格折扣;③季节折扣:对在旅游淡季购买商品的顾客给予一定的优惠。

(2)心理定价策略是针对顾客心理和行为倾向制定价格,企业在定价时可以利用消费者的心理因素,有意识地将产品价格定得高些或低些。①整数定价,企业给商品定价时取一个整数,显示产品的高质量、高档次,提高商品在消费者心目中的形象;②尾数定价,企业给商品定一个接近整数、以尽尾数结尾的价格,在直观上给消费者一种便宜的感觉,满足消费者求便宜的心理;③声望定价,利用产品在消费者心中良好的声望、信任度和社会地位及消费者对高档产品价高质优的心理,以较高的价格吸引顾客;④分档次定价,将产品按档次分为几级,通过不同的价格创造消费者对产品质量的差异感,满足不同消费层次的需求心理。

(三)旅游产品分销渠道策略

1. 分销渠道的概念及作用

旅游产品分销渠道又称为销售渠道,是指旅游产品销售的中间经销机构。旅游产品销售渠道要解决的问题是由谁、在什么时间、什么地点把旅游产品销售给目标市场旅游者,从而满足旅游者的需要,实现旅游企业的市场营销目标。

营销渠道表明了产品的流通过程,在起点"旅游产品生产者"和终点"旅游产品消费者"之间,包括了各种代理商、批发商、零售商、其他中介机构和个人等中间环节。各渠道中成员主要执行交易、调研、促销、协商、财务的职能。

2. 分销渠道的类型

在旅游市场营销渠道当中,由于旅游市场、旅游环境、旅游生产者、旅游中间商以及旅游消费者等多种因素的影响,旅游产品的销售渠道也呈现出不同的状态,一般分为以下几种:

(1)直接渠道策略和间接渠道策略。直接分销渠道策略是旅游产品供给者直接把产品销售给消费者,不利用中间商;间接渠道是旅游企业通过不少于一个的中介机构将产品销售给顾客,其按中间环节的多少又可分为一级渠道、二级渠道、三级渠道等类型。

(2)长渠道和短渠道。旅游产品销售渠道的长度是指旅游产品从生产到旅游者之间所经过的中间环节,中间环节越多,销售渠道越长,反之,销售渠道越短,最短的销售渠道是直销。长渠道与短渠道是一个相对的概念。

(3)宽渠道与窄渠道。旅游产品销售渠道的宽度一般是在一个时期内销售网点的多少,网点的分配合理程度,宽渠道与窄渠道也是一个相对的概念,某一环节使用同类型中间商的数目越多,渠道越宽,反之越窄。

3. 选择旅游市场营销渠道要考虑的问题

(1)影响旅游营销渠道决策的主要因素。要选择合适的销售渠道,企业需要全面、综合分析多方面的因素,如旅游产品的种类、性质、档次、旅游市场需求特点、竞争者状况以及旅游中间商、旅游企业自身的规模、产品组合及行销能力、其他如法律、当地风俗、文化取向等。

(2)市场营销渠道方案的设计。确定渠道成员的销售水平及中间商分工后,设计具体的营销渠道,主要是对渠道长度的选择和渠道宽度的选择。

(3)渠道选择方案评估。对备选方案的评估,以确定最可行、最能满足企业营销目标的方案,其标准有方案的经济性、可控制性、对外界环境的适应性。

(4)渠道管理。旅游市场营销渠道建立后,旅游企业要对其进行管理以保证其持续、有效地运行,从而能够达到预期的效果,主要包括渠道的协调、渠道成员的激励、渠道成员的评估和渠道改进等。

(四)旅游产品促销策略

旅游促销是指旅游企业通过各种手段和方式,将旅游产品与服务的信息传递给旅游消费者,促使他们认识、了解、信赖并购买旅游产品和服务,从而达到扩大销售目的的一系列活动。促销策略主要包括人员推销、广告促销、营业推广以及公共关系等很多内容。

1. 人员推销

这是指通过旅游接待人员或专职推销员直接与顾客见面的形式,向顾客推销产品和服务,以便增加销售与预订。

2. 广告促销

这是旅游促销组合中的一种主要促销形式,是企业借助有效的广告宣传,向目标市场的消费者快速传递企业信息,可以树立产品和企业形象,扩大企业的影响,强化旅游消费者的信念,激发购买欲望。

3. 营业推广

其也称为销售促进,是旅游企业用来刺激消费者购买产品而使用的短期的、非定期性的销售措施,其目的在于短期内迅速扩大需求。

4. 公共关系

这是指旅游企业或组织用传播的手段,使自己与公众相互了解和相互适应,以便树立企业的良好形象,争取公众的大力支持,提高知名度和美誉度,达到企业目标的一种系统的管理活动或职能。

思考与练习

1. 影响旅游动机的因素有哪些？旅游决策行为产生的主导因素是什么？

2. 旅游市场需求预测的方法总结与思考，搜集案例进行预测。

3. 旅游市场营销活动的流程、营销计划的组织、制订、控制过程的步骤有哪些？

4. 旅游市场营销战略与营销策略的区分（找案例分析）。

第五章 旅游交通

引言

小张想要从北京到上海去旅游并体验一下上海现代化的交通方式,该怎么去呢?可选择的方式实在太多了,火车、飞机、豪华巴士……到上海之后的行程也让他犯难,不过到旅行社咨询之后,小张马上不愁了。因为,在现代旅游业中,旅游目的地除了需要拥有丰富的旅游资源和独特的旅游景区和景点之外,还必须建立完善的旅游接待体系。旅游交通、饭店与旅行社并称为旅游接待体系中的三大支柱产业。在行、住、食、游、购、娱等旅游活动六大要素中,交通属于先决要素。没有通畅的外部交通体系,旅游目的地城市就无法把旅游者从客源城市引进来;没有四通八达的内部旅游交通体系,旅游目的地城市的旅游景区和景点就不能串联成旅游线路,无法形成区域旅游体系。而且,随着旅游业的发展,交通运输已经不仅仅作为运载工具存在,有些交通工具本身就成为旅游吸引物,成为旅行社招揽生意的项目之一。所以,小张可以开始这次愉快的旅行了。

本章学习目标

1. 了解旅游交通概念及其在旅游业中的作用。
2. 了解主要的旅游交通类型及最佳旅游交通方式的选择。
3. 了解旅游交通布局的原则及旅游交通系统。

第一节　旅游交通概述

一、旅游交通的概念

交通是指各种运输和邮电通信的总称,有时也指运输。交通作为人和货物发生位移的手段是广泛存在的。我们把利用现代化运输工具为托运人提供人或货物位移的公共社会服务活动或有组织的营利活动统称为交通运输。

旅游教育出版社的《旅游交通教程》将旅游交通定义为:“一种为旅游者提供直接或间接交通运输服务所产生的社会和经济活动”,中国铁道出版社的《旅游交通》指出旅游交通是“为旅游业由客源地到旅游目的地的往返以及在旅游目的地进行旅游活动而提供的交通运输服务。”同时,许多学者也从不同的角度对旅游交通做出了各种界定:吴刚、陈兰芳从旅游交通的组成要素出发,认为旅游交通是指为旅游者在旅行游览过程中所提供的交通基础设施、设备以及运输服务的总称;关宏志、任军探讨了旅游交通规划的基础框架,从服务对象出发,认为旅游交通有广义和狭义之分,广义的旅游交通是指以旅游、观光为目的的人、物、思想及信息的空间移动,而狭义的旅游交通概念则将讨论的对象限定在人或物;卞显红、王苏洁在《交通系统在旅游目的地发展中的作用》一文中,对旅游交通做了较为严格的定义,旅游交通是指支撑旅游目的地旅客流和货物流流进、流出的交通方式,路径与始终点站的运行及其之间的相互影响,包括旅游目的地内的交通服务设施的供给及其与旅游客源地区域交通连接方式的供给。

我们认为,旅游交通是指为旅游者在旅游过程中提供所需交通运输服务而产生的一系列社会经济活动和现象的总和。具体说来,旅游交通是为旅游者实现旅游,从出发地到目的地以及在目的地内进行游览后再回到出发地的整个旅游活动过程中所利用的各种交通方式的总和。包括各种交通设施以及与之相应的一切旅途服务。

旅游交通是在人类科学文化、社会发展到一定程度以后,在人们对非生活必需和非生产性质的旅行游览活动的需求日趋迫切,而公共客运交通工具与形式不能完全满足他们需要的情况下,逐渐产生的特殊的交通运输形式。旅游交通与交通运输只是概念上的区别,在现实生活中很难严格区分两者,因此,旅游交通和交通运输之间没有严格界限,只是概念上的不同。如图5-1所示。

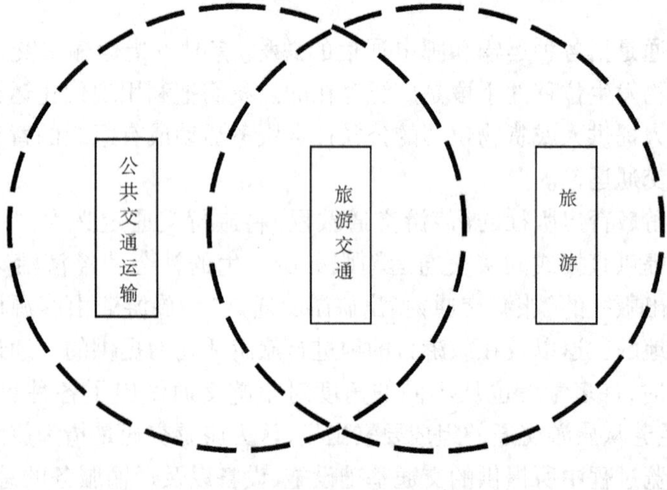

图5-1　旅游交通关系示意图

旅游交通活动是随着旅游业的兴起与发展,随着人们对高速、安全、舒适型的交通运输需要的迅速增长而逐渐形成的,并且正在发展成为一门新兴的部门经济,因而受到经济学家和旅游研究者的普遍关注。

二、交通对旅游的影响

(一)交通是旅游业的重要组成部分

旅游是发生在距常住地一定距离之外的所在地的行为,旅游者要实现旅游目的,首先必须实现从一个地点到另一个地点的空间转移,旅游行为的过程就是旅游者空间位移的过程。交通运输服务,即交通工具、交通道路、交通设施的服务提供构成旅游者空间位移最基本的条件。

一次完整的旅游过程分为三个阶段:从常住地到旅游地、在旅游地各景区旅行游览、从旅游地返回常住地,旅游过程一般以旅游客源地、旅游目的地及内部各景点为节点,以交通路线为连线而形成闭合系统,其中包含了食、宿、行、游等各种活动内容,不管旅游活动涵盖什么内容,通过什么方式,若要完成此闭合系统运转,交通是首要条件。如果没有交通联系,即使两地间存在极强的吸引力,也不可能产生大量的旅游客流。所以说,没有交通即没有旅游。

从需求方面看,交通是旅游者完成旅游活动的先决条件。旅游者在外出旅游时,就要解决从定居地到旅游目的地的空间转移问题,通过采用适当的旅行方式抵达旅游地点,而且,旅游行程本身就是旅游活动的一部分内容。采用不同旅行方式所耗费的时间,也是需要考虑和解决的问题。旅游者可用于旅游的余暇时间总是有限度的,如果克服空间距离所占用的时间超过一定的限度,旅游者则会改变对旅游目的地的选择,甚至会取消旅游计划。

从供给方面看,交通则是发展旅游业的命脉。旅游业是依赖旅游者来访而生存和发展的产业。只有在旅游目的地的可进入性使旅游者能够大量地、经常地前来访问的情况下,该地的旅游业才会有不断壮大和发展的可能。

从旅游收入方面看,交通运输业作为旅游业的重要部门,本身也是旅游收入和旅游创汇的重要来源。在任何国家的国内旅游收入中,交通运输都占有突出的比重。据《旅游统计年鉴》,欧美游客来我国旅游,其交通费用的支出(包括国际往返交通费、在我国旅游期间的城市间交通费和市内交通费)往往要占其旅游费用的一半以上。

(二)旅游发展的历史与交通运输关系密切

各个时代交通的发展为旅游业创造了充要条件,推动了旅游业的产生、发展和腾飞,可以说,旅游的发展史也是一部交通的发展史,“旅游”沿着“交通”的足迹渐行渐远,乘着“交通”的翅膀愈飞愈高。

奴隶社会时期,在欧洲,由于古罗马政府在全国境内修筑了许多宽阔的道路,方便了人们的出游,而交通驿站的设立,也促进了早期旅馆的产生。这些旅行设施的发展,反过来又推动了旅行人数的增加。

在封建社会,以中国为例,由于水陆交通的发达,通济渠、邗沟、永济渠、江南河的开凿,“驰道”和“直道”的铺设,使得人们的出游旅行变得更加普及。经济和交通的发展,为早期的旅行发展提供了必要的经济基础和物质条件，参加旅行的人数和范围都有了明显增加。

到了近代社会，蒸汽机技术在交通运输中的应用，使大规模的人员流动成为可能。人们开始利用新的交通工具。新旅行方式远比马车旅行费用低廉，使得更多的人有能力支付旅行费用，扩大了外出旅行的人数，也使旅行速度大大加快，缩短了旅行所需要的时间，为人们抽时间短期外出旅游提供了可能；随着铁路网络的不断扩大，加之火车速度加快等原因，人们外出活动范围的半径得以增加。旅行方式的进步，不仅使工商人士的业务旅行大大增加，还为以消遣为目的的旅游创造了便利条件。

现代旅游会有今天的规模，其活动范围会扩展到世界各地，一个重要原因也是由于现代交通运输的发展。随着汽车、飞机等现代交通工具的问世，极大地增加了人们解决外出旅游中的时空困扰问题，使时间得以近一步缩短，从而为远程旅游提供了新的方便条件。第二次世界大战后旅游，特别是国际旅游的迅速发展同民用航空的普及是分不开的。见表5－1。

表5－1　中国旅游交通的发展历程和其对旅游业的影响表

时期	交通条件	对旅游业的影响
古代旅游（秦朝—1840年）	水路交通相对发达，造船技术日益成熟； 陆地道路系统较密集，设施逐渐完善，大修驰道、驿道，基本以人力、畜力和自然力为主要交通工具	产生了以娱乐、宗教、游览为主要目的的非生产性旅行，如帝王巡游、封建官僚宦游、文人学士漫游、和尚道士方游等旅行形式
近代旅游（1840年—1949年）	以机械动力为牵引力的现代交通业产生，创立了轮船招商局等交通运输业，使用蒸汽轮船； 兴建铁路，但各地铁路网络布局相当不合理； 航空业也开始起步，与旅游活动联系； 运输业受外国列强控制，发展受限，战争破坏交通道路和交通设施，影响交通安全	旅游活动只是少数富有阶层进行的侈奢享受，旅游发展缓慢，困难重重

续表

时期	交通条件	对旅游业的影响
现代旅游(1978年—现在)	各种新型的交通工具大量应用到旅游活动中,如功能齐全的豪华游船、舒适安全的豪华旅行车; 交通工具的品种、数量、质量都大为改观; 铁路、公路等陆路交通网络密集,私人汽车增多,公路等级提高; 航空业大大发展	旅游活动频繁,日益大众化、全民化,人们出行频率、出行距离、出行天数显著增加; 旅游方式多样化、安全舒适、自由灵活; 国际旅游发展迅速

三、旅游对交通的影响

交通对旅游的发展影响巨大,但同时,旅游对交通的发展也起到相当大的促进作用。两者相辅相成,互相影响。

为满足人们对旅游的日益增长的需要和多样化的需求,不断构建和改造交通运输的基础工程,包括道路、机场、港口、码头等,并且促使这些建设工程日益向现代化发展,促使交通运输工具的研制与使用向高速度、豪华、舒适、多功能方向发展,带动交通运输服务业的发展,使交通设施不断健全,交通服务日益丰富和人性化,交通环境突出自然人文性。同时,旅游发展促使交通走向专业化,交通日益与旅游融合,从公共基础交通中分化出来,形成具有新功能和新意义的旅游交通。

以航空运输和铁路发展为例,航空旅行的主要优点是舒适和快捷。作为现代大众旅游的主要方式之一,航空业的发展在很大程度上依赖于旅游业的发展。一个国家和地区旅游业开展的程度如何,将直接决定着航空业客源的多少。旅游包机的发展,在航空史上就是一个特例。很多国家的旅游经营商在组织包机旅游、特别是组织包机国际旅游时,都利用包机作为主要旅行方式。在欧美国家中,规模较大的旅游经营商很多都拥有自己的包机公司或者同经营包机业务的航空公司有密切的合作关系。在中国,许多有吸引力的景点或城市都有了旅游包机。2001年,北京有能力的出境旅行社都推出了去普吉岛的包机。而旅行社组织的境内旅游的包机更是数不胜数。在2002年“五一”期间,北京出境和国内旅游包机数量达到了100多架次。如今,包机旅游已经成为每个黄金周期间不可缺少的一种方式。另外,不管民航是否开售打折机票,一个不争的事实已经摆在了面前,越来越多的旅游者开始选择乘坐飞机旅游。旅游业的发展极大地带动了航空运输业的发展。

在出游者当中,占相当大比例的人愿意选择火车,因为对于工薪阶层的旅游者来说,坐火车更经济。近年来,随着出行人数的不断增加,中国铁路的改革、发展也加快了步伐,铁路在面貌上发生了很大的变化。随着铁路的提速,铁路的产品结构也进行了重大调整,铁道部相继推出了朝发夕至、夕发朝至、城际快车、旅游专列等服务品种,更加适应了市场的需求。铁路的市场竞争力明显增强。毋庸置疑的是,铁路的几次提速和特色产品的推出都与旅游业的快速发展分不开。可以说,如果没有旅游就不会有假日列车。

四、旅游交通在现代旅游业中的作用

旅游交通在现代旅游业的发展中起着非常重要的作用。它连接旅游目的地和客源地,完成游客、信息在旅游目的地和客源地间的流动。交通的便利与否直接影响旅游者对旅游目的地的选择和旅游日程的安排,道路质量的好坏更关系到游客的旅游经历和心情,极大地影响旅游者整个旅行的质量和满意度。而且,交通还在很大程度上控制着旅游资源吸引力大小,决定着旅游资源开发规划效果的好坏。因此,如果区域旅游交通条件发生变化,将对整个区域旅游产业的发展产生重大影响。

(一)促进旅游资源的开发和利用

交通是影响旅游资源吸引力大小及旅游开发规划的关键因素,交通基础设施的不健全对于正在开发或已经成形的旅游地来说,无疑是继续发展的瓶颈。没有畅通、安全、便利的交通,就不可能有规模化和长期发展的旅游经济。正所谓"蜀道难,难于上青天",旅游资源本身的品位再高,如果没有快捷、舒适的交通做后盾,将无法充分发挥其潜在优势,经济效益也就无从谈起了。

(二)有利于旅游资源和环境生态的保护

旅游资源分为人文资源和自然资源,自然资源丰富的地区一般交通不发达，经济比较落后。为了快速发展经济，人们只有依靠对自然资源的开采，交通的发展可以带动当地经济的发展，从而减少对自然资源的开采，保护环境生态。

目前，旅游可持续发展主要面临两大问题：旅游资源利用与保护的问题；旅游生态环境承载力的问题。由于盲目开发，有些地区许多珍贵的旅游资源在开发的同时遭受人为破坏，而旅游景区则面临着日益严峻的城市出游压力，尤其是世界遗产地，长时间超负荷运转势必使其生态环境遭受致命的破坏，竭泽而渔的经营方略势必导致许多珍贵旅游资源的湮灭。交通的发展也可以促进区域旅游的合作，通过合作开发共享旅游资源，有效保护生态环境，通过合理分散客流，减轻超载景区压力才能实现区域旅游的可持续发展。

（三）加快区域旅游网络化服务的形成

由于旅游交通的发展，人们出行更加方便快捷，交通的网络化也促进了旅游线路网络化的形成，从而导致了旅游网络化服务需求的出现。人们的外出旅游不再是简单的“点—线”模式，而是网状模式。因此，一家旅游公司很难实现对客户的全程服务，这就需要与异地的一家旅游公司或者多家旅游公司进行合作，只有这样才能满足人们网络化旅游的需求。交通的网络化使得网络内各城市之间的联系更加紧密，旅游企业的人、财、物的流动更加频繁，只有提高区域旅游网络化服务，才能保证旅游经济的顺利运行。

（四）提高旅游者的满意度

当旅游者最终确定了旅游目的地，从开始游览到旅行的结束，这一过程中的所有影响旅游者旅游经历的环境、行为、服务都将纳入对旅行质量的评估或满意度的评估。在食、住、行 3 项因素中，对餐饮和住宿的评价会因为旅行者不同的个性、喜好而产生较大分歧。但是，对于交通的评价，却往往具有一致性。旅途中的舒适度、快捷度等，都是旅行者进行评价的重要方面。因为它不仅影响到游客的日程安排，更关系到游客的精力和心情。安排不当的交通或低质量的交通，会使游客劳累和烦躁，这极大地影响了旅游者整个旅行过程中的质量和满意度。而交通问题也正是目前旅行者投诉的热点问题之一。

第二节 旅游交通的类型

一、旅游交通的分类

交通运输的类型主要由三部分构成:线路、运输工具和站场。根据交通工具、线路和地理环境,可将现代旅游交通分为航空、铁路、公路、水路和特种旅游交通五种基本类型。每一种旅游交通方式又由客运工具、客运站场和客运线路三个基本生产要素构成。各种交通方式根据其自身的优势分工协作,分别主导不同运距、不同运速、不同运价的旅游交通客源市场,同时又优势互补,互相衔接,彼此竞争,共同构成现代旅游交通综合体系。见图5-2。

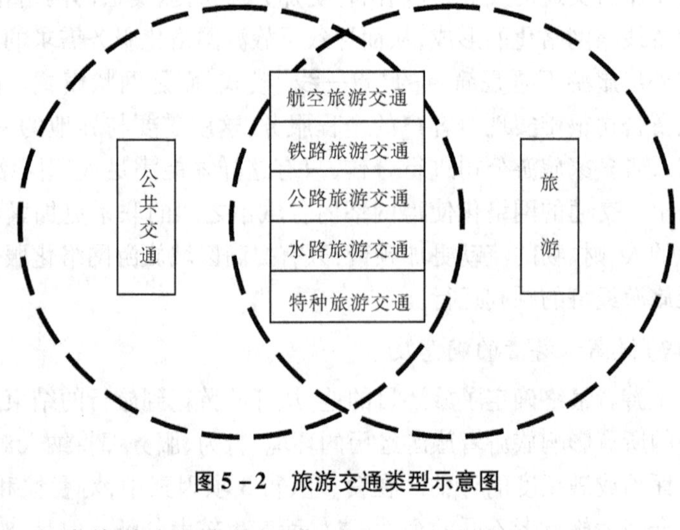

图5-2 旅游交通类型示意图

二、各类旅游交通方式概述

(一)航空旅游交通

航空运输是国际旅游者使用最为频繁的交通方式之一,世界上约有35%的国际旅游者乘飞机旅行。它以机场为客运站场,飞机为客运工具,航空线为客运线路,主要从事远距离旅游运输活动,如国内大城市间旅游包机和国际定期航班运输等。其运输优势表现为速度快、航程远、乘坐舒适、可跨越天然障碍等；其劣势主要是价格高、耗能大、灵活性差、游览功能弱。航空旅游交通在400公里～500公里的长距离旅游和国际旅游中占有重要地位，有无航空条件是能否大规模开展国际旅游业的前提，航空运输业的发达程度是衡量各国旅游业发展水平的重要标志之一。

航空旅游交通是旅行速度最快的现代旅游交通方式。喷气式民用客机巡航速度一般为每小时900公里左右，比行驶在高速铁路上的列车快2倍～3倍，比行驶在高速公路上的汽车快8倍～10倍，比高速远洋的游船快15倍～24倍。运输速度快有利于减少旅游者在途旅行时间和旅行的疲劳感，相应地增加实际游览时间，符合旅游者对"旅速游慢"客运方式的基本要求。

现代远程客机具有优越的续航性能，可持续飞行10余小时，逾数万公里，成为连接世界各国的空中长廊。航空运输沿直线运行，少走或不走"弯路"，相对缩短了始发地与目的地之间的旅行距离，航程远的优势也就越发突出，也正是这个优势使航空运输成为国际旅游最为重要的交通方式。事实上，20世纪70年代以后出现的大规模国际旅游活动正是远程喷气式飞机普及应用的结果。

现代旅游航空运输的主流机型——喷气式客机，采用仿生学流线型外形设计，巡航高度在1万米左右，因此摩擦阻力小，基本不受低空气流影响，飞行平稳，乘坐舒适。现代宽体客机，客舱宽敞，座位行间距离大，坐、卧、行皆便。此外，航空运输还以高科技硬件设施和高水准优质服务著称，有利于满足旅游者对高品位物质享受和精神享受的双重需求。

民用机场一般坐落在城市远郊，严重依赖机场班车或地铁等地面衔接交通工具，因此，航空运输缺乏灵活性，而且在短距离运输方面难以发挥速度优势。航空运输基础设施建设和运营成本远远高于其他交通方式，因而平均运价最高。

（二）铁路旅游交通

铁路运输以火车站为客运站场，以旅客列车为客运工具，以铁路为客运线路，主要从事中距离旅游运输活动，如在旅游城市之间开行旅游列车和假日列车等。世界上约有6%的国际旅游者使用这种交通方式。铁路运输具有客运量大、票价低、受气候变化影响小、安全正点、环境污染小等优点,符合经济、舒适、安全、准时以及环境对交通的要求。其劣势主要是:修建铁路工程造价高,受经济和地理条件等限制往往不能在短期内修建或延伸。

现代铁路运输采用专用轨道,实行电子计算机调度、控制和监控,加之受气候因素影响较小,所以,不但不易发生交通事故,而且能够保证列车正点运行,便于旅游者安排行程。此外,电气化机车直接利用电能,基本上无空气污染,已成为世界各国重点发展的绿色环保型交通方式。

铁路旅客列车载客量大,单位运输成本低,因而客运价格适中。乘坐卧铺车厢的旅游者,在旅行过程中就宿车内,节约了昂贵的饭店住宿费用,显得十分实惠。旅客列车席位类别较多,从经济型硬座、硬卧,到舒适型软座、软卧,乃至豪华型软卧包厢,可满足各种消费层次旅游者的多样化需要,具有良好的性能价格比,更增强了经济实惠的优势。

随着既有铁路提速改造和高速铁路建设进程的加快,铁路运输速度和效率不断提高。在日本和欧洲,时速200公里~300公里的高速铁路已十分普及。经过两次大提速,我国骨干铁路快速列车最高时速已达到160公里,广深准高速铁路列车最高时速已超过200公里。高速铁路列车在600公里~800公里行程范围内,速度优势最大,堪与航空运输一争高低。目前尚处于研制和小规模试营运的磁悬浮列车,运行时速可达400公里以上,是高速铁路的一倍。据专家预计,这种列车有可能在21世纪得到普遍应用,成为中、远距离高速交通运输的主要方式之一。列车速度的提高,大大增强了铁路的通过能力,使得多班次、高频率运输成为可能,因此,旅游铁路运输还具有快速高效的优势。

铁路运输专业化程度高,从路网规划、建设,到列车制造、编组,乃至运力安排、调度,都需要高度集中的统一指挥,因此缺乏灵活性和机动性。旅游铁路运输沿专用轨道运行,平稳性优于公路、水路运输,但受轮轨间强大摩擦阻力的影响,噪声和震感明显,因此舒适性逊航空运输一筹。

（三）公路旅游交通

公路运输是最普及的短途旅游交通方式，世界上50%以上的国际旅游者、发达国家80%左右的国内旅游者乘坐汽车出游。它以汽车站为客运站场，以汽车为客运工具，以公路为客运线路，主要从事200公里以内的短距离旅游客运和专项探险旅游运输活动，如市内旅游客运、景点观光和汽车越野专项旅游等。公路运输的优势表现为灵活方便、易于游览，能深入到旅游点内部，实现"门到门"的运输；对自然条件适应性强，一般道路都能行使汽车；能随时停留把旅游活动从点扩到面上；高效省时，公路建设投资少、占地少、施工期短，见效快。其劣势是速度慢、运距短、舒适性较差、可变资本高、运费较高、受气候影响大、安全系数低等。

公路运输具有路网密度大、站点覆盖面广、客运班次频繁等特点，因此乘坐十分方便。团队或散客旅游者租车旅游，可以自行确定旅行时间和线路，随时停车游览、用餐和休息，非常灵活。旅游者驾私车出游，更是不受时间限制并可根据需要任意增减游览景点，适时调整行程计划，因而更加灵活方便。

旅游公路运输速度较慢，行驶时可贴近或穿越城乡，还可直抵旅游景区（点）或活动场所，因此便于旅游者观赏沿途风貌，欣赏旅游吸引物，参与各种旅游活动。旅游汽车特别是越野汽车，动力强劲，减震性能优越，适于在各种路面行驶，成为探险旅游广泛采用的交通工具。旅游宿营车和流动旅馆汽车，集行、住、食、游等多功能为一体，成为专项旅游和家庭度假旅游的理想交通工具。

公路运输可实现"门到门"直达运输，有效节约了座位预订、行李托运、中转换乘等所需时间，在短距离运输中显示出便利省时的优越性。公路运输以单车为运营单位，调度灵活，可根据客源量的多少随时发车，从而使旅游者缩短了候车时间，相对增加了有效游览的时间。

旅游公路运输运行速度较慢，在高速公路速度限制在120公里/小时以内，在二级公路限制在80公里/小时以内，在城市街道限制在70公里/小时以内。受运速制约，其运输距离以不超过200公里为最佳。此外，受公路等级、交通管制、汽车性能以及驾驶人员素质等多种因素的影响，旅游公路运输的舒适性和安全性相对较差。

（四）水路旅游交通

水路运输以港口为客运站场，以船舶为客运工具，以水上航道为客运线路，主要从事水上游览和中距离旅游运输活动，如远洋巡游和内河客运等，约承担世界上8%的国际旅游交通运输量。水路旅游交通方式包括功能和特点反差极大的两种基本类型，即水上客运和水上游览。前者以运送旅游者为主要功能，运输优势是价格低廉、运载量大、能耗少、成本低。劣势是速度慢、舒适性差；后者以观光、度假为主要功能，优势表现为豪华舒适、安逸浪漫，劣势主要是速度慢、价格昂贵。

以旅客运输为主要功能的近海、湖河水运方式，多利用天然水道，运输能力极强。据统计，长江的运输能力相当于6条同样长度铁路，远期规划要达到相当于10条铁路的运输能力；美国密西西比河的运输能力相当于11条同样长度铁路；德国境内莱茵河段的运输能力相当于19条同样长度铁路。航道建设投资少，客运量大，降低了水运方式的单位运输成本，一般为铁路运输的1/8～1/4，因此运价低廉。

现代远洋游船和内河豪华游船在很大程度上已超越了水运传统意义上的单一客运功能，成为集行、食、住、游、购、娱等多功能为一体的豪华旅游项目。尤其是7万吨级左右的巨型远洋游船，在碧波荡漾的大海中亦能平稳行驶，为旅游者提供了迥异于陆地的浪漫与幽静环境，适于观光、度假和娱乐旅游。巨型远洋游船巨大的运载能力和硕大的船体，为配备完善而豪华的旅游设施提供了可能，这是其他交通方式不可比拟的。例如，美国荷美航运公司旗下的6艘豪华游船，每艘游船载客量一般为1200人，平均每2位游客配备1名服务员，服务十分周到。船上有甲板观景台、夜总会、健身房、温泉浴室、游泳池、音乐酒吧间、赌场、图书馆、电脑工作间和免税商店等，设施极为奢华、齐备。据统计，1991年世界游船旅游者中有50%以上为回头客，这表明游船旅游的豪华性与舒适性对旅游者具有极大的吸引力。

受摩擦、兴波、涡流等水阻力的影响，水上运输是四大现代交通方式中速度最慢的一种，内河客船的速度一般为10节（18.5公里/小时），内河游船一般为15节（27.78公里/小时），沿海客船一般为20节（37.04公里/小时），远洋游船一般为30节（55.56公里/小时）。同时，受风浪等外力影响，船舶常处于摇摆和沉浮运动状态，从而使其舒适性大大降低。另外，由于江、河、湖、海在地理上分布不均，并严重受制于冰冻、台风等恶劣气候条件，水路运输的灵活性和安全性不够理想。

现代水路交通正在朝两个方向发展，一是提高速度，克服自身的不利条件，与其他交通方式竞争，例如气垫船的使用。二是充分利用轮船体积大，具有扩大服务设施的可能性等特点，逐渐向旅游设施完备、豪华舒适的方向发展，满足游客的服务需求，成为专为旅游服务的游轮。

（五）特种旅游交通

受旅行习俗、地理环境、科技发展水平等因素的影响，除常规现代交通方式以外，世界各地还存在着丰富多样的特种旅游交通方式。特种旅游交通方式的客运站场、客运工具、客运线路多种多样，无统一固定模式，主要从事游览性运输活动。其主要运输优势表现为类型繁多、游览性强、文化含量高和价格较低（特种现代方式除外），其劣势主要是灵活性差、客运功能弱（有些甚至不具备客运功能）、舒适性差（特种现代方式除外）。

特种旅游交通方式类型繁多，从其适应的地理条件上可分为平地、坡地、山地、沙漠、草原、雪地、水上、水下、空中等类型，如平地的黄包车、坡地的旱地雪橇、山地的滑竿、沙漠的骆驼、草原的勒勒车、雪地的雪橇、水上的羊皮筏、水下的观光潜艇、空中的热气球等；从历史沿革上可分为传统、现代、超现代等类型，如传统的独木舟、马车和溜索，现代的摩托艇、索道缆车和滑翔机，超现代的气垫船、磁悬浮列车和太空船等；从主要功能上可分为客运、观光、娱乐、健身、竞技等类型，如以客运为主的水翼船、以观光为主的索道、以娱乐为主的仿古游船、以健身为主的自行车、以竞技为主的皮划艇等。

特种旅游交通方式具有优越的游览性。首先，它们在运输形式上千奇百怪，在功能上千差万别，能够满足旅游者求新、求奇、求特、求异的多样化特殊游览目的。其次，它们一般具有极强的参与性，多数可由旅游者亲自驾驭并从中得到独特、刺激的体验经历。最后，它们的普及程度一般较低，有些只保留在偏远少数民族地区，有些只在实验基地进行小规模试运行，具有浓厚的民族、地方或科幻色彩，能够满足旅游者怀古和探知未来的特种需求。

多数特种方式存在于特定的社会文化环境之中,从而使旅游者得以体验这些方式所代表的地方民俗文化。比如,羊皮筏漂流可以使旅游者亲身体验中国西北部黄河中游回族传统的水上交通文化;溜索使人领略到西南山区少数民族的传统山地交通文化;乌篷船则令人感受到绍兴地方特色浓郁的水乡交通民俗。特种传统方式蕴涵着古朴原始的文化内涵,特种现代方式孕育着五彩缤纷的高科技未来,充分反映出人类交通运输科技文化的传承脉络。

特种传统旅游交通方式,如羊皮筏、雪橇和黄包车等,一般只需简易的运输工具、站场和线路,因而运营成本低,运价低廉。但是,特种现代旅游交通方式,如磁悬浮列车、游览索道、水翼船等,则需要高科技运输工具、专用站场和专用线路,因而运输成本较高,运价也相应较高。

运输站场、工具和线路的多样性,决定了特种旅游交通方式的地域局限性和孤立性。它们彼此割裂,无法形成统一标准的网络体系,因而缺乏常规交通方式所拥有的高效客运功能和灵活性。特种旅游交通方式,或是历史的遗存,或是未来的雏形,或是景区(点)的配套设施,因此其运速、运距十分有限。除磁悬浮列车、气垫船、水翼船等高科技运输方式外,特种旅游交通方式的舒适性一般较差。

三、最佳旅游交通方式的选择

一般而言,旅游交通是依据运输活动的地理特征进行内部分工的,即公路、铁路承担陆路运输,航空承担空中运输,水路承担水上运输,特种旅游交通方式承担特殊地理环境的运输。然而,在多种交通方式并存的现实生活中,旅游者往往不是根据运输活动的地理特征来选择交通方式,而是依据交通方式的舒适性、游览性、灵活性、准确性、经济性、及时性、灵活性、方便性、快捷性、安全性等综合优势来决定旅行的方式。各种旅游交通方式都拥有其各自的运输优势和劣势(见表5-2),能够满足不同运输需求旅游者的特定需要并以此在不同的客源市场上占据着主导地位。

表5-2 各种旅游交通方式的优势和劣势对比表

<table>
<tr><th colspan="2">类 型</th><th>运距</th><th>运速</th><th>运价</th><th>舒适性</th><th>游览性</th><th>灵活性</th></tr>
<tr><td colspan="2">旅游公路</td><td>短</td><td>低</td><td>低</td><td>中</td><td>良</td><td>优</td></tr>
<tr><td colspan="2">旅游铁路</td><td>中</td><td>中</td><td>中</td><td>良</td><td>中</td><td>良</td></tr>
<tr><td colspan="2">旅游航空</td><td>长</td><td>高</td><td>高</td><td>优</td><td>差</td><td>中</td></tr>
<tr><td rowspan="2">旅游水运</td><td>一般</td><td>中</td><td>低</td><td>低</td><td>差</td><td>良</td><td>中</td></tr>
<tr><td>远洋游船</td><td>长</td><td>低</td><td>高</td><td>优</td><td>优</td><td>差</td></tr>
<tr><td rowspan="2">特种旅游运输</td><td>一般</td><td>短</td><td>低</td><td>低</td><td>差</td><td>优</td><td>差</td></tr>
<tr><td>高科技运输</td><td>短</td><td>高</td><td>高</td><td>良</td><td>优</td><td>差</td></tr>
</table>

第三节 旅游交通的布局与发展

一、交通运输布局

交通运输布局又称交通运输配置，它是指铁路、公路、水运、航空和管道等交通运输方式的线路、站港等建筑设施及其相关的技术设备所组成的交通运输网的地理分布。交通运输布局的研究，目的在于加强地区之间的联系，提高运输能力，降低运输成本，建立合理的综合交通运输网，以求获得交通运输最大的经济效益和社会效益。旅游交通布局是交通运输布局中的专项内容之一，也是旅游地理学研究的重要内容之一。

二、旅游交通布局

旅游交通的布局直接影响到旅游业的发展，旅游交通建设应以客源市场的现实需求、潜在需求和旅游生产力布局为导向，在数量、质量和档次上适度超前，以满足旅游业发展的需求。在旅游交通布局中应注意以下几个问题：

(一)建立完善的旅游交通格局

这要求构筑由航空、铁路、公路、水路以及特种旅游交通组成的多功能、全方位的旅游交通格局。完善的旅游交通格局,包括旅游目的地与主要客源之间的交通,旅游目的地与各服务区之间的交通以及旅游区内部景区与景点之间的交通。在进行线路开发和运营管理时,必须以市场需求为导向,以公平竞争为原则,以服务质量为基础,适度超前发展。

(二)提高交通服务质量

交通布局应提高交通的快捷性、舒适性。也就是说,旅游交通布局应有助于增加旅游地交通的安全性、快捷性和舒适性,从而提高旅游过程及旅游地的魅力。为满足高消费层次游客的需要,在通往各主要景区的旅游线路上,可添置高档的旅游交通工具,以提高游客的舒适度、满意度和增加安全感。

我们可以建立科学的旅游交通标志系统和服务体系,加强道路出入口、重要旅游通道以及旅游交通站点的设施建设和形象建设,方便游客等候、乘坐和转换旅游交通工具,可在主要集散地安设机动交通工具服务游客。

(三)注重保护资源与环境

资源与环境的保护是旅游交通布局中不可忽视的一个重要问题。我国是一个历史文化资源和自然遗产十分丰富的国家,布局不当,致使交通故障、废气污染等因素对历史文化资源和自然遗产造成破坏的例子屡见不鲜。例如,垂直交通设施的建设会破坏景观环境,引起水土流失,因此,兴建索道、缆车等旅游景区内的垂直交通应持谨慎态度。大量的尾气排放会引起空气污染,由于空气中的氧气含量减少,交通燃料的不充分燃烧,更会导致严重的大气污染。因此,应保证交通工具停留在景区外围或旅游集散地的专用地点。例如,从景区大门至景区核心的范围内,应尽量采用“生态车”、“环保观光车”等交通工具,除管理巡逻车辆外,其他燃油车辆一律不得进入。

(四)丰富交通工具类型

考虑到环保的需要,景区间和景区内的线路除了使用环保公交车辆外,在某些线路和景区内部还可以考虑使用电瓶车、马匹、轿子、畜力车辆、山地自行车等形式丰富的特种旅游交通工具,如开设骑马专线、轿子专线等。这样不仅可以达到环境保护的目的,而且还增加了旅游的乐趣。水库型景区可以采用游船、电瓶船、快艇、木船等水上交通工具。漂流可采用竹筏、皮筏等交通工具。

(五)合理布局停车场

旅游服务中心均应根据交通规模建立相应的停车场,景区内部也应设立规模不等的停车场并在周边预留土地,以备拓建所需。同时,星级酒店、大型餐娱购场所也应配停车场或一定数量停车位并纳入等级评定内容之中。

三、旅游交通系统

(一)旅游交通系统的概念

旅游交通系统是指为发展旅游服务,由包括铁路、公路、水运、航空等各种运输方式及其所属站、港、场和线路所组成的旅游服务综合体。其主要任务是满足旅游者离开常住地前往旅游目的地、旅游目的地之间和各景区内部的空间移动的需要,安全和畅通的空间位移是完成旅游活动的首要条件和第一功能。

旅游交通系统不仅仅是服务于旅游业的交通方式的组合,它还承载了旅游的主要时间消耗,贯穿旅游活动始终,使客源地和目的地的空间相互作用的产生成为可能。旅游交通系统作为旅游活动的主要时间和空间的载体,已内化为旅游活动的一部分,在服务对象、功能设定等方面区别于普通公众交通系统,旅游交通除了运载旅游者实现空间位移的基本功能外,在不同程度上还要能满足旅游者的旅行、游览、娱乐和享受的需求。

(二)旅游交通系统的构成

1. 旅游交通路线

旅游交通路线,可分为人工修筑路线,如旅游公路、旅游铁路、旅游索道及景区之间和内部的游步道、栈道;自然形成路线,包括旅游空中交通路线、内河与湖泊航线、旅游航海路线等。虽然旅游交通路线以人工修筑的路线为主,但生态旅游的兴起,更注重了自然和文化的原生态完整性,在交通路线的开发上,越来越倾向于选择自然形成的路线,近年来日益兴起的水上旅游交通、景区内部的绿色交通廊道都表明了这一趋势。

2. 旅游交通工具

旅游交通工具，包括现代旅游交通运载工具，如民航客机、列车、轮船、汽车、地下铁道等；传统旅游交通运载工具，如人力车、轿车、溜索、竹筏、羊皮筏和各种畜力车等；特殊旅游交通运载工具，如热气球、索道、宇宙飞船等。在大尺度和中尺度的旅游空间移动上，现代旅游交通工具是主要运送工具，而在小尺度的旅游活动中，传统旅游交通工具和特殊旅游交通工具丰富了旅游活动的内容。

3. 旅游交通设施

旅游交通设施，主要包括服务设施，如在前往旅游地的交通线路各节点（集散中心、加油站、车站、服务岗亭）设置商店、维修点、售票点等；设置标志设施，道路上设置的标志牌、险峻处的引路系统，在上面标明前方景区景点的标志和公里数；在景区之间的连接处设立大门、牌幅、宣传画等标志，表明景区名称和所在。

思考与练习

1. 简述旅游交通在现代旅游业中的作用。
2. 如何选择最佳旅游交通方式？试举例说明。
3. 旅游交通系统由哪些部分组成？
4. 试比较各旅游交通方式的优缺点。
5. 在旅游交通布局中应注意哪些问题？

第六章 旅游环境

引言

小王是某公司的业务经理，经常在全国各地飞来飞去，同时他也是超级“旅迷”，商务洽谈之余他总是在当地四处逛逛，欣赏最有特色的景观。

这次商务出行目的地是“神奇的天堂”西藏拉萨，一切公事办妥之后，小王兴冲冲地奔向了布达拉宫，结果因为没有买到门票悻悻而归。原来，为了保护世界性遗产，布达拉宫实行限额制，每天发售 2300 张，节假日会增加至2600 张，一般都是提前一天去排队买票的。在咨询了当地旅游部门以及进行网络搜索后，小王为自己没事先查询相关信息懊恼，也明白了布达拉宫为什么要实行门票限制：

1. 保护世界遗产。世界遗产地的游客流量过大，对环境有破坏，从保护的角度出发需要控制流量。

2. 布达拉宫建筑本身承重能力。作为土木结构的古老建筑，按参观宫殿全景需要 3 小时，人均重量 60 公斤计算，主体建筑在同一时间内需承受约 45 吨以上的重量。如此大的重量对于高 115 米、土木石结构的 13 层建筑来说，不但会造成椽子木下垂或开裂、折断，墙体下沉或松动等，而且会对地基形成不可忽视的威胁。

3. 布达拉宫本来是藏民进行佛事活动的场所，虽然为了保护布达拉宫，现在基本不进行大型宗教活动了，但游客大批量涌入参观会破坏庄严静穆的气氛，也可能对藏民带来心理伤害。

布达拉宫是藏传佛教的圣地，对游览人数的严格控制，其本质就是对“环境容量”的有效控制，这个容量的确定不仅要考虑布达拉宫本身的接待能力，拉萨市的住宿、餐饮等的容纳水平，更要照顾到西藏人民的心理接受能力。那么，为什么要对景区进行容量控制？小到景点，大到景区乃至一个大的旅游地环境容量该如何确定呢？环境容量在旅游规划中是如何应用的？这就是本章要解决的问题。

本章学习目标

1. 了解旅游环境的概念与特征。
2. 掌握旅游环境容量的概念及影响因素以及测量方法。
3. 了解旅游环境容量在旅游规划和管理中的应用。
4. 了解旅游环境保护的原则、内容和主要策略。

第一节　旅游环境的概念与特征

一、旅游环境的概念

环境是指围绕某一研究对象或主体，占据一定空间并对研究对象的生存与发展产生影响的各种因素的总和。旅游环境是以“旅游活动”为主体，对旅游活动生存与发展有影响的各类因素的总和。

目前，关于旅游环境的概念有多种，大致分为方面说、条件说、环境说、场所说、范围说和系统说等几大派别。方面派认为旅游环境包括与旅游活动有关的自然和社会两方面因素，而更重要的是旅游资源状况；条件派则认为旅游环境应当是旅游活动得以存在和进行的外部条件总和，它包括社会政治环境、自然生态环境、旅游气氛环境和旅游资源本身；环境派认为旅游环境是指人们进行旅游活动，能产生美感并能获得精神与物质享受以及知识乐趣的环境，其中包括自然环境、社会环境、经济环境和政治环境。虽然这些概念对旅游环境界定有所不同，但一致认为旅游环境是以“旅游活动”环境为中心，其差异主要是对旅游环境所涉及的内容、范围认识上的不同。

综合以上观点，我们认为，旅游环境的概念有广义和狭义之分，广义的旅游环境是指旅游活动得以存在和进行的一切外部条件的总和,是旅游业赖以生存和发展的前提条件,包括自然生态环境和人文社会经济环境;狭义的旅游环境是指旅游区的自然生态环境,即旅游区的地貌、空气、水、动植物所组成的自然生态环境。

二、旅游环境的分类

旅游环境的复杂性与动态变化特征决定了其分类标准的多样,一般从环境主体属性、旅游目的地类型及范围的大小来进行划分。本文按照旅游环境主体属性的不同,将旅游环境划分为以下四类。

(一)旅游生态环境

旅游生态环境是围绕在旅游区域空间的大气、地质地貌、水、土壤、植被、生物等自然环境要素,其实就是狭义的旅游环境。生态环境是衡量特定区域开展旅游活动可能性的重要标准,显示着该区域旅游资源开发的潜力。根据生态环境主体的不同,可划分为地质环境、地貌环境、水文环境、气候环境及生物环境等。

(二)旅游社会环境

旅游社会环境是由旅游区域人口结构、科技文化水平、公共基础设施建设、旅游交通、旅游服务管理水平及当地政府和居民对旅游发展态度等构成的环境体系。旅游社会环境涉及面广,是旅游者进行旅游活动的直接场所,关系整个旅游体验过程质量,是旅游者出行选择的重要决定因素。

(三)旅游经济环境

旅游经济环境是在生态环境的基础上,旅游客源地与目的地经济发展水平及生产力发展状况。经济环境可以从旅游活动的供给方“旅游目的地”与需求方“客源地”两方面考虑。

客源地的宏观经济环境及微观经济收入状况直接决定旅游活动的规模与范围。宏观经济环境若以该地区的国民生产总值衡量,GDP 越高,经济实力越强,则当地居民闲暇时间越多,整个区域内部能够参与到旅游活动中的居民数量规模越大;而在微观经济环境中,居民个人可自由支配收入决定了个人出游时间、旅游活动范围以及旅游消费档次与消费结构。

目的地经济环境指旅游景区所在地基础设施条件、经济结构、旅游设施、旅游服务和旅游商品的供给能力以及旅游人力资源状况等，目的地经济发展水平与旅游经济的发展是相互影响、相互促进的，通常，经济环境质量水平受该地的经济发展状况、经济发展程度影响。

（四）旅游气氛环境

旅游气氛环境是一种地方“文脉”，是旅游地长期发展形成的独特地方韵味、民族气息在旅游者大脑中的反映，其构成包括客观景观和主观感受两个方面。客观景观可以通过积极的组织与规划，将人文景观与自然景观完美结合突出意境；主观感受因气候、季节、温度的不同而有所差异，也因游客个体心情、审美观念的不同而感受迥异。

三、旅游环境的特征

（一）客体性

旅游的本质是一种精神文化活动，没有文化内涵的因素就不能成为旅游的吸引物。旅游客体是指旅游的目的地、吸引物，旅游环境本身就是一种旅游资源，是旅游主体外出旅游的对象物，如旅游客体中的文物古迹、风俗民情等。

（二）地域性

自然环境在空间分布上存在着明显的地域性，由于太阳辐射角度不同而形成不同的气温带，降雨量大小、水文特征、土壤类型的差异形成不同的植物景观带，自然环境的不同直接决定了旅游环境的地域性。寒冷地区的气候环境孕育了雄伟的高山大川，而温暖的南方桂林山峦层层叠叠如锦缎；北方的黄河奔腾汹涌，而南方小桥流水人家；城市景观现代时尚，充满生活气息，乡村复古归自然，别有一番情趣。正是旅游环境的地域特殊性、差异性，才使得旅游者离开自己的常住地，到终年寒冷或炎热地区，到远离城市的山地、海滨、草原或森林中去，欣赏平时感受不到的风景。

（三）时代性

旅游环境是随时间而动态变化的，现有的自然生态环境，是地球亿万年来发展、演变的结果。旅游文化环境也打下了人类不断适应自然环境的历史烙印,具有鲜明的历史特色、地方特色和民族特色,不同时代遗留下来的文化景观不同。而社会、经济环境则具有当代性,它们有自身的运动变化规律。因此,旅游环境具有鲜明的时代性,不同时代的环境氛围是不同的,在对环境的开发和管理中,一定要按照自然规律和经济规律办事,以促使旅游环境长久不衰,朝着良性的、可持续的方向发展。

(四)季节性

在大自然的作用下,环境呈现有规律的季节性变化,气候、水体、生物等环境的季节性变化最为明显。比如,哈尔滨的冰雪景观只有在冬季才可以看到;北京香山的红叶也只有在秋天才会出现;九寨沟一年四季的风光各不相同。

(五)综合性

旅游环境是由自然环境、社会环境、经济环境等若干个相互联系的子系统组成的综合性系统,各个子系统之间既相互促进,也相互影响、相互制约,一个子系统发展滞后或遭到破坏,会波及其他子系统和整个旅游环境系统。

(六)多样性

旅游环境的多样性是由自然生态、社会经济条件的差异形成的。地质地貌、大气、水体、动植物的地域分布差异形成不同的自然生态环境;人口结构、生活方式、社会治安状况等构成不同的旅游社会环境;经济发展水平影响着当地基础设施和旅游娱乐设施环境;旅游地独特的历史文化积淀也决定了旅游环境的多样性。

(七)资源性

旅游环境的资源性表现为:自然和社会环境大系统为人类旅游活动提供了必需的物质资源和能量。良好的旅游环境就是重要的旅游资源,空气资源、生物资源、矿产资源、土地资源等旅游资源为人类提供了形态万千的景观,满足其旅游活动中的各种需求。

(八)文化性

旅游环境的文化性包括自然地理差异形成的特殊人文景观、人类在漫长历史中创造的传统文化,也包括现代经济造就的现代旅游文化。不同的地质地貌、土壤、植被等自然地理要素形成了不同的物产、民俗、生产生活差异,也就形成各具特色的民族文化;每个历史时期的伦理、价值观念影响着独特又具传承性质的文化传统;现代旅游经济的发展,给资源贫乏地区创造了新型旅游景观,形成了现代的旅游文化。

(九)容量有限性

这是指在特定的空间范围内,某一时间点旅游地能够容纳的游客数量是有限的,超过了这个限制,旅游活动的质量以及旅游地的环境会受到损害与破坏。在旅游规划时,旅游活动的范围、强度都应以不对环境产生负面影响为基准,通过开展旅游活动促进环境的保护与利用。

第二节　旅游环境的容量

一、旅游环境容量概述

截至目前,关于旅游环境容量的概念及实际操作中的具体测量尚无定论,在具体实践中,我们可以将旅游环境容量这一概念特指某一容量值,如旅游地资源容量等。

在本书中,我们将旅游环境容量定义为:在旅游地环境保持可持续发展的前提下,区域内自然环境、社会环境所能承受旅游及其相关活动的最大活动量和客流量,也称为旅游环境承载力。

旅游环境容量包括自然容量和社会容量两方面,具体如图 6－1 所示:

(一)自然容量

自然容量是属于供给方面的概念,包括以设施和旅游资源为基础的物质容量和以自然生态环境为基础的生态容量两个分支内容,其中,物质容量又包括设施容量和旅游资源容量。自然容量的测量是一种"供给导向型"计算模式。

1. 物质容量

(1)设施容量:是指旅游基础设施及相关专用设施的容纳能力,即

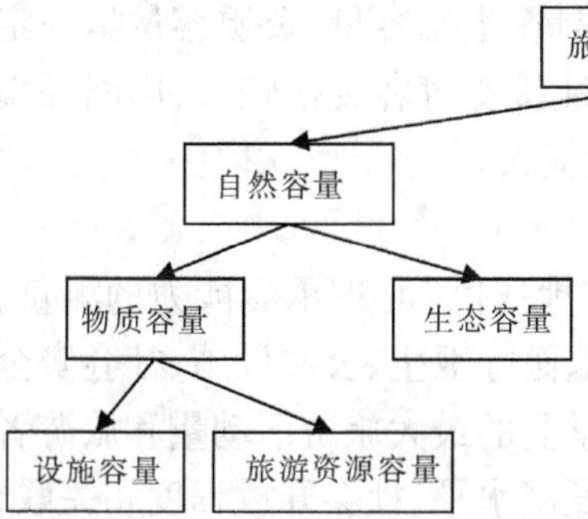

图 6－1 旅游环境容量图

在一定时间、一定区域范围内，在保证旅游接待设施不受破坏的前提下，某旅游地相关接待设施所能容纳的旅游活动量。

（2）旅游资源容量：是指在保持旅游资源质量的前提下，一定时间内旅游资源所能容纳的旅游活动量。

2. 旅游生态容量

旅游生态容量是指在一定时间内旅游地域的自然生态环境不致退化，维护生态平衡的前提下，旅游地所能容纳的旅游活动量。

（二）社会容量

社会容量是由人口构成、宗教信仰、民俗风情、生活方式和社会开化程度所决定的居民可以承受的旅游活动量或游客数量。社会容量是对“人”的心理承受限度的测量，由于个体情况复杂多异，相对于自然容量的测量较为困难，学者们将心理容量视为资源、设施等最大限度地满足旅游者时的旅游活动承受量。

从需求和供给两方面考虑，社会容量分为旅游感知容量和接待地社会容量两类：

1. 旅游感知容量

旅游感知容量是从需求方“旅游者”的角度来考虑的，是指旅游者在某一地域从事旅游活动时，在不降低旅游活动质量的条件下，旅游地所能容纳的旅游活动最大量。旅游感知容量也称为旅游心理容量，其基本空间单位取决于旅游者所认可的个人空间，受旅游者个人价值观念、社会生活阶层、日常生活水准及参与旅游活动类型的影响。同时，也与接待地区的自然容量、经济发展容量、生态容量、资源容量呈一定的正相关关系，即资源容量大的区域，能接受游客规模较大，周围环境空间大，个体旅游者能够承受的旅游量就大。

2. 接待地社会容量

接待地社会容量是对供给方"旅游地居民"心理承受能力的测量，是指旅游接待地区人口特征、科技文化、医疗卫生、公共设施、社会安全与福利等因素所决定的当地居民可以承受的最大旅游活动量和旅游者数量。接待地社会容量与旅游地经济发展水平、社会开放程度相关联，一般经济发展水平高的区域，其居民接触外界的机会较多，则能够快速地对旅游者行为认同并习惯，接待地社会容量就大。

二、旅游环境容量的测定

旅游环境容量的测定包括旅游资源容量的测定、旅游感知容量的测定、生态容量的测定、经济发展容量的测定和旅游地容量的测定。

（一）基本空间标准

旅游环境容量的量测，基点在于有一个同旅游地承受的旅游活动相对应的适当的基本空间标准，即单位利用者（通常是人或人群，也可以是旅游者使用的载体，如船、车等）所需占用的空间规模或设施量。显然，基本空间标准的倒数即单位旅游空间或设施容纳旅游活动的能力，称为单位空间（旅游场所或旅游环境）容量或单位设施容量。

量测基本空间标准的指标，在测量旅游资源容量时通常用人均占有面积数（平方米/人），在量测设施容量时多用设施比率（设施量/旅游者数），在量测生态容量时则用一定空间规模上的生态环境能吸收和净化的旅游污物量（污物量/环境规模），量测旅游心理容量时的基本空间标准亦用人均占用面积数的指标。此外，根据旅游场所或设施的空间特性，还常常用到长度等其他指标。

在旅游规划中，基本空间标准是规划时直接应用的一项重要指标。量测旅游资源容量、旅游心理容量和旅游设施容量时用到的基本空间标准的取得，需要对旅游进行直接的调查。经过对旅游者对于同一利用场所的拥挤度和满意程度的多项调查，即可得出这一场所的基本空间标准，然后，将其用到同类型旅游场所的规划和管理之中。具体如何调查,也有各种不同的方法。

我国旅游设施的基本空间标准主要借用西方的同类指标,但经过多年实践,积累了不少数据。例如,我国古典园林游览的基本空间标准,以每人 $20m^2$ 左右为宜;山岳型旅游胜地中的观景点,游人的人均占用面积应达 $8m^2$;风景旅游城市中的自然风景公园,游人人均游览面积应达到 $60m^2$。表 6-1 是对我国海水浴场设施提出的基本空间标准建议值:

表 6-1 海水浴场设施基本标准表

标准 设施	公共浴场(m^2/千人)	专用浴场(m^2/千人)	备注
更衣室	20~40	150~200	包括办公室、值班室、售票室等
保存室	10~20	包括在更衣室内	
净身室	15~30	50~100	
管理室	5~10	30~50	
仓库	10~15	30~50	
厕所	5~10	包括在更衣室内	
停车场	100~150	500~1000	

(来源:保继刚,楚义芳.旅游地理学.北京高等教育出版社,1999.)

理论上对旅游容量有不同的量测方式,有的是量取极限容量,有的是量取合理容量。在实际工作中,根据需要选取不同的量取方法。以下是在具体计算中运用到的基本容量:

1.周转率

周转率=每日可游时间/游人平均逗留时间,是旅游地每日可游时间与旅游者平均逗留时间的比值游者的批数。

2.瞬间容量=可游面积×单位设施容纳的人数/基本空间标准。

3.日容量=可游面积/基本空间标准×周转率。

4.周容量、季容量、年容量。

周(季、年)容量=一周(一季、一年)可游天数×平均日容量

5.单位长度指标=(中心景区游览线长度+往返步行道长度)/总游览人数

单位长度指标是线路容量的基本空间标准,它与游览线路的长度、

旅游者的步行速度、旅游景点数量等因素有关。

6. 瓶颈容量。在旅游地中造成瓶颈的往往是那些旅游者必去的，而又对容量具有决定作用的空间范围（如景点、景区、线路等）。按照水桶原理，瓶颈容量可以作为总容量的衡量标准。

7. 旅游地容量 = 所有景点容量 + 所有游览线路容量 + 所有非游览区（接待区）容量

（二）旅游资源容量的测定

仅就资源本身的容纳能力而言，极限值的取得较为简单，以资源的空间规模除以每人最低空间标准，即可得到资源的极限瞬间容量，再根据人均每次利用时间和资源每日的开放时间，就可得到资源的极限日容量：

公式 6－1

$$C=\frac{T}{T_0}\cdot\frac{A}{A_0}$$

其中，C 为极限容量；

T 为每日开放时间；

T_0 为人均每次利用时间；

A 为资源的空间规模；

A_0 为每人最低空间标准。

（三）旅游感知容量的测定

旅游心理环境容量是指旅游者在某一地域从事旅游活动时，在不降低活动质量的条件下，地域所能容纳的旅游活动最大量。一般来说，旅游心理环境容量要比旅游资源极限容量低得多，是由旅游者个体的环境心理原因所决定的。根据环境心理学原理，个人在从事活动时，对周围环境的空间大小有一定要求，任何外人的进入，都会使个人感到受侵犯、压抑、拥挤。导致情绪不安、不快，这种空间称为个人空间。个人空间大小受三方面因素的影响：活动性质和活动场所的特性、年龄、性别、种族、社会经济地位与文化背景等因素、人与人之间的熟悉和喜欢程度、团体的组成与地位等人际因素。通过对参与不同活动的旅游者对环境的基本要求进行比较，分析活动的性质对个人空间值影响程度

（见表6－2）。

表6－2 旅游者对环境的基本要求表

旅游者类型	基本要求
荒野爱好者	不希望有商业性设施；寻求自然随意的环境，看到的人要少；期望宁静、清新、与世隔绝的气氛
运动爱好者	希望有起码设施；追求自然气氛，与他人的冲突较大；期望有好的运动条件和较宁静的环境
野营者	一般以家庭或亲朋为活动团体；寻求自然的气氛，要求较大的活动空间，愿意看到周围有一些同类型的旅游者；希望有起码的设施
海浴者	一般呈小集群活动；希望看到较多的同类旅游者；追求略为热闹的气氛；要求设施完备
自然风景观赏者	希望充分体验自然美景，不愿意赏景人很多破坏宁静气氛，此类旅游需求量大

在实际应用中，旅游资源合理容量的观念也主要考虑旅游者心理的满足程度，即旅游者平均满足程度最大时，旅游场所容纳旅游活动的能力被视为旅游资源的合理容量值。因此，我们将旅游资源合理容量在数值上等同于旅游心理环境容量；而且，由于影响旅游者个人空间的因素复杂多样，在大多数情况下，难以有一个使所有旅游者都能满意的个人空间。因此，将旅游者平均满足程度达到最大时的个人空间值，视为旅游资源合理容量或旅游心理环境容量计算时的基本空间标准是合适的。具体量测公式：

公式6－2

$$C_p = \frac{A}{\sigma} = KA$$

公式6－3

$$C_r = \frac{T}{T_0} C_p = K \frac{T}{T_0} A$$

其中，C_p 为时点容量；

C_r 为日容量；

A 为资源的空间规模；

σ 为基本空间标准；

K 为单位空间合理容量；

T 为每日开放时间；

T_0 为人均每次利用时间。

(四)旅游生态环境容量的测定

生态容量的测定主要是指以自然为基础的旅游地存在一个容纳旅游活动量的限度,在这个限度内旅游地的自然生态环境不致退化或破坏,或者自然生态环境能在很短时间内自我修复。而那些现代以发展旅游业为目的而人为修建的大规模旅游吸引物或文物古迹,本身并无自然生态组分,不会涉及旅游环境容量问题。

旅游生态环境容量的确定,是立足于维持当地原有的自然生态质量。当然,发展旅游后,区域范围内生态环境质量不可能与开发前保持一致,要做到维持旅游地生态系统的良性平衡。对自然生态环境质量的维护,包含两个基本的方面。一方面,自然环境对于因旅游活动所造成的直接消极影响能够承受,即自然环境本身的再生能力能很快消除这些消极影响。例如,在旅游旺季自然风景区的植被遭受旅游者的践踏,在淡季能得到自然恢复。另一方面,自然环境对于旅游者所产生的污染物能够吸收与净化。例如,旅游者的大量集中导致对水的污染,可以在较短的时间内为当地自然生态系统所净化。

除了自然界可以自身净化的人类旅游活动留下的痕迹,有一些污染物如固体垃圾需要人工处理,有一些污染大量排放如废气、废水,自然净化速度缓慢,也需要人为处理。旅游地生态容量的大小,决定了人工方法处理污染物的规模大小。在一般情况下,旅游者在特定区域内产生的污染物,应当在这一旅游地及其附近予以净化、吸收,不宜向外区域扩散。因此,旅游生态环境容量的测定,以旅游地为基本的空间单元。特定旅游区域范围内生态容量的大小,取决于自然环境净化与吸收旅游污染物的能力以及在一定时间内每个游客所产生的污染物量。

对于无须人工处理方法处理旅游污染物的旅游地,其旅游生态环境容量的测算公式为:

公式 6－4

$$F_0=\frac{\sum_{i=1}^{n}S_iT_i}{\sum_{i=1}^{n}P_i}$$

其中,F_0 为生态容量(日容量),即每日接待游客的最大允许量;

P_i 为每位旅游者一天内产生的第 i 种污染物量;

S_i 为自然生态环境净化吸收的第 i 种污染物的数量,量/日;

T_i 为各种污染物的自然净化时间,一般取一天,对于非景区内污染物,可略大于一天,但累积的污染物应该在一年内完全净化;

n 为污染物种类数。

显然,旅游生态环境容量的测定,最重要的是确定每位游客一天所产生的各种污染物数量和自然环境净化与吸收各种旅游污染物的数量两个参数。但这两个参数会随着旅游活动的性质、旅游地所处的区域自然环境的不同而有较大差别,在实际工作中,根据当地情况而选用参数值。

绝大多数旅游地旅游污染物的产出量都超过旅游地生态环境的净化与吸收能力,污染物需要通过人工处理。人工处理污染物的速度要比自然的净化和吸收速度快得多。在旅游旺季高峰流量增大的情况下,为保护旅游地的生态环境,大的旅游风景区都应配备旅游污染物的人工处理系统。在这种情况下,旅游地可以接待旅游量的能力会明显加大,这种加大了的旅游能力同原有生态环境限制下的旅游接待能力(旅游生态环境容量)已不一样,可以称为扩展旅游生态环境容量,其计算方法如下:

公式 6－5

$$F=\frac{\sum_{i=1}^{n}S_iT_i+\sum_{i=1}^{n}Q_i}{\sum_{i=1}^{n}P_i}$$

其中,F 为扩展性生态容量(日容量);

Q_i 为每天人工处理掉的第 i 种污染物;

其他符号意义同生态容量计算公式。

（五）旅游经济发展容量的测定

经济发展容量是指在一定时间一定区域内，经济发展程度所决定的能够接纳的旅游活动量，这是影响旅游地综合承载能力的旅游经济条件。其主要包括以下五个方面的因素：设施（基础设施和旅游专用设施）容量、投资和接受投资的能力、当地产业中与旅游相关的产业所能满足旅游需要的程度及区域外调入的可能性和可行性、旅游业与其他产业的比较利益、区域所能投入旅游业的人力资源的供给情况。

同时，旅游设施的接待能力又分直接接待能力和间接接待能力，直接接待能力是直接为旅游者提供服务的单位或设施的接待能力；而间接接待能力是通过直接接待单位或设施为旅游者提供间接服务的单位或设施的接待能力。保继刚、楚义芳认为，“设施容量是经济发展容量中的主要方面”。下面就从住宿、饮食、供水、交通等几个方面分析测算旅游接待设施的容量：

1. 住宿设施接待能力

住宿接待能力主要由旅游地能够提供的住宿的床位（客房）决定。理想的状态是每张床位每天接待一个人，每张床位一年最大可能的接待能力为365人，则所有床位接待能力为总床位数×365；但在实际中，要长期达到最大的接待能力几乎是不可能的，一般都有相对稳定的平均客房出租率，此时在一年内住宿的接待能力为总床位数×365×平均客房出租率。

由于旅游季节性的原因，有些住宿设施使用时间可能不足365天，如野营地、夏季滨海度假村等，接待天数要以实际营业天数为准。同时，根据经验估算出需住宿的旅游人次和平均逗留天数，则旅游目的地所需的床位数＝估计需住宿的旅游者人数×平均逗留天数/（365×客房出租率）。

需要注意的是，一些旅游地区淡旺季比较明显，为了解决旺季供给不足的问题，适当地提供补充住宿也是一种很好的办法，如住在亲朋好友家里、租用私人住房、住野营帐篷等，欧洲很多发达国家补充住宿床位往往占总住宿床位较大的比例。

2. 饮食供给能力

饮食能力满足旅游者的基本生活需求，具体测定时根据当地提供饮食的种类,用N类食物的日供给量与每人每日对第N种食物的需求量之比,然后加权测算。根据以前学者调查,我国旅游者的食物基本供应标准为:粮食0.4千克/人·日、肉0.15千克/人·日、蛋0.1千克/人·日、奶0.1千克/人·日、鱼0.15千克/人·日、水果1千克/人·日、蔬菜2千克/人·日等。

3. 交通运输能力

交通运输承载力要求达到旅游者能够进得来,出得去。交通运输能力为到达或路过旅游目的地的所有交通工具在一定时期内所能运载的旅客人次。交通比较发达的地区,较难衡量其运载旅客能力的大小,一方面,当地居民流动性较大,大量使用设施;另一方面,有游客自驾车、旅行社自备车等情况,而对于有定期往返交通工具的地区则较易衡量。

通常,在一次旅行过程中,交通工具的每个座位接待一个旅客,那么这个交通工具座位的多少就是它接待能力的大小。年接待能力为365×交通工具的接待日能力。

旅游地的停车场接待能力同样很重要。场地不足,会对客房出租率和餐馆就座率有所限制。根据我国私人小汽车拥有量,对停车场所需的面积测算:停车场面积=高峰时游客人数×各类车的单位规模×乘车率×停车场利用率/车辆可容纳人数。

4. 供水、供电设施接待能力

在旅游地开发之初以及某些离城市偏远的地区,往往出现供水、供电等方面能力的不足。这些基础设施的建设必须先行,才不至于成为旅游开发的限制因素。供水常与住宿和饮食联系在一起,其需要因设施的种类、级别和气候的不同而有所不同。一般旅馆要求每个床位每天供水150L~200L,最低也要达到50L。旅馆的用电量很大,一般级别的旅馆要求每个床位平均每天用0.5kW。具体测算要根据当地的基本生活水平以及规定的供水定额来决定。

综上所述,旅游经济环境容量的大小主要以直接接待能力为依据,以间接接待能力为参考,但当间接接待能力严重影响直接接待能力时,间接供给成为旅游经济环境容量的制约因素,需要特别考虑间接供给能力;参与旅游供给的直接单位或设施有多种,不过供给总量并非是各单项旅游产品的接待能力的简单相加,任何一项设施接待能力都会影响整体供给量;由于旅游基本需求弹性小,并非所有单项旅游产品都能成为瓶颈,一般情况下,满足旅游基本需求的单项旅游产品,如住宿、交通、饮食和旅游资源,成为瓶颈的可能性大。

（六）旅游地容量

旅游目的地接待能力的大小取决于多方面因素,即旅游资源容量、生态环境容量、设施容量、旅游社会环境容量以及当地居民心理承受能力等的综合。在不同的旅游地,影响其总的环境容量的关键因素不同,不过,通常旅游资源容量和旅游设施容量是主要的决定因素。

旅游地容量的测算的起点是该区域范围内景点的容量和景区道路容量。景点是相对独立的各个旅游活动场所以及围绕这一场所的游客休息中心和服务中心,景点容量就是该点能够容纳的游人活动能力;景区是包括景点、连接景点的道路以及周围旅游活动环境的空间范围;各个景区一起构成整个旅游地。因此,旅游地的容纳能力是各个景区容量和连接景区间道路的容量的总和相加。旅游地容量的测算公式:

公式6-6

$$T = \sum_{i=1}^{m} Di + p\sum_{i=1}^{p} Ri + C$$

公式6-7

$$Di = \sum_{i=1}^{n} Si$$

其中,T为旅游地环境容量;

Di为第i旅游景区容量;

Si为第i旅游景点容量;

Ri为第i景区内道路容量;

m、n、p分别为景区、景点数、景区内道路条数。

旅游景点容量、景区内道路容量的量测方法,与前面旅游资源容量的量测方法相同,并且都可以分为极限容量和合理容量。

三、旅游活动与环境容量的关系

旅游活动在增加国民经济收入、促进文化交流、美化环境等方面的作用显著:在经济方面,旅游业和其他产业相比,是一个投资少、见效快、相对无污染的产业，同时，旅游业还能带动其他产业发展，增加当地的就业机会，对区域内国民经济收入具有重大的意义；在文化方面，各地游客的进入，增加了当地居民与外地人的接触和交往，促进了相互间的文化交流，扩大了视野，提高了文化素养；在生态环境保护方面，随着旅游资源的不断开发，不少存在一些生态环境问题的资源得到改善，而采取旅游生态建设和污染治理的措施开发出来的旅游资源比原来的生态环境质量更高，即旅游开发美化了生态环境。可见，旅游活动如果得以规划和合理利用，不仅能促进旅游目的地经济发展、社会进步，也能对生态环境产生有利影响，使旅游活动与环境保护相协调，实现旅游活动的可持续发展。

但旅游业若管理不当，也可能对环境产生污染和破坏等的不利影响。旅游环境是旅游业赖以生存和发展的前提条件，破坏这些条件将会给旅游业带来损失和危害，甚至会给整个国民经济造成不良的影响。因此，研究旅游活动与旅游环境容量的关系，让旅游活动处在不损害或降低环境质量的情况下，即旅游活动不超过合理的旅游环境容量，是旅游业得以可持续发展的根本保证。我国旅游业发展短短 30 多年，有些著名景区游客量大，在旺季出现超载、饱和的现象，严重破坏景区质量及影响游客的旅游经历。运用环境容量的理论与实践，解决不同情况下的饱和、超载问题，是旅游规划与管理的有效手段。

（一）旅游环境容量饱和与超载的表现

在理论上，旅游地域和场所（可以是旅游景点、景区、旅游地、旅游区域或旅游设施）承受的旅游流量或活动量达到其极限容量，称为旅游饱和。而一旦超出极限容量值，即旅游超载。在日常的旅游管理工作中，有时视旅游地域接待的旅游流量达到其合理容量为饱和，超过合理容量为超载。旅游超载必然导致旅游污染或拥挤。例如，旅游地长期连续地或间歇地饱和与超载，其结果将是旅游资源、旅游地的生态系统被破坏，进而导致旅游者与旅游地居民的和谐关系破裂。从国际上来看，这种例子屡见不鲜，尤其在发展中国家发生得最多。在我国，旅游地接待超载造成的破坏也很多。例如，故宫的接待超载致使其不得不更换地砖。总之，长期的旅游饱和与超载，将对旅游业造成致命的消极影响，很有可能将旅游赖以生存的资源消耗殆尽。

根据旅游饱和与超载发生的时间和空间特点,其分为如下几种情况:

1. 周期性饱和与超载和偶发性饱和与超载

周期性饱和与超载就是季节性饱和与超载,这是旅游饱和与超载中最为常见的现象。它起源于人类社会活动具有周期性规律的社会经济生活以及自然气候的周期性变化。偶发性饱和与超载常是由于旅游或其附近发生了偶然性事件,这些事件在较短时间内吸引大量旅游者。一般情况下,偶发性饱和与超载造成的环境影响易于消除,而周期性的饱和与超载则是一个危险信号:旅游对于环境的影响(在不采取应对措施的情况下)可能是无法挽回的、毁灭性的。我国许多著名风景区在近年出现的周期性饱和与超载现象,到了足以引起各界学者、决策者以及全社会关注的地步。

2. 长期连续性饱和与超载和短期性饱和与超载

在实际工作中,短期性饱和与超载的现象占绝大多数,它又分为周期性和偶发性两种,如上所述。长期连续性旅游饱和与超载的情况多发生在大城市内或城市郊区,并且主要发生在文化古迹景区或其他的人工旅游吸引物场所。为了保护旅游资源和保护旅游的环境质量,通常的做法是,在发生长期连续性旅游饱和与超载的地域,实行严格的游客分流和管理措施。

3. 空间上的整体饱和与超载和局部性饱和与超载

这里所指的空间范围,可以是旅游地或包含有若干旅游地的旅游区域。旅游地的局部性饱和与超载,是指部分景区承受的旅游活动量已超出景区容量,而另外的景区并未饱和。在大多数情况下,整个旅游地承受的旅游活动量都未超出旅游地容量。这是旅游饱和与超载中最常见的现象。由于表面上的旅游流量并未达到旅游地容量,因此,局部性饱和与超载对于管理人员具有很强的虚假性。而事实上,部分景区饱和与超载导致的旅游活动对于环境的消极影响已经开始。旅游地的整体性饱和与超载则指所有景区和设施承受的旅游活动量都超出各自的容量。旅游区域的局部性饱和与超载则指区域中部分旅游地旅游流量已达到或超出其容量,整体性饱和与超载则意味着区域内各旅游地皆人满为患,已经没有剩余的容纳能力。

（二）旅游饱和与超载对于环境和设施的影响

1. 对植被资源的影响

植物是自然界中最活跃、最富有生机的因素之一，它们是自然生态环境的主体，也是自然景观的主要标志，它们以其自身变化万千的形态和色彩构成风景资源的实体，具有多种旅游功能，如观赏、美化净化环境、采集标本、求知等，可以满足旅游者的许多旅游需求。以自然资源为基础的旅游地，在旅游容量超载时，往往会严重损害其植被资源，甚至造成生态系统失调。在我国大部分著名自然风景旅游地，一些重要景区皆因旅游容量超载出现了裸地日渐扩大、小面积生态系统的退化现象。国外专家研究表明，草地上的植物在经受了1000次人为踩踏之后损坏量约达50%，而同样的践踏量对于林下草本植物的损害却接近100%。可见，同样的旅游活动量对林地的践踏后果要比对草地严重得多。因此，在旅游活动场所外围，选种一定数量的草地，能在很大程度上降低因旅游容量超载带来的对当地生态系统的破坏。虽然我国幅员辽阔，有丰富的植物旅游资源，但与其他国家相比，由于人口众多及其他各种原因的破坏，我国植被资源现状令人忧虑。可见，解决旅游容量超载，保护植物资源是我国旅游业的重要任务之一。

2. 对水资源的影响

水是生命之源，是生态环境系统中最为重要的因素，也是人类日常生活中不可或缺的基本供应成分。水体资源对于旅游业，犹如水对于人类的生命一样重要。从水资源的总量来看，我国排在美国、加拿大、俄罗斯、巴西和印度尼西亚之后，居世界第六位，而作为世界第一人口大国，水资源的人均占有量仅有2400立方米，相当于世界人均占有量的1/4，居世界第109位，按水资源人均占有量1万立方米的国际标准，中国被列为全世界人均水资源高度短缺的13个贫水国家之一。另外，我国淡水资源在空间和时间的分布很不均衡，造成了开发利用的困难。在以自然资源为基础的旅游地，旅游承载力超载，在绝大多数情况下会导致对旅游地水体的污染。例如，旅游承载量超载必然导致旅游地各种废物增加，如有些固体废物随自然降水和地表水流入当地湖泊河流，或随风落入水体使地表水污染；有些随渗水进入土壤则使地下水污染；有些直接排入河流、湖泊或海洋。这不仅会使水体面积减少，而且还影响水生生物的生存和水资源的利用。

3. 产生噪声污染

近年来，随着我国国民经济的迅速发展，风景名胜区内的噪声污染严重。噪声污染和垃圾污染最容易被人感知。交通和游览线路设计的不合理，旅游地游人超载、旅游地四周有较多的噪声源、植被稀少等，都是导致旅游地噪声污染的原因。旅游环境承载力超载引起的噪声主要包括交通噪声和社会噪声，它对人们感官有不良的直接影响，因而，旅游者感觉拥挤不堪，声音吵闹，不能获得应有的游览轻松气氛，进而旅游的消费质量大打折扣，最终会造成旅游者心理上的不满足。在自然风景旅游地，动物会因噪声而受到惊吓，逃离原先的巢穴，动物的这种被迫迁徙，常常造成不良的生态后果。

4. 对旅游设施与服务的影响

旅游环境的超载会给旅游地的旅游设施和基础设施造成很大压力。一般情况下，短期的旅游环境超载不会对设施造成严重损害，而持续时间较长的旅游环境超载，则可能给相关的旅游设施带来破坏性很大的后果。例如，我国许多名山的登山道的护栏，旺季时由于旅游环境承载力的饱和与超载常使其松动，严重者甚至脱落，给游人带来潜在的危险。另外，旅游容量超载必然会对旅游地的基础设施如交通、住宿、水电等造成巨大的压力。当旅游容量超载时，也会大大增加旅游地服务接待人员的工作量，当他们为多出正常人数几倍的旅游者服务时，往往在体力、精神状态等方面显得力不从心。这样，原有的服务技术水平将大打折扣，服务质量降低，从而引起旅游者的不满和抱怨，甚至会引起旅游者的投诉。这种现象的长期出现将对本地的旅游业发展造成严重影响。

5. 其他方面的消极影响

旅游容量超载对旅游地的消极影响还体现在其他诸多方面，当旅游容量超载时，影响当地社会治安的不稳定因素增多，旅游地社会治安的工作量加大。同时，各地大量涌入的旅游者在宗教信仰、民族生活习惯、价值观等方面与当地居民产生一定的矛盾，这些都会对旅游地社会生活的各个方面产生一定的消极作用。

(三)旅游超载的应对措施

在进行旅游规划时,不能因为短期的眼前利益而忽视旅游容量对于旅游业发展的限制作用,过度开发带来的环境、社会问题,不仅难以解决,对后代的影响也很大。规划初期就必须对旅游容量进行研究,根据实际情况确定合理的环境容量,将超载、饱和等现象防患于未然,无论是旅游目的地政府、旅游相关企业从业人员以及旅游者个体,都应该充分认识旅游环境超载与饱和的严重性。在实际工作中,一些旅游地特别是知名度高、可进入性好的区域经常会出现饱和与超载,其中,有的是长期连续的,有的是周期性或间歇性的,有的是空间整体或局部范围内的,人们应当根据具体情况采用多种手段对旅游容量进行调控。

1. 时间分流

从旅游需求方面着眼,减低旅游旺季的高峰流量,使旺季的旅游流量在旅游地域饱和点之内。通过大众传媒向潜在的游客陈述已经发生过的旅游超载现象、由此带来的不便与危害以及环境后果等,从而对旅游者选择目的地的决策行为施加影响,在一定程度上避免人满为患的状况;利用价格杠杆或限制门票数量来影响客流强度和方向,既平抑旅游淡旺季之间的差距,也保证了旅游收入。例如,在黄金周、节假日提高门票价格。

2. 空间分流

提高旅游供给能力,调控旅游供给内部结构并辅之以对旅游需求的引导措施。这一方法的着眼点在于对旅游者实行空间上的分流:

(1)如果是旅游地内的部分景区超载,而其他景区并未达到饱和,这些景区的剩余容量完全可以满足超载景区超载部分的旅游流量,则相应的旅游空间分流措施为内部分流,即在超载景区入口地段设置限制游客进入的设施,一旦景区达到饱和则停止进入;或在景区入口地段根据景区内的旅游流量与景区容量值的差值情况收取附加的景区使用费,旅游流量越接近景区的容量值,收费越高。

(2)若是景区内部分流后仍超载,则扩大现有旅游设施的规模。具有一定经济实力的旅游区,可以通过增加人力、资金和提高管理技术等手段扩大现存设施的规模;如果暂时无条件进行设施规模的扩大,可以在现有设施的基础上对其结构进行优化整合,以满足不同结构旅游者对于旅游设施的要求。

(3)对于整体性饱和,可以在旅游热点周围加大开发力度,或者充分挖掘原有景点、景区的开发潜力,开发新项目,以实现旅游地的空间分流,以热带冷。这样既可以减轻热点景区的压力,也可以使一些闲置的、处于旅游开发初级阶段的旅游资源得到充分的利用。

第三节　旅游环境的保护

旅游环境保护是借用环境科学的理论和方法,运用行政、法律、经济、技术和教育等手段,在合理开发利用旅游资源的同时,深入认识并掌握污染和破坏旅游环境的根源与危害,通过全面规划,使旅游经济发展与环境相协调,有计划地保护旅游环境,预防环境质量恶化,控制旅游环境污染和破坏,既发展旅游经济,满足人类的需要,又不超出旅游环境的承载限度。

一、旅游环境保护的原则

(一)监督管理与宣传教育相统一

旅游经营部门会同相关部门,共同做好监督管理工作,依靠科学、严格、规范化的管理,保护景区景点环境,树立良好的旅游地形象;加强环境保护的宣传教育,使游客自觉维护景区景点的环境。

(二)旅游开发与环境和谐统一

一方面,结合旅游活动的特点和旅游产业发展的特殊要求,对现有的旅游资源及其依托的自然和人文环境合理开发;另一方面,旅游业开发要注重环境教育,以旅游业发展促进环境保护,协调统一开发与保护的关系。例如,旅游规划原则上旅游景区不兴建与旅游无关的项目,兴建旅游项目也要严格审批,严禁在景区景点范围内兴建有污染的工厂,从事开山采石、取土、挖沙、伐木等破坏景观的活动。旅游项目建设要在建设数量、体量、风格、色彩上与自然协调,完善污水、废气、垃圾处理系统。

（三）宏观法规与具体细则相统一

旅游环境保护法规是对旅游者和旅游经营者制定的行为规范，对破坏环境者实行强制干涉和惩罚。法规内容应包括旅游区建设项目的审批办法和权限、旅游区保护范围和保护内容、对违反保护条款者的处罚办法等。旅游地开发应严格执行国家有关风景名胜区、森林、文物、环境等法律法规，同时，要制定保护细则，完善自身的旅游法规建设，做到“以法治旅”。

（四）近期开发与长远战略相统一

旅游开发的根本目的是为了获得经济、社会、生态方面的综合利益。在当代人获得利益的同时，也要考虑到未来发展潜力，不能竭泽而渔，在有效保护的前提下，对各类旅游资源进行优化开发，使近期利益与长远利益协调统一，切实贯彻“保护旅游资源与环境、维护自然生态平衡”、“旅游资源有偿使用”等可持续发展理念。

二、旅游环境保护的内容

（一）自然环境保护

旅游自然生态环境是由旅游目的地的大气、水体、土壤、生物及地质、地貌等组成的综合体。从旅游业的角度来看，它们并不是直接的旅游对象或旅游吸引物，而只是一种起承载作用的外在环境或基础环境，往往不被旅游开发者和旅游者所重视，但却是构成各类旅游资源的重要物质依托，是旅游业生存、发展的重要基础，加强自然环境保护是实现旅游业可持续发展的基础。

（二）人文环境保护

旅游人文社会环境主要是指旅游目的地的社会治安情况、卫生及健康状况、配套服务以及社区居民对外来游客的态度等，同时也包含政治局势等大的宏观环境。社会治安情况是指当地的社会风气好坏、犯罪率高低等。卫生健康状况是指当地的卫生条件、居民的健康状况、地方病、传染病、多发病、流行病的情况等。配套服务主要是指那些为游客提供非营利性质的服务，包括旅游信息中心、旅游咨询电话、旅游警察等。当地居民对外来游客的态度是指当地居民对发展旅游的认识，是采取友好、无所谓的，还是敌视的态度和行为对待外来游客。

（三）旅游资源环境保护

旅游资源是可供人类进行旅游活动所享用的各类资源。不论是自然生态旅游资源，还是人文社会旅游资源，它们本来就是人类整体环境的组成部分，更是旅游环境不可或缺的部分。

（四）旅游氛围环境培育

旅游氛围环境，与旅游自然生态环境、旅游人文社会环境和旅游资源本身有着紧密的联系，是旅游者对旅游目的地的自然和人文两方面的感知状态，如旅游目的地自然资源的区域特点，与游客的惯常居住环境是否有更大的差异性；当地的居民、旅游经营者的态度及旅游服务质量对游客的心理影响如何；景区内游客数量的多少，环境容量给游客产生的心理影响如何等。

三、旅游环境保护的主要策略

环境保护是协调旅游经济发展与资源永续利用的重要途径和手段。但是，旅游业发展与环境保护目标之间往往存在一定的矛盾和冲突，我们必须根据生态可持续发展原则，制定完善的旅游环境保护策略并形成制度，才能实现旅游业发展的经济效益、社会效益和生态效益的协调与统一。在综合考虑旅游产品的数量、质量、效益和环境等因素的同时，充分考虑既满足当代利益，又不损害后代利益，实现财富的代际转移，实现旅游资源的供需平衡与可持续利用，创造代际公平发展的机会。

（一）宣传和教育策略

大力加强对游人的教育和管理工作，要使旅游者普遍了解一切历史的、文化的以及自然的旅游资源，保护旅游资源和环境既是对自己负责，也是对子孙后代负责，以增强游人的主人翁责任感，自觉遵守保护区的各项规章和纪律。应当看到，在对保护区旅游环境的破坏中，相当多的情况是由于人们的无知而造成的，这就要求旅游相关管理部门通过各种途径，如展览、录像、电影等向游客普及环境保护的具体知识，同时，直接向游人提出具体应该遵守的要求，让游客只留下脚印，只带走照片。

（二）控制景区容量策略

控制景区容量策略，是根据旅游承载能力确定旅游区的游客容量，对进入旅游区（点）人数进行控制的一项管理制度。这个策略在保护旅游资源、实现可持续旅游目标方面十分重要。需要注意的是，通过控制和采取措施来限制游客，不能满足人们鉴赏、享用旅游资源的正当愿望，特别对一些远道而来的游客，因为受限制而丧失旅游机会，是对旅游资源使用权的一种剥夺，因此，必须通过生态建设，增强保护措施等来扩大游客量。

（三）科学监督、评价策略

由于旅游活动对环境的影响往往具有一定的隐蔽性，短时期内可能难以发现，但一旦出现旅游资源破坏和环境污染就难以治理和恢复，因此，旅游环境的保护要严格贯彻“以预防为主、积极防治”的保护方针，既要不间断地科学监测和分析研究，及时发现问题和采取措施，将资源破坏和环境污染消灭在萌芽状态，又要积极采取措施控制资源破坏和治理环境污染。在开发和发展旅游业时，要对旅游资源开发利用可能引起的资源与环境变化进行科学地分析、预测和评价并据此提出缓解环境负向变化措施，从而为制定资源保护措施和环境污染防治措施，实施资源与环境保护管理提供依据和要求。

（四）旅游环境规划策略

旅游规划包括旅游资源开发利用规划和旅游环境保护规划两个部分，资源开发利用规划强调对旅游资源吸引功能的开发和旅游投资的回收效益；旅游环境规划是根据旅游经济发展的基本要求，在对旅游区自然生态环境进行分析的基础上，利用环境影响评价结论而做出的旅游区环境保护区域划分、污染防治和生态建设方案，强调保证旅游资源的持续存在和得到永久保护，同时，这也是旅游区实施环境管理的依据。通过合理有效的环境规划策略，遵循环境保护的原则、方法和程序等，实施旅游规划制度可确保旅游开发的合理性，真正实现旅游资源的经济价值、社会文化价值和生态建设的协调与统一。

（五）旅游环境管理策略

环境管理策略是指根据旅游区的资源富集情况，将旅游区划分为不同区域，分别采取不同管理措施，从而保护和合理利用旅游环境，协调其生态价值、经济价值和存在价值。目前，我国实行旅游区域环境管理制度主要是划定一定范围内的自然保护区，同理，也可将这一制度的实施范围扩大到所有的旅游环境保护区域，深入研究利用旅游环境的生态学特征，科学确定部分区域为严格保护区并根据生态保护要求制定严格的保护措施，以保证旅游环境不遭到破坏；划定缓冲区、实验区和外围保护区，可在其中开展旅游、科普教育等活动。通过对环境的合理管理，正确处理旅游环境保护与经济社会发展的关系，实现环境保护与经济效益的双赢。

思考与练习

1. 基本空间标准的意义何在？

2. 简述旅游心理容量和旅游资源合理容量的关系。

3. 结合实际，分析旅游容量概念在旅游规划与管理中的意义，试对某一熟悉的旅游地进行容量测算。

4. 分析旅游超载与饱和的类型以及该如何进行调整。

第七章 旅游区划

引言

区划是地理学中一个重要的概念。大家最了解的地理区划应该是行政区划了,某乡属于某县,某县属于某省就属于行政区划。旅游区也是地理区划的一种,一提到江南,人们就会想到水乡之秀;一提到东北,人们就会想到冰雪之寒;一提到塞外,人们就会想到荒凉之壮美;一提到西藏,人们就会想到宗教之神秘……那么,旅游区是如何划分的?目前都有哪些划分方法呢?学完本章内容你就会知道了!

本章学习目标

1. 了解旅游区的概念、特点和类型。
2. 掌握旅游区划的目的、原则、类型和方法。
3. 了解有关中国旅游区划的几种方法。
4. 了解世界旅游区划的几种模式。

第一节 旅游区划概述

一、旅游区的特点

一般所指的旅游区,是综合性的旅游区,是指含有若干共性特征的旅游景点与旅游接待设施组成的地域综合体,不仅包括旅游资源,也含有为旅游者实现旅游目的而不可缺少的各种基础设施，是一个表现出社会——经济、文化——历史和自然——地理条件的统一的地域单元。旅游区通常具有下面几方面的特点：

（一）客观性

旅游区是以一些客观存在的自然和人文旅游资源为基础，以某些旅游中心城市为依托而构成的地域综合体，有具体范围的客观实体，有其自身的客观规律性。

（二）地域性

旅游区以一定的地域空间为载体。每一个旅游区至少有一个完善的旅游中心或旅游组织基地，并且有发达的旅游交通体系联系旅游区内的各个旅游景点以及将旅游区与其外部紧密联系起来，保证旅游区结构有序的开放系统。因为每个旅游区所处的地理空间的自然地理环境和人文社会传统都具有自己的特色，因此，每个旅游都具有自己独特的地域特色。

（三）层次性

从不同的角度，旅游区可以分为不同的功能类型和结构层次，各个层次结构的旅游区有机组合构成一个完整的旅游区系统。这一特性使得旅游区划与旅游区的分级分等研究成为可能。

（四）向心性和开放性

旅游区内的旅游资源虽然有着共同的属性和特征，但是，在区内所有的旅游资源的吸引力存在差异，一个旅游区内的旅游资源或景区必然围绕着一个或者多个具有强大吸引力的旅游资源和景区，此一级的旅游资源都要尽可能地利用高级旅游资源的吸引力和开发条件，因此构成了整个区域内的向心性。开放性是指旅游区需要和其外的区域和范围进行人员（游客）、物资、资金、信息等的交流，因此，它是一个开放的区域。

（五）发展变化性和相对稳定性

现有的旅游区系统是由自然、人文旅游资源与当前旅游业整体水平所决定的。随着经济社会的不断发展，旅游区内自然、人文环境的变化以及区内和邻近区域新的旅游资源的开发、旅游市场的变化、交通条件的改善等诸多方面的变化都会导致旅游区的地域范围、区内结构发生变化。但是,这种变化是一个缓慢演进的过程,在一定时期内旅游区又是相对稳定的。

(六)优化性

旅游区是一个具有预定目的的、可控的自然——人工复合系统,因此,从整体上最优设计、最优控制、最优管理和使用,实现旅游区的综合最优化。

(七)社会性

旅游区的划分是为了旅游业的健康发展,而旅游业的发展要保证经济、生态和社会三大效益综合实现。另外,旅游区还要考虑当地社会的传统和居民心理等各方面因素,必须保证当地社会对旅游业发展所带来的问题能进行控制和处理,而区外游客的来访也促进了不同社会群体间的交流,导致了社会文化的融合,所以,社会性是旅游区的一个重要特点。

(八)整体性

不同空间尺度的旅游区,小到一个基本的旅游单元,一个以小镇为中心的旅游区,大到全球尺度的洲际旅游区,都具有整体性并因此形成一个有机的统一体——系统。系统与其外部区域存在着明显的客流和资金交换。

(九)系统性

旅游区无论在职能上还是在地域上都是完整的,它具有配套的社会功能,最重要的功能之一是恢复和增强旅游者的健康、体力和精力,满足他们的精神和物质需要。

二、旅游区的分类方式

分析问题的角度不同得出的结论自然各不一样,对于旅游区的分类从不同的角度可以有不同的分类方式,一般常用的有三种,分别是按旅游区的级别分类、按旅游的价值分类和以旅游资源性质和功能为主的综合分类。

（一）按旅游区的级别分类

目前，从人类旅游活动的空间范围来看，最大级别的就是世界级旅游区，主要包括：欧洲旅游区、非洲旅游区、北美洲旅游区、南美洲旅游区、大洋洲旅游区、亚洲旅游区和南极洲旅游区。而对各个洲又可以进一步划分为次一级旅游区。例如，亚洲可以分为中亚旅游区、西亚旅游区、南亚旅游区、东南亚旅游区和东亚旅游区。当然，每个区域还可以进一步分类。

（二）按旅游的价值分类

根据旅游区对于当前经济发展的价值或者对于当地社会乃至当地社区居民的生活水平提高的价值以及对于当地生态环境和文物古迹保护的价值来对旅游区进行分类。

（三）按旅游资源性质和功能为主的综合分类

这是从一定范围内相互联系的旅游景区的旅游资源的本身属性和旅游区的主要功能对旅游区进行综合分类的方式。例如，根据东北地区冬季气温较低，降雪丰富，非常适合开展滑雪、滑冰、冰灯、冰雕、雪雕等冰雪旅游项目的特点，可以定为东北冰雪旅游区，而我国的内蒙古高原地区，根据其辽阔的草场资源和独特的蒙古风情，可以定为内蒙古草原畜牧旅游区。另外，我国东南沿海地区有丰富的海滨浴场，可以定为东部滨海旅游区，等等。

三、旅游区划的类型

旅游区划包括两种类型：一是部门旅游区划，即根据旅游单项指标进行的旅游区划，包括旅游资源区划、旅游气候区划、旅游市场区划等。二是综合旅游区划，需要全面地考虑区域内自然和人文条件，根据相似法、差异性和内部联系划分旅游区。综合旅游区内不仅有若干具共同特征的景点单位，而且包含有联系的服务接待设施及交通、通信等基础设施和相对完整的行政管理体系。

四、旅游区划的原则

旅游区划的原则是进行旅游区划的指导思想和依据。根据不同的目的,旅游区划可以有不同的方法和结果,但是有一些基本原则在旅游区划的过程中必须遵从,以下我们对这些原则进行讨论。

(一)综合性和整体性原则

旅游业是一个涉及很多行业的综合性产业,而旅游业的效应也要从生态、社会和经济等方面的全方位考察。另外,旅游业的基础——旅游资源也具有综合性的特点,因此,旅游区划必须综合考虑,整体衡量。

(二)相似性原则

旅游资源成因的共同性、形态的类似性和发展方向的一致性构成了旅游区划相似性原则的核心内容。具体来说,旅游资源的相对一致性最大、差异性最小的应包含在同一区域之中,而不同区域之间旅游资源的一致性最弱,差异性最大。

(三)主导因素原则

旅游区内一般包含各种类型和各个层次的旅游资源,但是总有一两种旅游资源在旅游区的主体形象方面发挥主导作用,在旅游者的心目中起着区别于其他旅游目的的标志性作用,并且,这些旅游资源还制约着旅游区的属性特征、功能、利用方式以及发展方向等。因此,旅游区划应该突出这一种或两种类型的旅游资源,将其作为区域划分的主要依据。

(四)完整性原则

各个层次的旅游区都是相对独立的地理综合体,能独立承担一定的旅游职能。因此,旅游区划应保证每一等级的旅游区在地域上和职能上的完整性。

(五)旅游中心地和交通便捷性原则

每个旅游区都要有它的旅游中心作为区域旅游业发展的依托。旅游区内各旅游景点的布局要远近适度,并且,要有便利的交通将其紧密地联系起来,使旅游者既不感到旅游景点分布拥挤,也不认为景点过于分散。

(六)区域社会经济原则

旅游区不仅仅是一个单一依靠旅游业发展的区域,而且还应包括文化传统、民族习俗、经济状况、农业生产、工业生产以及自然地理环境等多方面的社会——地理系统,因此,旅游区划还应该考虑区域社会经济背景等方面的因素。

(七)发展性原则

由于旅游区具有发展变化性的特征,因此,在进行旅游区划时,既要以现状为基础,为现有的旅游业服务,也要能预见到旅游区未来的发展变化,在旅游区划中适度吸纳未来发展变化的趋势。这样旅游区划才能既具有现实意义,又具有发展意义,可以避免在短期内重复工作或调整区划的问题。

(八)多级性原则

从空间尺度来看,地理范围可以划分为各种尺度的区域,如从世界范围可以划分为七大洲、四大洋,从我国来看可以划分为东北区、华北区、西北区、青藏高原区、西南区、华中区、华东区、东南区等区域,而每个区域又可以进一步划分。因此,旅游区划也可以从不同的空间尺度划分,主要是根据旅游区划的具体目的来确定其入手的角度。

五、旅游区划的方法

旅游区划即旅游地域的划分,是遵循上述旅游区划的原则,根据旅游资源的相似性和发展现状与发展方向的共同性,将区域内部相似性最大差异性最小,而与区域外部相似性最小差异性最大的范围划分开来。旅游区划的具体方法有两种:一种是自下而上的综合区划方法;另一种是自上而下的分解区划方法。

(一)综合区划方法

综合区划方法是从小的空间入手,逐渐合并空间位置上相邻并且属性特征上相似的单元。合并的标准是事先确定好的区划层次结构和区划指标体系,见图 7－1。

综合区划法的具体步骤为:

(1)确定区划的基本单元(最小单位)。单位大小取决于区划的精确程度和区划地域的空间尺度。单位划分可采用类质图斑法来确定。这种方法是用因子图相互叠置,经过制图综合,产生能够反映区域资源

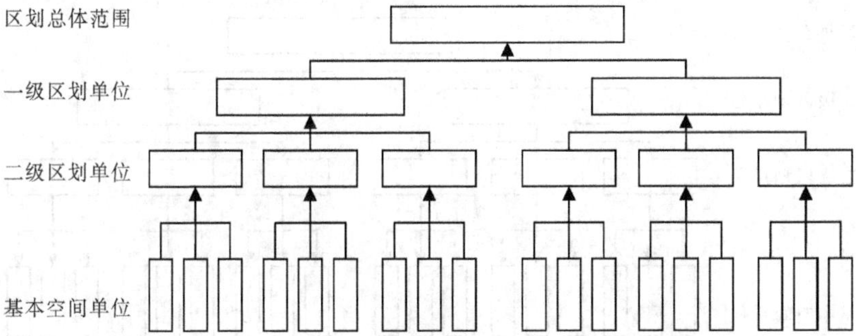

图 7－1　综合区划方法示意图

组合特点的最小图斑，用做综合区划的基础单元。

(2)确定影响因素和限定因子。将影响区划的各因素列出，并把限定这些因素质与量的次一级别的因素当成因素层下的限定因子，构筑层次分析体系，即构建指标体系。

(3)编制因子图。为反映区划基础单位的状况，确定每个单位各个指标的大小。这种确定可以采用定性与定量相结合的方式。既采用一定的数据计算，又可通过采用访问相关对象的方法，即特尔斐法获得。

(4)因素组成及综合区划。对因子图反映出来的各基础单元的因素及其影响因子进行分析组合，在这种组合的基础上，从基础单元开始，自下而上地聚类合并，逐渐聚合成旅游亚区、旅游区、旅游大区、旅游带等。

(二)分解区划方法

分解区划方法与前面的综合区划方法恰恰相反，它对区域的划分是由大到小的顺序进行，首先划分的是较大的区域，逐渐分为越来越小的区域。如图 7－2 所示。

第二节　世界旅游区划

与中国旅游区划研究相比较，世界旅游区划的研究明显处于落后

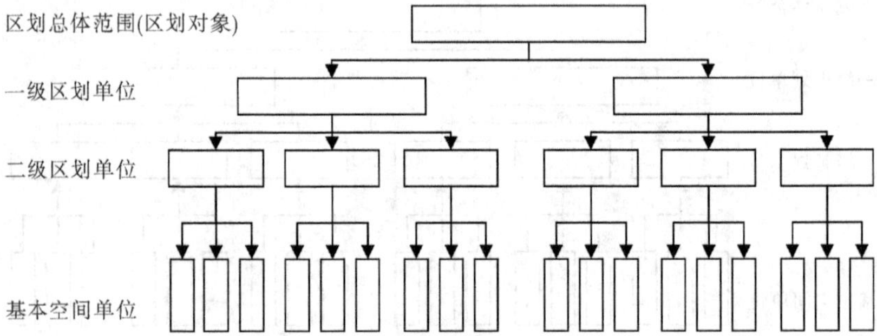

图 7－2　分解区划方法示意图

状态，从事这方面研究的学者较少，另外成果也不多，因此，世界旅游区划的研究总体来说层次和深度都不是非常令人满意。但是，也有一些值得学习的成果供大家参考。本节选取了几位学者的世界旅游区划方案加以介绍。

一、世界旅游区域分论

在丁登山、刘奕频编著的《环球风光旅游——外国旅游地理》一书的前面各章，首先提到了世界三个主要旅游客源区，包括欧洲、北美洲、东亚及太平洋部分地区（见其第一章），它们包容了世界的经济发达国家。其后，又分析了丰富的世界旅游资源，揭示了至今吸引力最强、旅游目的地最集中的两个旅游资源丰富的地区，即地中海地区、北美洲及加勒比海地区。在其第六章的第一节，进一步阐述了旅游客源地与旅游目的地之间的旅游客流。所有这些，都是决定世界旅游地理格局的基本根据。此外，到达旅游目的地的旅游者人数，是各种旅游地理因素相互作用的结果，在此基础上，再与上述基本根据相结合，可将世界划分为八个不同的旅游功能区。它们中的欧洲和地中海旅游区、北美洲和加勒比海旅游区、东亚和太平洋旅游区为三个各自都有世界重要旅游客源地的旅游区；北非和中东旅游区、撒哈拉以南非洲旅游区、拉丁美洲旅游区、南亚旅游区四个为都没有世界重要旅游客源地的旅游区。另外，还有南极大陆潜在旅游区。

1. 欧洲和地中海旅游区

该旅游区属国际旅游高度活跃区，主要旅游客流流向是自北而南，指向地中海的沿岸。从国际旅游到达人数占世界的比例来看,欧洲一直是世界最主要的国际旅游目的地。从旅游功能上看,欧洲的中部和北部是世界最主要的旅游客源地,南部是具有丰富旅游资源(气候、海岸、历史和文化)的地中海地区。临地中海西段的西班牙、法国和意大利三国是主要的地中海旅游目的地,1992 年,每个国家旅游到达人数都在 2600 万以上。临地中海东段的希腊,1992 年旅游到达人数达 933 万。欧洲和地中海旅游区的国际旅游到达人数占世界旅游到达人数的绝对优势,1988 年占世界的 62%。其中,西欧和南欧各占世界的 22%,东欧占 13%,北欧所占比例最低,但也达 6%。

2. 北美洲和加勒比海旅游区

该旅游区除包括北美洲的美国、加拿大外,墨西哥也属本区,此外,还包括加勒比海的大安的列斯、小安的列斯群岛国家和地区,如古巴、海地、多米尼加、波多黎各、巴巴多斯等。这个旅游区与欧洲和地中海区有许多相似之处,是国际旅游的第二个高度活跃区。主要旅游客流的流向自北而南,指向美国的佛罗里达、墨西哥和加勒比海各岛屿。在旅游功能上,区内主要旅游客源地在北部,特别是在大湖区与东海岸之间的区域。主要旅游目的地位于主要旅游客源地之南,重要的旅游目的地是佛罗里达、得克萨斯、加利福尼亚,同时墨西哥和加勒比海岛屿也吸引了大量的美国、加拿大旅游者。正是由于这种原因,墨西哥和加勒比海地区才作为该旅游区的一部分。在北美洲,1988 年国际旅游到达人数占世界同年的 13%,与欧洲和地中海旅游区中的东欧所占份额相当。这也许会给人以一种错误印象,认为在世界的旅游分布中,欧洲的旅游规模占绝对优势,而北美洲远不如欧洲。然而,这些数字仅着重表示了国际旅游人数比例。北美洲和欧洲同样有比较多的人口(欧洲约 3.76 亿人,美国约 2.5 亿人),都同样富裕,人口同样有很大移动性。但是,由于欧洲在政治地理上分为许多面积较小的国家,这个地区的许多旅游活动表现为国际旅游。相反,作为北美洲两大国之一的美国由 50 个州组成(其中许多州比许多欧洲国家的面积还大),州与州之间的旅游被看做是国内旅游。在 1988 年,美国公民离家出外进行旅游的人数,超过 160 公里路程的多达 12.41 亿人次。其中,有 8.40 亿人次为度假旅游,这说明旅游活动与欧洲同样高度活跃。正是由于这两个地区在政治历史上的差异(欧洲由许多面积较小的国家组成,而美国却是个统一的大国),因而,在国际旅游统计中,两地区的旅游水平显示出巨大差别。全区国际旅游到达人数,据世界旅游组织统计,1988 年北美洲占世界的 13%,其次为加勒比海各岛屿,占世界的 2.5%,以墨西哥最少,约占世界的 1.8%。

3. 东亚和太平洋旅游区

这一旅游区包括日本、澳大利亚和新西兰三个经济发达国家,也包括韩国、新加坡及我国台湾地区、香港特别行政区等亚洲的经济较发达的"四小龙"国家和地区,除此还有中国、中南半岛和东南亚其他各国。其中,主要东亚国家和地区在近十多年来经济发展十分迅速。在 1975—1985 年间世界经济萧条和衰退时期,主要东亚国家和地区的国民生产总值的年平均增长率一直保持在 5% ~7% 之间,远远超过世界其他发展中国家,也远超过许多主要经济发达国家。中国的经济自 1979 年以来,一直突飞猛进地发展。这些情况对世界旅游格局产生了重要影响。从旅游功能上看,东亚和太平洋旅游区的区内旅游客源地和旅游目的地,比欧洲和地中海旅游区、北美和加勒比海旅游区要分散得多。主要旅游客源地,北有日本和韩国,南有澳大利亚、新西兰,西有新加坡和中国香港特别行政区、中国台湾地区等国家和地区。为首的旅游目的地是夏威夷,它恰好位于太平洋中心,有自全区各旅游客源地辐射到这里的旅游客流。其他重要旅游目的地则分散在太平洋西缘的弧形带上,有自日本、韩国及自澳大利亚至我国台湾地区和菲律宾等东南亚岛屿的国家和地区的旅游客流。中国作为旅游目的地具有巨大的潜在吸引力,从区内主要旅游客源地向中国的旅游客流正在形成和发展。东亚和太平洋旅游区的国家旅游到达人数,远远少于欧洲和地中海旅游区,在 1991 年占世界总旅游到达人数的 12%。该区近十余年来,显示出国际旅游的最高增长率。1984 年和 1985 年,国际旅游到达人数每年增长 11%,到 1987 年增长 15%,1988 年增长 18%。1991 年增长 6.4%。而同期在欧洲和美国,国际旅游到达人数增长率仅为5% ~7%。

4. 北非和中东旅游区

这一旅游区包括地中海沿岸的非洲各国、西亚的叙利亚、伊朗、伊拉克、沙特阿拉伯和其他海湾国家。本旅游区距欧洲旅游客源地不甚远，在欧洲旅游客流的辐射范围之内。位于地中海南岸的北非，虽然从旅游功能上看与欧洲地中海旅游区有较密切的联系，但由于在与欧洲地中海沿岸旅游目的地的竞争中，在交通、距离及旅游设施上不占优势，所以对欧洲旅游者吸引力不大。另外，高加索地区和中亚地区亦可归入此旅游区。从国际旅游到达人数来看，1988 年北非旅游到达人数占世界总旅游到达人数的2.4%，1991 年中东占1.6%。

5. 撒哈拉以南非洲旅游区

这一旅游区包括北起撒哈拉以南到非洲南端好望角的所有国家。本区不接近任何一个世界主要旅游客源区。从国际旅游到达人数来看，虽然其面积广大，但 1988 年仅占世界总旅游到达人数的 1.4%。

6. 拉丁美洲旅游区

这一旅游区包括中美洲的伯利兹、危地马拉、洪都拉斯、萨尔瓦多、尼加拉瓜、哥斯达黎加和巴拿马以及南美洲从哥伦比亚到阿根廷的整个大陆。其中，南美洲远离世界的主要旅游客源区，属于本区的中美洲国家虽然距北美洲旅游客源区不甚远，但与加勒比海岛屿相比，旅游目的地的竞争力不强。该区 1989 年国际旅游到达人数约占世界旅游到达总人数的 2%。

7. 南亚旅游区

这一旅游区包括大陆国家孟加拉国、印度、巴基斯坦和阿富汗、尼泊尔等，以及印度洋岛屿国家和地区，它们有斯里兰卡、塞舌尔、马尔代夫、毛里求斯等。该区的国际旅游到达人数甚微，1991 年仅占世界旅游到达总人数的 0.67%。

8. 南极大陆潜在旅游区

南极大陆没有永久居民，是一个最独特的潜在旅游区。这里几乎全部在南极圈（南纬 66°30′）范围内，自然条件极其严酷，外围大洋水域又有宽广的浮冰区。大陆陆地表面平均高度为 2600 米，由高原和山地构成，上覆巨厚的冰盖，仅极少数山峰出露于冰盖顶部。冰盖厚 2000 米以上，最厚可达 4800 米。气候恶劣，终年严寒，年平均气温为 -55℃ ~ -30℃，最低气温达 -88.3℃；风暴猛烈，一年中大风日在 240 天以上，最大风速达 88.83m/s；降水稀少，年降水量仅 30 毫米 ~40

毫米。大陆几乎没有高等植物,但沿海却有令人感兴趣的企鹅、海象和海豹。南极大陆远离世界人口密集区,特别是距世界主要国际旅游客源区十分遥远。而且,去南极大陆需要乘特制舰船。目前除科学考察、探险者到达外,已有旅游者乘船到达南极。自1885年到1992年3月,全世界共有296次旅游客轮航班,运送了43000多位旅行者到达地球南端的这个大陆。通常,赴东南极大陆从新西兰、澳大利亚或南非的港口起航;赴西南极大陆从智利、阿根廷或乌拉圭的港口起航。将来,也许到一定的时期,有人将进行较大规模投资,开拓去南极大陆的旅游业务。

上述第4、5、6、7四个旅游区,在政治稳定性、经济不很富裕、旅游欠活跃等方面比较类似。四个旅游区从其本地区内产生的国际旅游者甚少。它们在空间上与世界主要旅游客源区呈分离状态,仅有远离它们的经济发达国家的长途旅游者才能形成其国际旅游到达量。尽管目前的长途旅游正在繁荣起来,但是它们在世界国际旅游到达人数中所占比例仍很小。这四个旅游区距发达国家遥远,位于世界三个主要旅游客源区范围之外。它们在旅游发展上基本上尚处于初始阶段。除南亚的印度、南美的巴西和阿根廷、南非等少数国家和地区之外,很少有国内旅游活动。它们的旅游基础设施缺乏。它们在开发旅游资源以及发展必要的国际旅游设施方面力不从心。从总体上看,这四个旅游区的政治经济情况,使各国实施真正可行的旅游开发规划存在一定困难,尽管旅游业能获得外汇,有利于它们改善经济状况。源于世界主要旅游客源地的潜在旅游者,不愿在这些地区旅游时遭遇到干旱、洪水或饥荒等自然灾害,也不愿遇到社会政治上的麻烦,所以,他们不太愿意到这些地区去旅游。所有这些因素,导致了这四个旅游区的国际旅游到达人数甚微。

总之,以上八个旅游区,是在功能上有明显区别、相互分离的旅游区域系统。大部分国际旅游客流发生在各区之内,即以旅游区内旅游为主。在每个分离的旅游区内,都以流向低纬度方向的旅游客流为主导。1980年,在世界全部国际旅游者中,约有80%的人在其所在的旅游区内进行旅游,其余约20%的人进行跨区的长途旅游。跨区长途国际旅游多半是在世界三个旅游客源区之间,呈东西向进行的。在20世纪80年代世界旅游业暂时不景气期间,并未阻止长途国际旅游的发展。到1987年,第1旅游区至第3旅游区间的国际旅游到达人数占该三个旅游区到达人数的30%～40%。同时，在第4旅游区至第7旅游区四个旅游区，长途国际旅游者继续增加，如非洲、南亚都是如此。世界旅游格局是随着时间而变化的。随着时间的流逝，各旅游区间的联系将会加强，区与区间的界线将会变模糊，从而使旅游区的范围发生变化。随着长途国际旅游者数量的增加，各旅游区的相互分离孤立的程度将会减弱。在第4个旅游区至第7个旅游区内，旅游目的地的旅游基础设施的改善，也会大大刺激长途国际旅游的发展，使旅游区发生变化。

二、世界旅游区划方案

韩杰根据自然区与行政区兼顾、综合分析与主导因素相结合以及主要为旅游业服务的原则，将世界划分为7个旅游大区和11个旅游地区。根据这些原则，韩杰采用三级区划等级单位系统，即旅游大区——旅游地区——旅游国家。在一些面积较大、旅游业比较发达的国家，划分的等级更加深入。例如，西班牙可以分为以下六个旅游区：南部旅游区、东北部旅游区、中西部旅游区、西北部旅游区、巴利阿里群岛旅游区、加那利群岛旅游区。内容如下：

1. 欧洲旅游大区

（1）北欧旅游地区（挪威、瑞典、芬兰、冰岛、丹麦）；

（2）西欧旅游地区（英国、法国、爱尔兰、荷兰、比利时、卢森堡）；

（3）中欧旅游地区（德国、波兰、捷克、斯洛伐克、匈牙利、奥地利、瑞士、列支敦士登）；

（4）南欧旅游地区（西班牙、葡萄牙、意大利、希腊、罗马尼亚、保加利亚等）；

（5）东欧旅游地区（俄罗斯、爱沙尼亚、拉脱维亚、立陶宛、乌克兰、白俄罗斯、摩尔多瓦）。

2. 美洲旅游大区

（1）北美洲旅游地区（美国、加拿大）；

（2）拉丁美洲旅游地区（除美国和加拿大之外的所有美洲国家）。

3. 东部亚洲、太平洋旅游大区

（1）东亚旅游地区（中国、日本、朝鲜、韩国、蒙古国）；

（2）东南亚旅游地区（东南亚的所有国家）；

(3)中亚旅游地区(哈萨克斯坦、乌兹别克斯坦、吉尔吉斯斯坦、塔吉克斯坦、土库曼斯坦);

(4)大洋洲旅游地区(大洋洲的所有国家)。

4. 南亚旅游大区

南亚所有国家。

5. 中东旅游大区

西亚所有国家和格鲁吉亚、亚美尼亚、阿塞拜疆、埃及。

6. 非洲旅游大区

除埃及之外的所有非洲国家。

7. 南极洲旅游大区

南极洲地区。

三、世界生态旅游区划方案

生态旅游区划是揭示全球尺度生态旅游资源与生态旅游业空间布局的重要手段,有助于从整体上把握世界生态旅游的发展。钟林生等学者在探讨生态旅游区划定义与理论依据的基础上,提出生态旅游区划的理论基础是地域分异规律与生态学原理,并且,根据全局谋划、综合分析、主导因素、与行政区协调、兼顾自然区划等原则,将世界生态旅游地域系统划分为6个生态旅游洲、29个生态旅游大区、71个生态旅游区以及若干个生态旅游地。具体划分方案如下。

表7-1 世界生态旅游区划系统表

1级区	2级区(生态旅游大区)	3级区(生态旅游区)
亚洲	I_1北亚生态旅游大区	西西伯利亚平原、中西伯利亚高原、俄罗斯远东山地
	I_2中亚高原生态旅游大区	哈萨克丘陵和土兰平原、帕米尔高原、蒙古高原、内蒙古新疆高原、青藏高原
	I_3东亚平原生态旅游大区	中国东部季风区、朝鲜半岛、日本群岛
	I_4东南亚生态旅游大区	中南半岛、东南亚岛屿
	I_5南亚台地生态旅游大区	印度半岛、斯里兰卡岛屿
	I_6西南亚生态旅游大区	伊朗高原、阿拉伯半岛、美索不达米亚平原、地中海东岸、小亚细亚高原、高加索山地

续表

1级区	2级区(生态旅游大区)	3级区(生态旅游区)
欧洲	$Ⅱ_1$东欧生态旅游大区	东欧平原、乌拉尔山地
	$Ⅱ_2$北欧生态旅游大区	芬诺斯堪的亚、冰岛
	$Ⅱ_3$中欧生态旅游大区	德波平原、中欧海西山地、阿尔卑斯、喀尔巴阡
	$Ⅱ_4$西欧生态旅游大区	不列颠群岛、法兰西平原丘陵、北海低地
	$Ⅱ_5$南欧生态旅游大区	伊比利亚半岛、亚平宁半岛、巴尔干半岛
非洲	$Ⅲ_1$阿特拉斯生态旅游大区	阿特拉斯
	$Ⅲ_2$撒哈拉生态旅游大区	撒哈拉
	$Ⅲ_3$苏丹生态旅游大区	苏丹
	$Ⅲ_4$几内亚与刚果生态旅游大区	上几内亚、下几内亚与刚果盆地
	$Ⅲ_5$东非生态旅游大区	埃塞俄比亚—索马里高原、东非高原
	$Ⅲ_6$南非生态旅游大区	南非高原、开普山地
	$Ⅲ_7$马达加斯加生态旅游大区	马达加斯加
北美洲	$Ⅳ_1$极地岛屿生态旅游大区	格陵兰岛、北极岛群
	$Ⅳ_2$北美大陆生态旅游大区	北美东部、西部科迪勒拉
	$Ⅳ_3$中美生态旅游大区	中美地峡、西印度群岛
南美洲	$Ⅴ_1$东部高原生态旅游大区	圭亚那高原、巴西高原、巴塔哥尼亚高原
	$Ⅴ_2$中部平原生态旅游大区	奥里诺科平原、亚马孙平原、拉普拉塔平原
	$Ⅴ_3$安第斯山生态旅游大区	西部沿海、科迪勒拉前山和科尔多瓦山、安第斯山
大洋洲和南极洲	$Ⅵ_1$澳大利亚生态旅游大区	西部高原、中部平原、东部山地
	$Ⅵ_2$新西兰生态旅游大区	新西兰南岛、新西兰北岛
	$Ⅵ_3$新几内亚岛生态旅游大区	新几内亚岛
	$Ⅵ_4$太平洋群岛(狭义)生态旅游大区	美拉尼西亚、波利尼西亚、密克罗尼西亚
	$Ⅵ_5$南极洲生态旅游大区	东南极洲、西南极洲

第三节　中国旅游区划

对于中国的旅游区划,国家权威机构至今尚未组织进行,但不少学者已经对此进行了一些有益的探索,出现了各种旅游区划方案及相应的分类体系。

一、中国旅游资源区划

阎守邕的方案将中国旅游资源分区分为一级区、二级区和三级区三个层次。区划采用自上而下及定性与定量相结合的方法,并设计了旅游资源分区的区划指标体系。参见表7-2和表7-3。

表7-2　旅游资源区划方法与区划指标表

区划层次	区划方法	区划指标
三级区	收集旅游资源实体数据并进行筛选,在1:400万全国县界地图上标绘出旅游资源实体,然后以市(县)为单位,将旅游资源实体同类别且相邻的市(县)合并为一个三级区	旅游资源实体的类型、数量与级别等指标
二级区	根据区域旅游资源的总体特征及其形成原因的相似性,对三级分区进行分析归并得出二级区	区域旅游资源的总体特征、形成旅游资源自然因素与人文因素的异同
一级区	根据中国自然地理的区域分异,对一、二级分区进行分析归并得出一级区	区域地质、地貌、气候及区域旅游资源的宏观特征
	根据地域完整性与实用性原则,对一、二级分区界线进行调整,使其尽可能与相应的行政区界线相一致	

表7－3 中国旅游资源区划方案表

一级区	二级区
Ⅰ.东北温带湿润景观旅游资源区	ⅠA.东北温带平原景观旅游资源区
	ⅠB.长白山地林海雪原滑雪旅游资源区
	ⅠC.大、小兴安岭寒温带山林景观旅游资源分区
	ⅠD.辽东半岛海岸、海岛风光旅游资源分区
Ⅱ.黄河中下游名胜古迹旅游资源区	ⅡA.北京古都文化旅游资源分区
	ⅡB.关中古都遗迹旅游资源分区
	ⅡC.中原古文化旅游资源分区
	ⅡD.苏北、皖北历史遗迹旅游资源分区
	ⅡE.山东丘陵齐鲁文化旅游资源分区
	ⅡF.胶东半岛海岸、海岛风光旅游资源分区
	ⅡG.山西宗教建筑旅游资源分区
	ⅡH.陇南文化旅游资源分区
	ⅡI.陕北革命圣地旅游资源分区
Ⅲ.长江流域山水风光旅游资源区	ⅢA.长江三角洲水乡园林旅游资源分区
	ⅢB.赣、浙、闽丹霞风光旅游资源分区
	ⅢC.皖南、赣北名山旅游资源分区
	ⅢD.赣西南革命圣地旅游资源分区
	ⅢE.湖南山地胜景旅游资源分区
	ⅢF.四川盆地旅游资源分区
	ⅢG.两湖平原湖泊风景旅游资源区
	ⅢH.川北、鄂西秦巴山地生物景观旅游资源分区
Ⅳ.华南热带、亚热带景观旅游资源区	ⅣA.海南岛热带海岛风光旅游资源分区
	ⅣB.闽、粤海路中外交流旅游资源分区
	ⅣC.广西石灰岩山水旅游资源分区
	ⅣD.台湾旅游资源分区
Ⅴ.云贵高原奇山异水风土民情旅游资源区	ⅤA.云贵高原石灰岩奇山怪石异洞旅游资源分区
	ⅤB.滇中高原湖光山色旅游资源分区
	ⅤC.滇南热带生物景观旅游资源区
	ⅤD.滇北高山深谷旅游资源分区
Ⅵ.塞外草原荒漠旅游资源区	ⅥA.塞外草原旅游资源分区
	ⅥB.塞外荒漠旅游资源分区

续表

一级区	二级区
Ⅶ. 西北丝绸之路旅游资源区	ⅦA. 河西走廊旅游资源分区
	ⅦB. 新疆南部丝绸之路旅游资源分区
	ⅦC. 新疆北部高山草地旅游资源分区
Ⅷ. 青藏高原世界屋脊旅游资源区	ⅧA. 藏东南雪山原始森林旅游资源分区
	ⅧB. 藏南谷地藏族文化旅游资源分区
	ⅧC. 藏北高原湖泊旅游资源分区
	ⅧD. 喜马拉雅登山旅游资源分区
	ⅧE. 青藏高原唐蕃古道旅游资源分区
	ⅧF. 长江、黄河源地旅游资源分区
	ⅧG. 昆仑山柴达木盆地旅游资源分区

二、中国旅游地理区划

郭来喜的方案将中国旅游地理区划分为旅游带、旅游省和旅游区三个级别和层次。旅游带是一级旅游区，其空间范围跨越省、市、自治区，其职能是协调省级之间的关系和组织区域性的旅游路线；旅游省是二级旅游区，除个别地段略有调整之外，其他空间跨度以现有省、市、自治区为范畴，主要目的是适应我国现行的管理体制；旅游区是第三级旅游地域组织，在旅游区划体系中处于最基层。其空间范围既可以是一个旅游业发达的大城市，也可以包括在地理位置上邻近的几个旅游城市。旅游景点的开发建设、旅游服务设施的配套完善及旅游活动的组织、协调与管理为其主要职能。该方案具体将全国划分为 9 个旅游带、29 个旅游省和 149 个基本旅游区。具体参见表 7－4。

表7-4 中国三级旅游区划方案表

序号	旅游带			旅游省	旅游区
	名称	范围	特征		
1	京华古今风貌	以北京为中心，以津、冀为腹地的小华北	华夏历史文明遗产（辽、金、元、明、清），社会主义现代化风貌，古代建筑工程与现代化设施融为一体	北京、天津、河北	北京、承（德）滦（平）、秦皇岛、唐（山）遵（化）蓟（县）、保（定）易（县）涞（水）、石（家庄）正（定）平（山）、津门等8处
2	白山黑水北国风光	东北三省全境	白山黑水自然奇观，满、朝、赫（哲）等兄弟民族风情，矿泉、海滨、冰雪风光，清王朝发迹地，伪满殖民遗迹等	辽宁、吉林、黑龙江	沈（阳）抚（顺）鞍（山）、旅（顺）大（连）金（县）、长（春）吉（林）松（花江）、长（白山）通（化）、哈（尔滨）尚（志）、五大连池等13处
3	丝路寻踪民族风情	北出内蒙古，中经甘宁，西通新疆	蒙、回、维（吾尔）、哈（萨克）等民族风情，草原风光，大漠景观，内陆山地，绿洲寻凉，果乡品鲜	新疆、内蒙古、甘肃、宁夏	乌（鲁木齐）天（山东段）、呼（和浩特）、包（头）、兰（州）永（靖）临（夏）、银（川）青（铜峡）等22处
4	华夏文明访古	黄河中下游地区	中华古文化，仰韶文化，半坡遗址，商城殷墟，抗战行都，石窟，拳术，名城，古都，名山，母亲河	陕西、山西、河南、山东	西（安）咸（阳）、太（原）交（城）、郑（州）登（封）巩（县）、济（南）泰（山）、曲（阜）济（宁）等24处

续表

序号	旅游带			旅游省	旅游区
	名称	范围	特征		
5	西南奇山秀水民族风情	西南四省区	峰林、奇石、碧水、幽洞、从巴蜀文化到夜郎之谜的文化景观,民族节日众多,工艺美术精绝	四川、云南、贵州、广西	成(都)青(城山)、昆(明)路(南)安(宁)、贵(阳)清(镇)、南(宁)武(鸣)大(明山)宁(明)等29处
6	荆楚文化湖山景观	中部三省	山环水绕,千湖之区,寺庙道观,荆楚文化,革命胜迹	湖北、湖南、江西	武汉、荆(州)沙(市)长(沙)、九(江)庐(山)、南(昌)永(修)等16处
7	吴越文化江南水乡风光	长江下游、淮河下游和钱塘江流域	名山秀水、吴越文化,第宅园林,现代化大都市,购物中心	江苏、安徽、上海、浙江	上海、南京、苏州、无(锡)宜(兴)、杭(州)莫(干山)嘉(兴)、合肥等15处
8	南亚热带—热带风光	南亚热带—热带地区	兼山海岛之胜,理想避寒地,矿泉众多,岭南文化,华侨之乡,特区集中	福建、广东	福州、武夷山、广(州)从(化)佛(山)、深圳、珠海、海南岛等16处
9	世界屋脊猎奇探险	青藏高原	天寒地高、地广人稀,充满神秘感、藏族文化,建筑宏伟绚丽,宗教色彩浓郁	西藏、青海	拉萨、日(喀则)亚(东)、青海湖、西(宁)湟(中)等6处

三、中国旅游文化区划

陈传康先生主要是将传统文化资源与现代文化资源相结合,将观光旅游与科学文化旅游相结合,以传统文化资源、现代文化资源、自然风光、开发重点和客源市场为内容将我国划分为7个一级旅游区。具体参见表7－5。

表7-5 陈传康中国旅游区划(一级)方案表

分区	范围	传统文化资源	现代文化资源	自然风光	开发重点	客源市场
华北	相对于中国自然区划的暖温带华北区，长城以南、秦淮以北，东起辽南和辽东半岛，西至甘肃东部	中华民族发源地，历朝古都名城，历史遗迹，朴素民风，北雄风光，孕育着燕赵，多悲歌壮士	沿海城市（天津、青岛、大连等）和北京等现代开放文化	大平原、大山脉和高原的强烈对比形成了明显的北雄风光	北京元明清古都文化，关中秦汉唐文化遗址，山东齐鲁文化，河南中原文化，特别是宋文化和易经文化，山西三晋文化，特别是关羽文化，黄河游、洛阳和五台山宗教旅游	海内外游客对中国旅游优先选择的重点
长江中下游流域	秦淮线以南、秦岭以北包括的长江中下游范围，也包括钱塘江等入海流域	南朝和南宋文化，徽、湘、楚、赣等包括浙江等文化	沪、杭、宁波及长江沿江城镇的现代开放文化	秀丽的植被与丘陵配合，加上水江南园乡，田园风光形成“南秀”阡陌、山地、江湖风光	苏州式园林，以三峡风光为主的长江游、山地（黄山、庐山、武夷山等）风光，宗教文化（普陀山、九华山、五祖庙、武当山、龙虎山等）	英、美、日和中国港、澳、台地区华裔等海外客人，内地市场仅次于华北，也很有旅游吸引力

续表

分区	范围	传统文化资源	现代文化资源	自然风光	开发重点	客源市场
华南	包括两广、闽、台、海南等	岭南文化、闽文化、闽南语系文化，客家文化、琼崖文化等，瑶、苗、黎、高山、畲等民族文化	现代港穗风格城市、特区开放文化	南亚热带和热带风光，岭南和八闽山地风光、喀斯特、丹霞、花岗岩等地貌风光	现代城市观光和购物旅游，南国风光、宗教文化(南华寺、光孝寺、六榕寺、南普院、玄武山、元山寺等)，特殊地貌风光、文化娱乐旅游	中国港澳台地区华侨、华裔为主要客源，也要争取吸引北美、西欧、日本、东欧游客。内地仅次于华北区而可以和长江中下游竞争
西南	包括川(不包括川西横断山)、陕南、滇、黔等	巴蜀文化、少数民族风情文化和历史文化；云贵高原坝子和山地文化	川、滇、黔的山城、雾都、春城的现代化开放文化	川西山地风光(九寨沟、黄龙寺、海螺沟等)云贵高原喀斯特风光、高原湖泊风光和山地瀑布风光等	以昆明、大理、西双版纳、丽江为主体的民族风情文化，以贵阳、安顺为主体的喀斯特地貌风光，以成都、峨眉山、大足为主体的宗教文化旅游	名山大川、少数民族风情对中国港澳地区游客具有独特的吸引力，还以抗日陪都吸引中国台胞，国际市场为日、美、英、法；内地市场主要为区内及广东、上海、北京等省市

续表

分区	范围	传统文化资源	现代文化资源	自然风光	开发重点	客源市场
东北	不包括辽南和辽东的东北三省、内蒙古东部三盟一市	满、汉、朝、蒙、鄂伦春等民族文化	俄、日侵略和商贸文化遗迹，解放后的工业建设和农庄开发	白山黑水,大小兴安岭森林风光,内蒙古东部草原风光、玄武岩喷发火山风光	到俄罗斯远东的出国旅游,镜泊湖、五大连池玄武岩喷发风光,古渤海国文化,寒温带森林风光,漠河“白夜”景观	俄罗斯、日本、韩国、中国港澳台;内地市场。主要是夏季结合避暑,冬季结合冰灯的观光游客
内蒙古西北	包内蒙古西部、宁夏、河西走廊西宁河谷带、青海湖、柴达木盆地、新疆等干旱、半干旱区	丝绸古道文化、民族文化,古长城,古遗址,石窟寺等	古城现代建筑，新兴城市、兵团开垦等建设	沙漠、冰川、山地、灌溉绿洲、风蚀城等	丝绸古道遗址、石窟寺艺术,著名古庙、古墓,民族风情、冰川、沙漠、风蚀等自然奇观	蒙、日、英、法、美、伊斯兰国家、中国港澳台地区;内地市场主要面对京、津、沪、穗等经济发达区和文化水平相应较高的游客,以及全国各地的旅游爱好者
青藏高原	包括青海南部和甘肃东南部的高原、川西横断山地等	藏传佛教喇嘛文化	新中国城市和交通建设新貌	世界最高高原,川西山地森林风光,藏北高原湖泊风光,冰川雪山	喇嘛教文化,唐蕃古道文化遗迹,高原、高山、湖泊、峡谷等自然风光	海内外游客都对青藏高原神秘人文和自然景观感兴趣,但需经济好、文化水平较高、身体健康的游客才能到此游玩,同时游客平均消费水平也相应有所提高

四、中国旅游区划

中国幅员辽阔，各地区的自然环境和人文环境复杂多样，旅游资源数量众多，类型多样且分布广泛，同时，也具有明显的区域性特征。根据中国旅游区划的基本原则：地域相对完整性原则、相对一致性原则、综合分析和主导因素分析相结合原则、旅游中心地原则、多级划分原则、覆盖性与不连续性原则，整个中国可以划分成相似性较大而差异性较小的8个旅游区。

（一）东北旅游区

东北旅游区包括黑龙江省、吉林省、辽宁省三省。因本地区在山海关以东，故俗称“关外”或“关东”。

（1）自然特征：山环水绕，沃野千里，火山岩熔地貌典型；冬长严寒、夏短温高，冰雪旅游资源得天独厚。

（2）人文特征：丰富多彩的民俗风情；受多种文化影响的建筑艺术；快捷便利的交通运输网络。

（二）黄河中下游旅游区

本区包括北京市、天津市、河北省、山西省、山东省、河南省、陕西省五省二市。黄河是中华民族的母亲河，黄河及其支流穿越本区全境。作为中华民族的发祥地，区内华夏文明遗迹遍布，自然旅游资源丰富，是我国重要的旅游地区之一。

（1）自然特征：地势起伏，地貌形态多样；河湖瀑海，各具特色；典型的大陆性季风气候。

（2）人文特征：华夏文明，源远流长；古城云集，古迹众多；宗教艺术，博大精深；民俗文化，千般风情。

（三）青藏高原旅游区

青藏高原旅游区包括青海省、西藏自治区两省区，位于祖国的西部。北与新疆、甘肃相连，南与印度、尼泊尔、不丹、缅甸等国为邻，西与克什米尔地区接壤，东与四川、云南毗邻。藏族为主要民族。

（1）自然特征：奇特壮观的冰雪高山群；湖泊棋布的鸟类乐园；独特的高原气候与热带风光。

(2)人文特征:古老的宗教文化与壮观的宗教建筑,形成神秘奇特的旅游文化地;多姿多彩的民俗风情;内涵深厚的藏乡文化艺术。

(四)华东旅游区

华东旅游区包括江西省、安徽省、浙江省、江苏省、上海市四省一市,是我国自然条件最优越、经济发达和人口稠密的地区之一。全区旅游资源丰富,基础条件优越,组合优势显著,在全国旅游业中占有重要地位。

(1)自然特征:平原、丘陵相间的地形结构;河网稠密、湖泊众多;气候温暖湿润、典型的亚热带湿润性季风气候。

(2)人文特征:经济发达,城市分布密度大;古典园林居全国之首;旅游交通便捷、发达。

(五)华中旅游区

华中旅游区位于长江中、上游地区,包括四川省、重庆市、湖北省和湖南省三省一市,华中旅游区江河纵横,湖泊众多,山脉雄奇,地形复杂,三国古迹和近代革命圣地交相辉映,自然保护区和人文遗迹各有千秋,形成了特征明显的旅游资源。

(1)自然特征:地表结构复杂,地貌类型多样;四季分明的亚热带季风气候;河网稠密,湖泊较多。

(2)人文特征:巴蜀与楚文化特色鲜明,古代文明辉煌灿烂;土特名产较多;丰富的饮食文化。

(六)华南旅游区

本区包括福建省、广东省、海南省、台湾省、香港特别行政区、澳门特别行政区。本区地处我国东南沿海,是我国对外开放的窗口,区内自然旅游资源丰富,人文景观众多,是我国重要的旅游地区之一。

(1)自然特征:地形多样,海岸曲折,海域辽阔,岛屿众多;河湖众多,温泉丰富;典型的热带、亚热带季风气候;丰富的热带与亚热带生物资源。

(2)人文特征:岭南文化,融汇中西;华侨之乡,开放窗口;古今景点,交相辉映。

（七）西南旅游区

本区包括云南省、贵州省、广西壮族自治区三省区，与老挝、缅甸和越南相邻，区内岩溶地貌发育，山川秀丽，气候温和，四季如春，动植物资源非常丰富。同时，本区还是我国少数民族聚居地，云南是我国少数民族最多的省份，分布有30多个少数民族。

（1）自然特征：地形以高原、山地为主，岩溶地貌发育；气候类型复杂，地域差异明显；天然动植物园。

（2）人文特征：少数民族风情浓郁；边境贸易逐渐繁荣。

（八）西北旅游区

本区包括甘肃省、内蒙古自治区、宁夏回族自治区、新疆维吾尔自治区。本区地处我国西北内陆，面积广大，民族众多，自然旅游资源丰富，历史文物古迹众多，少数民族风情浓郁，是我国内地主要旅游区之一。

（1）自然特征：地形多样，沙漠广大；美丽辽阔的大草原；典型的内流河和内陆湖泊；干旱少雨，冬寒夏热的大陆性气候。

（2）人文特征：悠久漫长的丝路文化；绚丽多姿的民族风情。

思考与练习

1. 什么是旅游区？旅游区有哪些基本特点？
2. 进行旅游区划有哪些原则？
3. 进行旅游区划的方法有哪些？
4. 国内学者主要提出了哪几种世界旅游区划方案？
5. 中国有哪些专项旅游区划？

第八章 旅游规划

引言

在旅游系学习的过程中，小李已经逐渐掌握了一些旅游学的基本理论，与此同时，有一个念头总会不时出现在小李的头脑中。原来，在小李的家乡有一处水库，水库边上还有一些长满了野果的小山丘，这可是小李儿时游乐的天堂。现在，小李经常想，对于这样天然优美的景色，该怎样进行规划和开发，让这些家乡的山水在保持特色的同时，能够成为给家乡人民带来福祉的经济资源呢？抱着这个念头，小李充满期待地进入了本章的学习。

本章学习目标

1. 了解旅游规划的发展、目的和要求。
2. 掌握旅游规划的组成要素和编制程序。
3. 掌握区域旅游规划的基本内容。
4. 掌握旅游地规划的基本内容。
5. 了解旅游宾馆选址的基本原则。

第一节 旅游规划概述

旅游规划与开发的理论和实践都经历了一个不断发展的演变过程，了解该演变过程有助于我们更好地掌握旅游规划与开发的理论和方法。因此,本节将分别对国内外旅游规划的历史进行回顾。

一、国外旅游规划的发展

国外旅游规划的起步早于中国近半个世纪,经过多年的发展,国外旅游规划的规划思想和方法已日渐成熟,正步入到一个"相对成熟期"。根据其发展的程度,我们把国外旅游规划的发展历程归结为以下几个主要的阶段。

(一)萌芽阶段(20世纪30年代)

旅游规划最早起源于20世纪30年代中期的英国、法国和爱尔兰等欧洲国家,是从区域规划理论衍生而来的。但最初只是做些区位之类因素的具体选择,或为一些旅游项目或设施做一些起码的市场评估和场地设计,如为饭店或旅馆选址等,从严格意义上讲,还称不上真正的旅游规划。因而,此阶段仅仅是旅游规划的萌芽期。

(二)起步阶段(20世纪50年代)

自20世纪50年代末期到70年代中期是世界旅游业的迅速发展期,旅游开发的需求逐步加大。与此相应的是,旅游规划实践在欧洲各国得到了快速发展并逐渐发展到北美的加拿大,然后进一步向亚洲和非洲国家扩展。

其中,1959年夏威夷州规划(State Plan of Hawaii),被看做是现代旅游规划的先驱,使旅游规划第一次成为区域规划的一个重要组成部分;而美国德州A&M大学游憩、公园和旅游科学系的冈恩(Clare A. Gunn)教授则被尊称为倡导、编制和教授旅游规划的鼻祖。他于1960年参与密歇根州的半岛北部(Upper Peninsula)区域旅游研究项目,最早形成了有关旅游发展规划的基本概念。此后,法国、英国也相继出现了正式的旅游规划。1963年,联合国国际旅游大会强调了旅游规划的重大意义。随后,马来西亚、中国台湾地区、斐济、波利尼西亚(Polynesia)、加拿大、澳大利亚、美国及加勒比海地区均兴起了旅游规划,如法国朗济道海岸(Languedo - Roussillon Coastal Region)、印尼巴厘(Bali,1971年)、澳洲中部地区的旅游规划等。到20世纪70年代初期,旅游需要规划的观念已开始为许多国家及国际组织所认同和重视,如EEC

(欧共体,European Economic Community)、UNDP(联合国发展计划,United Nations Development Program)等。世界旅游组织(WTO)、联合国发展计划署(UNDP)、世界银行(WB)等国际组织也积极推动并参与了菲律宾、斯里兰卡、尼泊尔、肯尼亚等国的旅游规划编制工作。

(三)过渡阶段(20世纪70年代)

20世纪70年代后期,旅游业的继续发展使旅游规划研究进一步得到加强,这以比较系统的旅游规划著作的开始出现为显著特点。1977年,世界旅游组织对有关旅游开发规划的调查表明,43个成员国中有37个国家有了国家级的旅游总体规划①。随后,世界旅游组织出版了两个旅游开发文件:《综合规划》(Integrated Planning)和《旅游开发规划明细录》(Inventory of Tourism Development Plans)。前者是为发展中国家提供的一本技术指导手册;后者则汇集了对118个国家和地区旅游管理机构和旅游规划的调查。② 1979年,世界旅游组织在实施全球范围内的旅游规划调查③的基础上,形成了第一份全球在制定旅游开发方面的经验报告。报告指出:当时只有55.5%的规划和方案被实施,规划的制定和实施之间存在脱节;制定旅游规划与使用的各种方法之间差别很大;规划对成本收益方面考虑多,而社会因素涉及少;地区级规划要比区域级、国家级、世界级更有效和普遍。这一调查报告对当时的旅游规划实践具有积极的指导意义。同时,冈恩教授也于1979年出版了他早期旅游规划思想体系的总结性著作《旅游规划》。

(四)快速发展阶段(20世纪80年代)

20世纪80年代是旅游规划研究与实践的大发展时期,旅游规划思想理论得到了进一步充实,规划方法日趋多样化。旅游规划不仅在发达国家进一步普及和深化,而且也普及到了许多欠发达国家和地区,

① Gravel, J. P(1979), "Tourism and recreational Planning: a methodologic approach to the valuation and calibration of tourism activities", in Perks, W. T. and Robinson, I. M. (edu.) Urban and Regional Planning in a Federal State the Canadian Experience, Stroudsburg, Penn, Dowden, Hutchinson & Ross, p. 122～34.

② 陶犁等.旅游地理学.昆明:云南大学出版社,1995。

③ 此调查共调查案例1619个,其中地区规划184个、区域规划384个、国家规划180个、区域间规划266个、部门规划42个、景点规划599个。

同时,还出现了旅游规划修编,如夏威夷州旅游规划(1980 年)。

在旅游规划的学术研究成果上,做出杰出贡献的学者主要有:1985 年墨菲(Murphy)出版了《旅游:社区方法》;1986 年盖茨(Getz)发表了《理论与实践相结合的旅游规划模型》;1988 年冈恩(Gunn)出版了《旅游规划》第二版;1989 年道格拉斯·皮尔斯(Douglas Pearce)出版了《旅游开发》(*Tourism Development*),他在论著里深入地揭示了旅游规划的内涵,认为旅游规划是经过一系列选择决定合适的未来行动的动态的、反馈的过程,未来的行动不仅指政策的制定,更主要是目标的实现。由此,旅游规划的理论体系基本形成。

在旅游规划的指导理论研究上,这一时期许多学者纷纷提出了一系列具有较高指导价值的旅游规划理论。其中,最著名的是门槛理论和旅游地生命周期理论。旅游地生命周期理论最早是由旅游营销专家普洛格(Plog)提出,后来侯卫恩(Hovinen)、斯若普(Strapp)及盖茨等学者又从不同的角度对该理论做了进一步的补充和完善。旅游地生命周期规律的理论不仅回答了旅游规划的必要性,更主要的是为旅游地发展前途预测提供了依据,为规划提供了指导作用。在旅游规划方法上,墨菲的社区方法和投入产出分析方法也开始被应用到规划中。

(五)深入发展阶段(20 世纪 90 年代)

到 20 世纪 90 年代,国外旅游规划已在长期的实践中形成了一定的规划标准与程序,出现了专门从事旅游规划的旅游规划师,旅游规划理论也得到了全面的发展和多方位的完善,并且在旅游规划这门学科上开始有了一个较完整的理论框架。20 世纪 90 年代初,美国著名旅游规划学家爱德华·因斯盖普(Edward Inskeep)为旅游规划的标准程序框架建立做出了巨大贡献。其两部代表作《旅游规划:一种集成的和可持续的方法》和《国家和地区旅游规划》,是面向旅游规划师操作的理论和技术指导著作。同期,世界旅游组织也出版了《可持续旅游开发:地方规划师指南》及《旅游度假区的综合模式》等著作。这些著作的出现使旅游规划内容、方法和程序日渐成熟。

这一时期,除对旅游规划操作本身的重视和研究外,许多学者还从不同角度对旅游规划予以了关注。例如,上述因斯盖普的两本著作,由尼尔森(J. G. Nelson)、巴特勒(R. Butler)、怀特(G. Wall)主编的论文集《旅游和可持续发展:监控、规划、管理》就着重于旅游规划贯彻和实施过程方面的研究,对规划的实施监控和管理给予了很大的重视。亚太旅游协会(PATA)高级副总裁 Roger Griffin 先生提出的“创造市场营销与旅游规划的统一”的观点是在辩证理解旅游规划与市场营销关系的基础上提出的,这反映了旅游规划对市场要素的重视。澳大利亚学者 Rors K. Dowling 提出的“从环境适应性来探讨旅游发展规划”的观点,把环境规划和旅游规划融为一体,体现了可持续发展的思想。1995年 Douglas Pearce 在《旅游新的变化:人、地、过程》中提出的“动态、多尺度、集成的旅游规划方法”,是对以前综合和动态方法的总结和提升,从而使旅游规划体系结构更趋完善。

二、国内旅游规划的发展

20 世纪 80 年代后,在发达国家的旅游规划进一步深化时,发展中国家的旅游规划也开始普及。我国以发展旅游为目的的旅游规划起始于20 世纪 70 年代末 80 年代初。1979 年 7 月,邓小平同志在视察黄山时明确指示:“发展黄山旅游业,省里要有个规划。”这是国家领导人最先提出的旅游规划问题。1979 年 9 月,国务院在北戴河召开全国旅游工作会议,国家旅游总局(中国旅行游览事业管理总局)在此次会议上讨论了《关于 1980 年至 1985 年旅游事业发展规划(草案)》。该规划尽管只是关于国际旅游人数与旅游创汇等几个经济指标的规划,却是我国最早的旅游业规划。按发展程度来分,我国旅游规划的发展历程可以分为四个阶段。

(一)资源导向型旅游规划阶段(20 世纪 70 年代末至 80 年代初)

资源导向型旅游规划是以旅游资源分类分级、旅游资源评价以及旅游地域分析为基础,确定旅游产品开发方向、旅游目的地产业配套和旅游设施建设的规划。20 世纪 70 年代末 80 年代初,中国开始出现风景名胜区规划、森林公园规划等,旅游规划进入资源导向阶段。这一时期,旅游资源分类、评价和开发利用成为旅游规划的主体内容,有什么样的旅游资源就开发相应的旅游产品,旅游资源开发几乎等同于旅游开发,旅游资源开发规划成了旅游规划的代名词。

(二)市场导向型旅游规划阶段(20世纪80年代中后期至90年代初期)

市场导向型旅游规划是以资源和市场为基础,以旅游者需求为核心的旅游规划。1986年,我国将旅游业确立为正式的产业部门,标志着旅游规划开始进入市场导向阶段。旅游市场分析、旅游产品可行性论证、旅游市场细分和旅游业营销规划成为旅游规划的主要内容。例如,国家旅游局制定的"九五"规划突出了市场的地位,加重了市场部分的内容。学术界有关旅游市场研究的文献也明显增多。旅游资源不再是发展旅游的唯一寄托,在旅游区位和客源市场条件优越的地方建设人造景观得到认可,20世纪90年代深圳建立的"锦绣中华"主题公园的成功运作,更是推动了市场机制下的旅游规划理论研究。多样的市场研究方法也应用到旅游规划中,如利用SWOT分析模型对旅游企业和旅游目的地进行环境分析,利用波特的竞争优势理论进行旅游目的地之间的竞争分析,利用多要素组合矩阵对旅游产品进行分析,利用旅游市场调查对旅游市场进行细分,利用时间趋势外推法、引力模型等来预测客源市场规模等。

(三)形象导向型旅游规划阶段(20世纪90年代)

形象导向型旅游规划是以形象为核心,围绕旅游目的地形象定位而进行的规划。20世纪90年代中期,市场导向型规划逐渐滞后于旅游的发展,旅游市场分析与旅游资源评价没有实现很好的整合,一些旅游规划实质上仍然是就资源论资源,缺乏对旅游资源的市场价值评估,市场分析和资源分析以及资源的市场分析和旅游产品开发相脱节。这一时期,我国学术界开始将企业形象识别系统(CIS)引入旅游地的开发与规划,从而实现了旅游供给与需求的整合,开创了形象导向型旅游规划理论。此阶段的旅游规划注重对旅游地地脉、文脉及市场感应的分析,强调突出旅游地的理念识别系统、视觉识别系统和行为识别系统。旅游规划中提出了一系列旅游地宣传口号、视觉形象设计以及管理、居民、服务和游客形象的树立,促进了旅游地自身建设和对外宣传促销。

（四）生态导向型旅游规划阶段（20世纪90年代后期至今）

生态导向型旅游规划以旅游地的可持续发展为核心，强调经济、社会和生态三大效益同时兼顾，不可偏废。20世纪90年代后期，随着旅游的迅猛发展，旅游开发的建设性破坏和旅游对环境的负面影响开始凸显，"生态旅游"、"绿色旅游"成为潮流，倡导旅游可持续发展的生态导向型旅游规划应运而生。生态导向型旅游规划强调供需系统与环境之间的互动，旅游规划的对象是由自然生态系统、社会系统和经济系统构成的复合系统，核心是对旅游地的自然生态系统和社会文化生态系统的保护，目标是追求经济、社会和生态的综合效益最佳化，实现旅游业可持续发展。生态型旅游规划由传统的"资源"、"客源"、"资源——客源"导向型转向"保护+资源+客源"导向型开发模式，通过对旅游目的地旅游可持续发展能力进行分析和评价来确定区域旅游开发战略。

综上所述，资源导向型旅游规划、市场导向型旅游规划、形象导向型旅游规划和生态导向型旅游规划在规划程序上并没有本质的区别，只是强调重心的转移、分析方法的变化以及研究范围的扩大，各种类型的旅游规划并没有严格的界限。新一阶段的旅游规划理论，不是对上一阶段旅游规划理论的全盘否定，而是批判性的继承。旅游规划实践应对旅游地实际情况进行分析，综合地利用各类旅游规划的思想。

三、我国旅游规划的发展现状

经过20多年的发展，我国旅游规划从无到有，从非专业化到专业化，从不重视到重视，实现了根本性转变，对指导旅游开发建设，保证旅游业快速健康发展，起到了至关重要的作用，但也存在一定的问题。

（一）我国旅游规划取得的成就

1. 政府对旅游规划的重视程度不断加强

政府是制定和实施旅游规划、协调旅游规划与其他规划的领导力量，政府的支持是旅游规划运行强有力的保障。旅游业巨大的经济效益以及随之带来的各种问题使得"发展旅游，规划先行"成为共识。在"把旅游业培育成为国民经济新的增长点"大思想的指导下，各级政府对旅游规划工作空前重视,把编制本地区旅游规划作为政府推动旅游业发展的主要内容,在资金、人员、设备等方面予以切实保障。据初步测算,近年来,地方财政用于编制旅游规划的专项经费达上亿元人民币。一些旅游业较发达或旅游资源富集的省区,如四川、广西、山东、云南等省,优先安排了数百万元专项经费,用于编制省级旅游规划。县市级旅游规划工作发展更快,目前已成为整个旅游规划工作的重点和主体。旅游规划工作已真正纳入国民经济和社会发展规划体系之中,正在为推动地方旅游经济发展,带动社会进步,发挥着越来越大的作用。

2. 旅游规划队伍不断壮大

根据国家旅游局公布信息,截至 2007 年 12 月,我国具有旅游规划甲级资质单位达 17 家,旅游规划乙级资质的 124 家,另外还有若干家具有丙级资质的旅游规划专业机构。从规划人员的年龄和职称看,以中青年为主体,绝大多数具有高级技术职称,有的还是国家级有突出贡献的专家。从规划人员的专业结构看,以地学和工程类专业为基础,以地理学和城市规划学科的专家为主体,以经济学、历史学、社会学、文学、艺术等各方面的专业人才共同参与为特色。从规划机构的组织结构看,核心紧密型和松散协作型并存,后者为主体,形成跨学科、跨专业、跨部门的大联合。从实践效果看,这种组织结构机制灵活,运作高效。总体上,我国旅游规划队伍初步形成了多学科、跨专业、跨部门的复合型技术力量。

3. 旅游规划的管理体系逐渐形成

近年来,国家旅游局加大了对旅游规划工作的管理和指导力度,把制定和推行旅游资源管理和旅游规划建设的法规和标准作为重要工作内容;逐步建立了全国旅游发展区域规划论证会制度;开展了旅游规划编制和管理的专业培训;积极参与了指导重大旅游产品、项目和线路的规划开发;加强了地方旅游规划指导力度,要求各地加强旅游规划工作,把旅游资源与产品的开发纳入行业管理范围。为了加强旅游规划,特别是旅游发展规划的管理,国家旅游局于 1999 年 3 月发布实施了《旅游发展规划管理暂行办法》,从法规高度规范了旅游发展规划的类别与范围、原则与内容、方法与技术、审批程序与权限、规划管理与实施等诸环节,要求旅游开发建设规划应当执行旅游发展规划,旅游资源的开发和旅游项目建设,应当符合旅游发展规划要求,遵从旅游发展规划的管理。同时,为了指导地方更好地开展旅游规划编制工作,规范旅游规划编制的技术内容,国家有关部门制定和颁布了《旅游规划通则》、《旅游资源分类与评价》等国家标准。我国旅游规划已逐步形成了一套规范性和制度性的管理体系。

4. 旅游规划的国际交流快速推进

近年来,我国与世界旅游组织、亚太旅游协会和联合国开发计划署在开展旅游规划培训和编制方面的合作,已从单独的旅游部门行为上升到了地方政府各相关部门的一致行动。一方面,国外旅游规划专家特别是世界旅游组织参与我国旅游规划的编制工作,对提高我国旅游规划水平,带动国内旅游规划队伍发展,借鉴国际经验,推动旅游规划研究与国际接轨方面,发挥着重要作用,尤其是对宣传我国旅游资源与旅游形象,培训国内旅游规划队伍,提高当地政府对旅游业的认识程度和支持力度方面,有着特殊的意义,其影响甚至超越了旅游规划工作本身。另一方面,中外旅游规划专家各有所长,外国专家在对国际旅游市场需求、国际旅游业发展前沿、国外旅游资源开发与产品建设典型经验的理解与运用方面占据优势;国内专家基于对本国国情的体会,对国内旅游者需求特性的理解以及对本土文化的切身体会,形成了自身的优势。理想的旅游规划组织模式应当是中外结合、取长补短和优势互补。

5. 旅游规划质量迅速提高

我国旅游规划在不断总结经验与教训的过程中,质量迅速提高。一是跳出了旅游资源决定论的框架,基本确定了以市场为导向、以产品为中心、以资源为依托的指导思路。二是注重富有创意和文化内涵的形象设计、资源配置及项目安排。三是坚持可持续发展原则,强调旅游业发展与当地经济社会环境发展目标的一致性,与城市规划、环境保护规划、文物保护规划等保持协调。四是规划内容更加完整,形成了一个由表及里、相互连贯、循序渐进的技术线路和规划格局。五是走出单纯描述性阶段,向计量化发展。六是规划内容表现形式日趋精美,规划载体由文本载体向声、光、电的多媒体载体迈进,形成了轻便的、动态的多维规划载体。

（二）旅游规划存在的问题

1. 旅游规划市场混乱

我国旅游规划工作的宏观指导与管理仍属于粗放型，尤其是缺乏有效的市场制约机制。规划主体的市场准入机制不健全，规划人员与规划机构在业务素质、专业结构、工作业绩等方面差别悬殊，旅游部门或旅游企业难以正确地选择规划项目的合适承担方；规划市场的开放度和透明度有待增强，存在竞争无序性和非正当性；规划编制经费没有统一的市场标准，国家也没有制定相应的参考依据，同等类型和同等规模的旅游规划编制费用差别很大；规划方法、规划程序、规划成果等规划编制的技术要求缺乏统一规定，规划人员往往依据自己的专业背景、知识水平、规划经验、个人偏好等因素来选择规划方法，安排规划层次，确定规划成果，虽然体现出各专家特色，但一定程度上也影响着规划的科学性和有效性；规划成果评审鉴定不规范，对评审人员的人数、专业、来源以及对评审表决方式和成果鉴定意见都没有具体规范。

2. 旅游规划人才缺乏

我国旅游规划机构包含了旅游经济、园林建筑、工程建设、历史文化、管理营销等各方面的专业人才，虽为专业旅游规划机构，但专门从事旅游规划的专家并不占主体地位，特别是经验丰富、知识全面、业绩良好的旅游规划专家只是少数，远不能满足我国旅游业发展的需要，旅游规划市场存在明显的人才不足现象。受行政格局的影响，各规划单位分属于不同部门，既有隶属于旅游部门的，也有隶属于城市规划系统的、风景园林系统的，还有院校系统、科研系统的以及文化系统的，隶属于旅游部门的相对较少。隶属于不同部门的旅游规划机构，由于受自身专业背景的影响，造成了规划成果缺乏同一性。

3. 旅游规划理论滞后

当前，我国尚未建立起全面的旅游规划理论体系，旅游理论界局限于对现存旅游规划的认识，没能就优化旅游规划问题展开系统的思考，真正从宏观环境和规划市场去探索和实践，进而提出具有可操作性的编制旅游规划的指导思想、方法和模式。目前，旅游规划大多采用风景名胜区规划和城市规划的模式，造成旅游规划存在种种问题，如主题功能抽象繁杂；项目雷同，缺少创意策划；市场分析简单化、主观化；定量分析教条化;可操作性差。

4. 旅游规划的实施率低

规划实施效果是规划编制成果的实质表现,但目前,在编制旅游规划时,往往对运行机制、保障系统重视不够,造成规划失去依托,无法落实。不少地方的旅游规划,编制阶段大张旗鼓,轰轰烈烈,但规划编制出来以后,旅游规划工作也相应结束。由于规划缺乏可操作性、投资资金来源分析、部门合作问题探讨以及得不到政府的支持等,规划成为案头摆设。如何加强规划实施力度并对实施后的规划进行反馈与修编是今后旅游规划工作的重点。

四、旅游规划的发展趋势

随着旅游规划的不断发展与普及,从现阶段来看,旅游规划的发展呈现如下八方面的趋势:

(一)全球化趋势

随着经济全球化和一体化的发展,国家之间的界限正日渐模糊,不同文化背景的人们之间的交流也日趋频繁,特别是在中国加入了世界贸易组织之后,与世界上其他国家的交往会越来越多。在这样的环境下,旅游规划也必然呈现出全球化的趋势,即在旅游市场的定位、旅游项目的设计、旅游教育和培训等方面注重与国际的接轨。并且,国内的旅游规划学者和专家要培养更加强烈和全面的竞争意识,在国际上与规划工作者开展广泛的合作和交流。

(二)市场化趋势

旅游规划要以市场为服务对象,这是在市场经济条件下人们的一切活动都必须满足的要求,从前那种靠政府进行的规划方式将一去不复返。旅游规划的编制将进一步市场化,规划编制方和委托方要通过公平竞争的方式,公平、公正、公开地走到一起。我国一些地区的旅游规划编制的招标程序市场化程度比较高,如全国首次省域旅游规划《福建省旅游发展总体规划》的编制招标就是在全国范围内开展的,经过严格的评选过程,最终由湖北大学马勇教授主持。市场化趋势会保证所编制旅游规划质量并促进旅游规划编制效率的提升。

(三)产业化趋势

旅游业作为一个高速发展的新兴产业,已经为世人所瞩目。实践证明,旅游业的发展要力求从高起点进行定位,实行适度超前的发展战略。与此相适应,就要求旅游规划应站在一个比较高的层次上来审视旅游规划区的发展问题。只有站在产业的高度,才能真正做到规划的科学性、合理性与可操作性的完美结合。

(四)生态化趋势

旅游业曾经被人们称为是"无烟工业",但并不表示其对周边环境不产生影响,而只是影响的方式有所差别而已。随着世界环境的不断恶化,人们对可持续发展的认识越来越深入,旅游规划作为指导当地进行旅游开发和发展的纲领性文件更要体现生态化的设计理念。近年来,在旅游地的规划和开发中,已经开始重视旅游目的地生态环境(空气、地表水、噪声状况)、污染控制和管理、环保设施建设等方面的内容。保证旅游地在开展旅游活动的同时,注重生态平衡的保持,努力使旅游者的活动、当地居民的生产和生活活动与旅游环境融为一体,以实现保护——利用——增值——保护的良性循环。

(五)战略化趋势

旅游规划的编制关系到旅游区未来的发展方向,是地区经济发展中的一个重要文件,因此,要立足于战略的高度。协调好旅游规划区长远利益与眼前利益的关系,注重长期内旅游区产业竞争力的培植与提升。总体说来,旅游规划的编制应当以特色为战略灵魂、以质量为战略根本、以效益为战略目标、以产业为战略水准,在宏观层面上重视政府主导战略、产品开发战略、形象建设战略、产业融资战略、市场开拓战略和科技支撑战略的综合运用。

(六)创新化趋势

当今世界变化万千,旅游规划的编制同样也要受制于不断变化的环境,如政治环境、文化环境和经济环境等。未来旅游规划的编制要求编制者注重对旅游规划内容和方法的创新性思考。创新性是核心竞争力的一个核心指标,只有不断地在旅游规划的内容上和所使用的技术上进行突破,所编制的规划成果才能具备较强的竞争力。

（七）多元化趋势

旅游规划的多元化趋势是由旅游规划的学科特征所决定的，其多元化趋势表现在旅游规划编制组成员、旅游规划的技术方法和手段的多元化上。旅游规划所涉及方面的综合性决定了编制组成员的多元化，如果仅仅靠一个方面的专家是无法完成一项系统化的规划研究的。旅游活动的社会性又决定了新兴的科学技术必须被不断地引入到旅游中来，所以，旅游规划中使用的技术方法和手段也随着时间的延续呈现多元化趋势。

（八）系统化趋势

旅游规划不是一项独立的工作，它与旅游开发地的经济发展的各方面都有着千丝万缕的联系。例如，旅游规划专家组与本地旅游业界和学术界存在关系、旅游区各利益相关者之间存在关系等。任何一个方面的关系处理不当都不利于旅游规划的制定。所以，旅游规划今后要以系统化的观点进行编制，规划编制每个过程和各个部分之间进行有机地协调和控制，共同完成一个特定的目标。

五、旅游规划的组成要素

虽然旅游规划的主体内容基本一致，但是，不同部门所认定的旅游规划的组成要素也存在一定的差别。

（一）相关部门文件对旅游规划内容的规定

经国家旅游局局长办公会议通过，由国家旅游局原局长何光暐签署的中国《旅游发展规划管理办法》和由国家旅游局规划发展与财务司与清华大学建筑学院联合起草，中华人民共和国国家质量监督检验检疫总局发布的《旅游规划通则》，对旅游规划的基本内容均做了规定。

1.《旅游发展规划管理办法》

在《旅游发展规划管理办法》中，旅游规划应当包括如下基本内容：

（1）综合评价旅游业发展的资源条件与基础条件；

（2）全面分析市场需求，科学测定市场规模，合理确定旅游业发展目标；

(3)确定旅游业发展战略，明确旅游区域与旅游产品重点开发的时间序列与空间布局；

(4)综合平衡旅游产业要素结构的功能组合，统筹安排资源开发与设施建设的关系；

(5)确定环境保护的原则，提出科学保护利用人文景观、自然景观的措施；

(6)根据旅游业的投入产出关系和市场开发力度，确定旅游业的发展规模和速度；

(7)提出实施规划的政策和措施；

(8)旅游发展规划成果应包括规划文本、规划图表和附件、规划说明和基础资料附件。

2.《旅游规划通则》

在《旅游规划通则》中，旅游发展规划的主要内容包括：

(1)全面分析规划区旅游业发展历史与现状、优势与制约因素及与相关规划的衔接；

(2)分析规划区的客源市场需求总量、地域结构、消费结构及其他结构，预测规划期内客源市场需求总量、地域结构、消费结构及其他结构；

(3)提出规划区的旅游主题形象和发展战略；

(4)提出旅游业发展目标及其依据；

(5)明确旅游产品开发的方向、特色与主要内容；

(6)提出旅游发展重点项目，对其空间及时序做出安排；

(7)提出要素结构、空间布局及供给要素的原则和办法；

(8)按照可持续发展原则，注重保护开发利用的关系，提出合理的措施；

(9)提出规划实施的保障措施；

(10)对规划实施的总体投资分析，主要包括旅游设施建设、配套基础设施建设、旅游市场开发、人力资源开发等方面的投入与产出方面的分析；

(11)旅游发展规划成果包括规划文本、规划图表及附件。规划图表包括区位分析图、旅游资源分析图、旅游客源市场分析图、旅游业发展目标图表、旅游产业发展规划图等。附件包括规划说明和基础资料等。

表8-1是相关文件对旅游规划内容的比较。

表8-1　相关文件旅游规划内容比较表

规划管理文件	《旅游发展规划管理办法》	《旅游规划通则》
发展条件和基础	资源条件、基础条件	旅游业发展现状、优势与制约因素、相关规划
发展目标与战略	市场需求、市场规模、旅游业发展目标及发展战略、旅游业发展规模	旅游区客源市场及其结构、旅游主题形象
开发时序和布局	旅游区域重点开发时间序列、空间布局、旅游产品重点开发时间序列、空间布局	旅游发展重点项目及其时序、旅游产品开发方向
产业结构	旅游产业要素结构的功能组合、旅游资源开发与设施建设的关系	—
资源保护	保护原则与措施	
投资分析		规划实施的总体投资分析，主要包括旅游设施建设、配套基础设施建设、旅游市场开发、人力资源开发等方面的投入与产出方面的分析
实施保障	实施规划的政策措施	规划实施的具体要求
其他	成果包括规划文本、规划图标表和附件	

(二)旅游规划内容的主要组成要素

对于旅游规划内容的组成要素及其相互关系，不同的旅游学者有不同的要素分类，但都包括一些基本要素，这些要素包括：

1. 自然、文化和社会经济环境

自然、文化和社会经济环境包括旅游区的自然区位、经济区位、气候条件、历史文化、社会经济、旅游交通、旅游资源条件等。

自然状况包括当地的自然条件、环境质量、自然灾害、气候、植被等。社会状况包括当地的历史变革、民族成分、社会经济、民风民俗等。在规划中,应对最主要的特征部分加以详细的阐述,甚至在某些方面应提供非常具体的材料。例如,社会状况,最基本的要素是历史情况、民族情况、经济发展状况,还应该有各个民族具体的人口数据、人均消费水平等资料,特别是对民风民俗比较独特的地区,应对生活习俗、历史变革等加以必要的分析。

2. 住宿接待设施

住宿接待设施要素一般指旅游者在旅行途中过夜的饭店及其他类型的住宿设施和相关服务。

从宏观角度来看,一个地区旅游接待设施的总体规模和空间布局取决于以下因素:一是市场流量流向;二是当地人口及城市规模;三是旅游资源分布。

从微观角度来看,旅游接待设施的布局应该遵循以下原则:区位布局应方便旅游者的进入;客房及辅助设施兼顾国内外游客需要,做到高中低不同层次结构合理;尽可能利用当地已有的资源、基础设施及社会服务设施;与旅游区或城市的总体规划相协调并与环境及景观特征协调,防止建筑污染。

旅游饭店的规划设计应该尽量为游客享受自然美创造条件,精心选择、利用自然环境,体现自然景观美学特征并努力突出风土人文特色,实现自然美与人工美的交织,并通过建筑形式使旅游者感知旅游区的文化背景、历史传统、民族思想和人文风貌。

3. 旅游吸引物和活动

旅游地主要的旅游吸引物是旅游产品,旅游产品规划通常要求遵循一定的操作性原则,即所谓的有理念、有线索、有格局、有层次的“四有产品开发模式”,这一框架模式对旅游地的形象、文化历史背景、空间结构、开发重点等进行了系统规定。理念即旅游产品理念系统,是旅游发展规划和旅游产品开发的精髓,通过构建旅游产品(吸引物)理念,正确引导旅游产品开发;线索即地区历史文化背景;格局即旅游空间结构;层次即对旅游产品重要性程度的界定,要求凸显重点旅游产品。

4. 交通条件

交通条件是指进入一个国家、地区或开发区的交通设施以及旅游区内连接景点的内部交通系统，包括各类陆路、水路和空中交通设施。

在规划过程中，交通设施规划包括两个方面：一方面是从各主要客源地进入目的国或目的地区的交通系统，另一方面是目的国或目的地区内部的交通系统。交通设施的规划一般根据市场分析和旅游接待量预测、逗留时间、季节性及在当地可能的旅游活动，规划未来旅游客流对交通系统的需求量。

5. 基础设施

除了交通，还有其他一些重要的基础设施，包括供水、供电和垃圾处理、排水和通信等。

基础设施的规划要根据规划类型而定，一般的区域旅游规划，不需要详细计算旅游对其他基础设施的需求，但要了解整体基础设施的现有水平和近期内发展水平。目的地旅游规划和景点旅游规划包括基础设施选址、规划标准和工程设计等。

6. 其他设施和服务

其他设施包括旅行商、餐厅及其他类型的餐饮供应设施、手工艺纪念品及特殊商品零售店、便利店、银行或货币兑换处等金融服务设施、旅游信息处、医疗服务设施、警察和消防等公共安全设施以及出入境和海关管理服务设施。

服务项目包括服务种类、服务方式。服务种类应当丰富多样，具有地方民族特色；服务方式要唯我独有，以便给游客留下深刻的印象。

7. 社会因素

社会因素包括旅游开发和管理所需的机构、人力资源规划和教育培训计划、营销战略和促销计划、公共和私营旅游部门的组织结构、旅游相关法律法规、公共和私营部门投资政策以及经济、环境和社会文化的影响控制。

根据旅游资源的特点、旅游项目创意和对旅游业竞争态势的分析，旅游规划组成要素包括：旅游产品和活动、住宿设施、其他旅游设施和服务、交通设施与服务、其他基础设施、社会因素。

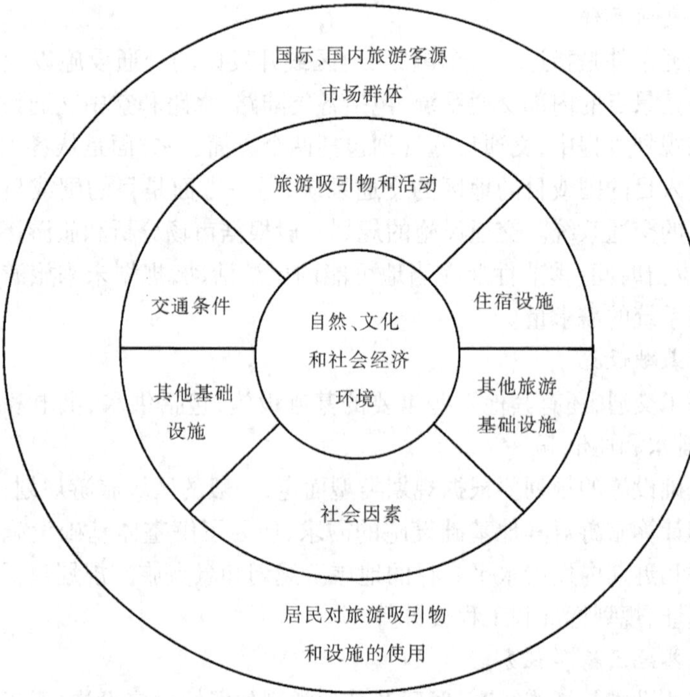

图 8-1 旅游规划的组成要素图

注:摘自张凌云译,爱德华·因斯克普著.旅游规划——一种综合性的可持续的开发方法.北京:旅游教育出版社,2004。

六、旅游规划的编制程序

总结上述观点及多种类型的旅游规划实践经验,可以认为,旅游规划是由许多步骤构成的一个完整的决策系统,程序大体分四个阶段:规划准备阶段,方案编制阶段、方案的优选与实施阶段、规划成果保障阶段。

旅游规划的总体框架结构是对旅游规划的程序和核心内容的高度概念化和层次化。旅游规划涉及的内容繁多,但编制过程总体上按循序渐进、不断反馈、反复调整的工作顺序进行,形成一个动态循环的工作流程。该工作流程的主要结构,可用图 8-2 表示。

(一)规划准备阶段

规划准备阶段主要内容包括工作准备和资料收集两个部分。

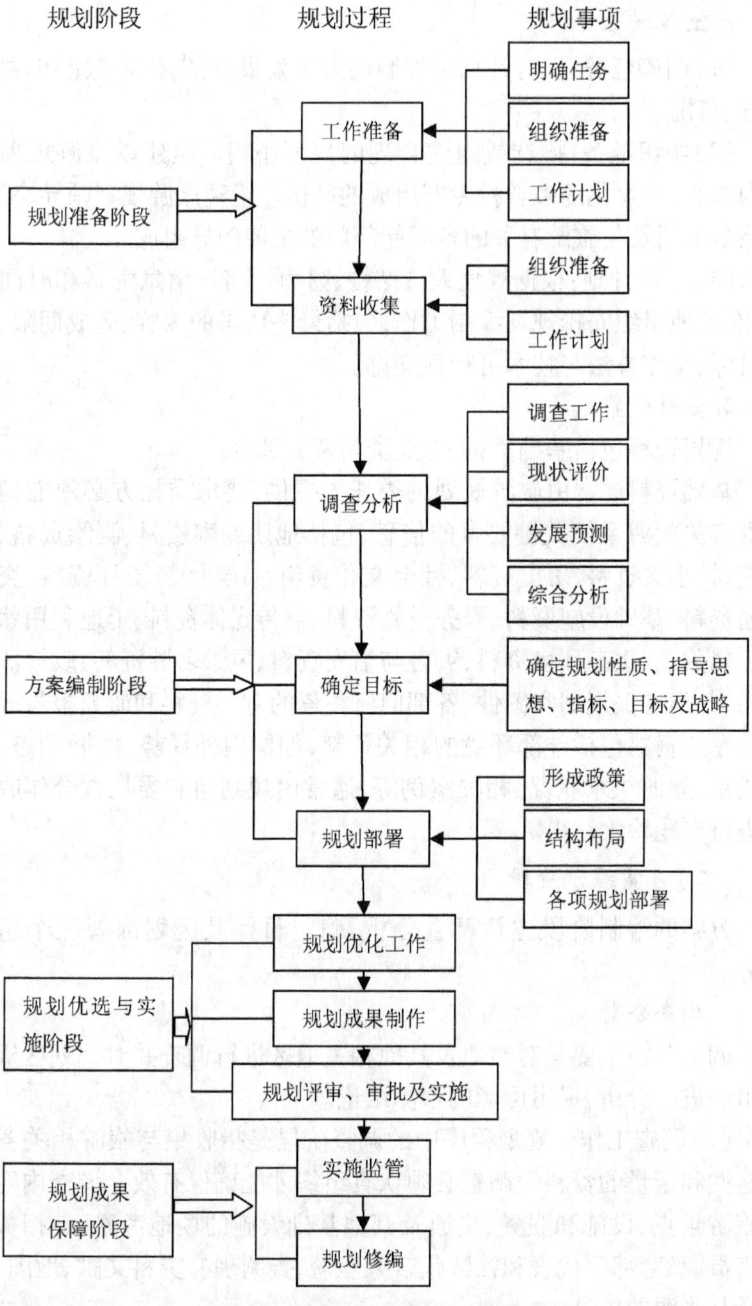

图 8－2　旅游规划编制程序框架图

1. 工作准备

(1)明确任务:以有计划可控制的方式发展旅游,确定旅游规划的任务、范围。

(2)组织准备:挑选或组建合理的规划小组。组建以旅游规划专家为核心,专业化的多学科专家组成的队伍。组建旅游规划领导小组,由旅游部门及与旅游有关的各职能部门的主要领导组成。

(3)工作计划:根据规划人员结构、财力、设备、信息资料和时间条件,有效地组织安排规划编制工作,包括最终成果的内容、完成期限、阶段目标、操作方法与技术可行性安排。

2. 资料收集

规划资料包括基础资料、专业资料两大部分。

基础资料通常由旅游规划的委托方提供,要求委托方必须准确地提供有关旅游系统关键要素的信息,包括地质勘察资料、测绘资料、气象资料、水文资料、历史资料、社会文化资料、社会经济统计资料、交通运输资料、基础设施资料、服务设施资料、宣传媒体资料、土地利用状况与权属关系、生态环境资料、灾害与治安资料、风景名胜资料、政策法规资料、各类有关规划和图件、各部门所积累的有关资料和研究报告等。

专业资料包括外部环境的相关资料,如国内外局势、发展动态、研究成果、旅游供求状况、相关案例等,通常由规划组和委托方合作收集或进行专题检索获得。

(二)方案编制阶段

方案的编制阶段包括调查分析、确定目标及规划部署三个组成部分。

1. 调查分析

调查分析主要是对当地及其他相关地区进行调查并对规划区资源和市场进行分析,提出可能的预测结论。

(1)调查工作。规划程序中的调查阶段是指收集与旅游相关各方面定性和定量的资料。调查必须认真组织才能确保有效。调查内容包括旅游景点、设施和服务、交通及其他基础设施的场地考察,与相关政府官员、私营部门代表和社区代言人座谈,查阅现有资料文献、地图、数据及其来源的信息。

要重视获得信息的真实性和连贯性，通过与当地人，包括私营部门和社区组织的讨论往往能获得重要的启示。了解准确的情况，做出实事求是的评价，对当地旅游景点、设施和服务及基础设施的实地考察有着不可替代的作用，实地考察最好是工作组所有成员一起工作，以便能使各方面专家充分交换意见，了解各专业学科之间的关系。由于旅游产品与市场密切相关，市场专家一定要进行旅游景点、设施和服务的实地考察。

除了场地考察和资料查阅，有时还需要做一些特殊的调查。例如，进行针对旅游者的调查，了解他们的结构特征、消费模式、旅游活动安排、对当地旅游产品的满意程度。作为市场调查的一部分，有必要对经营海外旅游的旅行社和航空公司进行访问，了解他们及其客户在旅游方面的经验和意见。如果缺乏一些重要的资料，应在规划之前进行一些专项调查和项目勘测。

由于规划区域的面积和类型不同，调查所需要的时间、专业人员、后勤保障和计划协调的工作量都有所不同，如果对不太容易进入的地区进行调查，尤其要考虑这方面的耗费。

(2)现状评价。其主要包括市场评价、资源评价、开发状况评价、产业结构评价、管理机制评价、已有规划与政策的实施情况评价。

(3)发展预测。其主要包括考虑旅游者到达该地区所需的时间和花费能力并与竞争地的情况做比较，确定旅游者种类及数量，做出现实旅游需求分析与预测。这是对经济规模、服务设施和基础设施建设、劳动力需求预测以及经济、环境和社会影响评估的前提。旅游者消费兴趣和消费习惯的变化非常重要，必须充分借助有关调查和研究，及时捕捉市场的需求变化。

(4)综合分析。综合分析阶段是旅游规划的核心阶段，是对数据、资料和信息分析的阶段。对调查所得的信息必须进行认真地量化和定性综合分析。综合分析包括对与各类旅游景点和旅游市场类型、范围有关的各种要素的分析，还要包括对自然、社会和经济要素的关联分析，如确定游客承载力以明确整个国家或地区的总体旅游发展上限；对当地社会经济发展规划、城市规划和其他相关规划的关系进行研究并研究旅游发展政策、管理机制。在客观、全方位把握现状的基础上，通过优势、劣势、机会、风险分析,确认目前所具备的优势与可能、劣势与阻力。

综合分析的一个重要类型是找出旅游开发区的主要机遇和问题或发展瓶颈,这种对机遇和制约的分析是未来旅游发展决策的基础。综合分析是规划的一项重要任务,需要一定的时间和专业资源的投入,但分析的深度和质量在很大程度上取决于调查数据的准确性和适用性。

2. 确定目标

目标指发展旅游业所期望得到的结果,一般是指旅游所带来的各种社会、经济、生态利益及一些其他考虑,如减少对环境和社会文化的影响等。

规划区域的旅游发展目标决定着旅游的政策和规划,因此,发展目标应经过详细探讨之后才能确定。目标应在项目开始之初就确定下来,因为它将直接影响到调查分析的方式和政策、规划的制定。最初确定的目标是暂定目标,如果调查分析和政策制定的结果与最初的目标相矛盾,说明原定目标有不现实的问题或目标之间有相互冲突的问题。例如,目标之一可能是要使旅游经济效益最大化,而另一个目标是使环境和社会文化影响最小化。这两个目标有时可能不能同时实现。

分析后,要再次明确目标是否能实现,因为此时目标中的一些矛盾之处会显现出来。如果发现有些目标不可能实现,可以准备一份备选目标供政策制定者参考并做出最终规划和目标决策。如果有些目标制定得很不现实,就需要对目标进行调整或对是否发展旅游进行重新评估。

旅游目标应与国家或地区现行的总体发展目标相一致,不过有时也会因旅游发展目标的需要而对总体发展目标进行调整。

确定目标的工作包括:

(1)确定旅游区性质。旅游区的性质,指规划范围内的旅游业在国民经济和社会发展中所处的地位和作用以及该区域在区域旅游网络中的分工和职能。

现状定位、理想定位等进行旅游区定性,可以反映旅游区发展的方向。只有定性准确、明确,才有可能确定合理的规划依据和评价标准。旅游区定性一般通过上级确定、当地政府确定、开发商确定、规划确定等方式来进行。

(2)确定规划指导思想。指导思想是规划工作的方针,一般是对宏观政策、社会价值观、科技发展、经济发展等客观条件综合分析的反映和理性认识。

(3)制定规划目标。制定目标即确定旅游区发展的预期方位。该目标无论由谁、由何种方法确定,均需在规划范围内根据实际情况进行市场可能性、资源承受性、社会接纳性的检验。旅游发展目标必须综合平衡经济、环境及社会要素。

(4)选定发展指标。发展指标反映了发展的具体坐标。它将定性、概略和抽象的规划目标具体化为一组量化的技术数据。发展指标初步确定后,通常在规划编制过程中依据所反馈的信息加以斟酌变动。

(5)制定规划战略。根据现状定位和理想定位所提出的发展任务、总体目标和具体指标,在全面综合分析优势与可能、劣势与阻力的基础上,研究、选择和制定发展方针、战略举措和发展模式。

3. 规划部署

(1)形成政策。选择最佳的发展政策并加以完善。有关的利益集团,应参与选择最适宜的政策,了解他们选择的原因,为政策的制定奠定坚实的基础。

国家或地方旅游政策包括专项旅游政策和相关旅游政策。专项旅游政策是一个国家或地区发展旅游业的专门政策,常与旅游业发展总体目标有关。在西方国家,旅游的政策目标通常包含四个方面的内容,即经济目标、社会目标、环境目标和政府职能目标。相关旅游政策是指政府部门制定的与旅游业有关的政策。虽然这些政策不是专门针对旅游业制定的,但对旅游业的发展有很大影响。例如,制定旅游规划时不能不考虑出入境政策、文物保护政策和涉及娱乐等活动的政策,这对旅游业有很大影响。

(2)结构布局。依据规划目标、战略和政策,对旅游系统进行结构性调控,推动旅游系统结构向特定的方向变换,以满足旅游系统合理发展的要求。

以规划目标为中枢,通过结构布局,解决条条和块块的矛盾、保护与开发的矛盾、规模与承受力的矛盾、重点与一般的矛盾、近期与远期的矛盾，建构各部分的协同关系。

(3)各项规划部署。各项规划部署是旅游规划的主体。通过对旅游客源市场的分析，确定旅游系统的主体消费市场；通过旅游产品(经历)体系规划，建构起旅游系统运行的主体结构；通过支持体系的规划，将本地社会经济体系中已有的服务设施、基础设施，提升到支持旅游系统合理运行的水平；通过保障体系规划，使原本保障本地社会发展、经济发展的组织体系，提升到能保障旅游者的需求水平(一般均高于或远远高于本地原有水平)。旅游规划应包括下述专项规划：

①旅游产品体系规划。包括旅游项目策划、游览体系规划、娱乐体系规划、接待体系规划、旅游线路组织规划、信息与营销策划。

②支持体系规划。包括土地利用规划、道路交通规划、基础设施规划、投资分析与资金筹措、劳动教育科技规划。

③保障体系规划。包括容量规划与旅游流调节、安全防灾规划、生态环境保护规划、文化保护与社会发展规划、旅游管理机制规划。

在实际规划过程中，规划工作组一般分为综合组、专题组、专项组。综合组的工作主要是在综合分析的基础上，提出规划目标、总体部署、结构调整和综合平衡方案。专题组主要调查、研究、解决本旅游系统的关键性难题。专项组主要调查、研究、编制部门或专项规划，通常由专门的技术专家承担。

各项规划部署必须将总体的、远期的规划目标逐层分解，落实到各部门专项规划之中，不断进行反馈校正，分析执行过程中可能出现的影响、冲突，直至与现行政策法规、相关部门规划及周边地区规划相协调。

(三)规划优选与实施阶段

此阶段主要包括规划优化工作、规划成果制作和规划评审与审批三部分。

1.规划优化工作

规划草案完成后，要在征询各方意见的基础上，根据规划目标，考虑成果的有效性、技术的可行性、经济的可能性、布局的合理性、时间的有限性等，对方案进行系统分析评价。同时，要进行各系统之间的综合平衡、协调与规划优化工作。在优化过程中，可以选择一些评价方法及评价指标，确定最合理的方案。

在规划草案编制的过程中,规划编制双方应组织专家对规划草案进行中期评估,审查草案是否达到规划编制的要求,若未达到规划要求,需按照中期评估意见进行修改。

2. 规划成果制作

由规划编制人员制作正式的旅游规划成果。规划成果分为规划文件和规划图纸两大部分。

规划文件包括规划文本、规划说明书和基础资料汇编三个组成部分。规划文本是对旅游规划的目标、战略、规划内容所提出的规定性文件;规划说明书是对规划文本的具体解释;基础资料汇编收录在规划编制过程中汇集整理的基础资料、技术数据、调查统计资料、计算过程、专题研究报告等。

规划图纸的比例、内容分项、绘制手段、绘制精度,可视规划阶段、规划类型及实际需要而定。但是,勘察测量图件必须符合勘察测绘主管部门的有关规定和质量要求。

3. 规划评审与审批

完成旅游规划评审稿之后,由规划委托者聘请有关的专家组成规划评审委员会,对规划的结构完整性、内容科学性以及可行性等进行评审,最后提出规划评审意见。若规划方案被通过,应根据评审委员会的建议加工修改,以形成最终的规划文本并被政府、人大审批,成为地方性旅游发展的法规性文件,指导规划期内当地的旅游发展;若未通过,则由原规划组或聘请新的规划小组重新规划。

(四)规划成果保障阶段

此阶段主要是对规划成果进行监管和修编。

1. 实施和监管

规划程序中的重要步骤是规划的实施和监管。在实施之中和实施之后要对旅游发展情况进行监控以确保能按规划实现目标,同时不会产生经济、环境或社会文化方面的负面问题。一旦发现问题,要立即采取补救措施,把旅游发展进程拉回到规划限定的轨道上来。

旅游规划审批以后,对规划成果需要设置一系列保障措施。要使合理的旅游发展成为现实,必须进一步通过行政、经济、法律、技术等手段实施旅游规划,这是旅游规划这个整体过程中最有价值的组成部分之一。

2. 规划修编

在规划实施过程中,规划编制组还要根据实施反馈意见对旅游规划内容进行调整和修正。一段时间以后,随着旅游区旅游业发展及当地实际情况的变化,规划的内容不再能满足当地的需求,即要进行旅游规划修编。

第二节 区域旅游规划

一、区域旅游规划概况

所谓的区域旅游规划,是指在全国、省、市、县等不同行政范围内编制旅游事业发展的总体规划。有时,规划区域可能跨越若干行政区域,或者比一个县的范围更小些。其任务包括:研究确定旅游业在区域的国民经济中的地位、作用,提出旅游业发展目标,核定旅游业的发展规模、要素结构和空间布局,安排旅游业发展速度,为旅游业健康发展提供有效支持系统。

从空间来看,在规模范围内,旅游吸引物、设施或服务仅仅在规划区域内的空间或土地利用上占有一定的份额,而不是全部或大多数份额,也就是说,旅游功能在空间上是不连续的。反过来讲,在功能上,规模区域内的土地只有一部分为旅游功能用地,其他土地则为非旅游业用地,这也表明旅游功能在空间上的不连续性。区域旅游规划的主要任务,在于抓住旅游业的核心问题,按照旅游业持续发展的思想,用大旅游观念看待旅游业产业体系,将国际旅游、国内旅游和当地居民的休闲游憩活动视为完整的市场系统,构筑区域旅游产业板块,将众多旅游相关产业纳入政府"大旅游管理"体系,制定具有可操作性的发展规划,为区域经济和社会的发展提供决策支持和政策保障。

区域旅游规划按照详细程度和当地旅游业的成熟程度可以进一步分为区域旅游发展战略规划(Strategy Planning of Regional Tourism Development)、区域旅游发展(开发)总体规划(Master Planning of Regional

Tourism Development)和区域旅游活动管理总体规划(General Management Planning of Regional Tourism Activity)。

区域旅游发展战略规划,是由各级政府计划部门和旅游部门单独或联合编制的“五年计划”,这种计划简明扼要地提出当地旅游业发展的目标、指标、要素计划和政策支持等内容,对当地旅游业的发展具有战略指导意义。

区域旅游发展总体规划是区域旅游规划最为常见的一种类型。这类规划的特点是涉及的内容复杂、技术上有较强的专业要求,规划时限也较长,因此,通常是由政府部门委托专业的规划机构来完成的。

区域旅游活动管理规划与前两种规划不同,它是对旅游业发展得比较成熟的地区所做的规划。这类地区旅游业开发较早,现已处于开发后期,其规划的重点是提高现有旅游业的管理水平和服务质量,实现当地旅游业的持续发展。例如,美国大峡谷公园的管理规划,为公园的资源管理、游客对资源的利用以及其他事业发展提供了 10 ~ 15 年的规划指导。另一方面,希望鼓励开展周边地区的旅游活动,以减轻公园本身的旅游压力。

对于区域旅游发展规划,保继刚、楚义芳认为,应首先根据旅游资源价值高低、区位条件优劣和区域经济背景好坏,将区域旅游发展划分为 4 种类型,对不同类型的区域采取不同的开发措施和发展规划。如表 8 -2 所示。

表 8 -2 区域旅游发展规划类型表

序 号	资源基础	区位条件	区域经济背景	主要发展策略	范例
1	★★★	★★★	★★★	全方位开发	北京
2	★★★	★★	★	国家扶持,适度超前开发	张家界
3	★★★	★	★	保护性开发	丽江、九寨沟
4	★	★★★	★★★	恢复古迹或人造高级旅游资源	深圳、武汉

注:★★★为优等,★★为中等,★为差等。

二、区域旅游发展规划的基本模式

区域旅游规划的基本模式:确定一个发展目标,进行两个基本分析(旅游市场分析与旅游资源分析),设计三个发展板块(旅游产品与项目、相关行业与服务、物质环境与社会环境),构建一个支持系统(规划的管理和支持保障措施)。

(一)确定一个发展目标

区域旅游规划的编制,其作用在于用它来指导、规范今后相当长一段时间内,政府对旅游事业发展的宏观管理和科学决策,以实现规划时期和规划期末的具体目标。这一目标的确定,将决定旅游业的产业地位和发展速度,是整个规划都要围绕展开的核心中的核心,是旅游发展的纲领性指标体系。世界旅游组织(WTO,1994:22-24)指出,旅游发展政策形成阶段应该考虑的问题包括:发展旅游的原因(经济的、社会的和环境的);旅游发展的形式,准备吸引的国际与国内市场的类型;旅游发展是否仅仅考虑市场规模和经济效益,抑或是仅仅开发符合环境和社会要求的旅游形式;容忍的旅游开发强度;旅游发展的速度;政府和企业在旅游发展中各自扮演的角色;环境保护、文化保护和可持续发展问题;主要开发的区位及开发的分期。我们这里确定发展目标这一过程也包括相应的形成旅游发展政策的内容。

虽然目前旅游发展规划往往以经济目标为核心,但作为区域发展的一个重要组成部分,社会目标和生态目标也是区域旅游规划所不能忽视的目标。

总体而言,区域旅游规划的目标包括总体目标和分目标两个部分,总体目标提出规划期末规划地区希望实现的综合地位,分目标则分别就旅游活动的经济、社会和环境影响提出需要实现的蓝图。

(二)进行两个基本分析

在确定了发展的目标之后,应该就怎样实现这些目标提出操作性的方案和行动计划。但要做到这一点,首先应该对旅游市场和旅游资源进行仔细的调查研究,这是一项十分必要的基础工作。较长一段时期以来,为数不少的区域旅游规划往往在资源调查与一般性评价方面花费大部分时间、精力和文本篇幅,成为旅游资源和景点现状的描述与堆砌,而对规划的主体部分产品开发和选择则往往不能准确分析。这是规划人员,尤其是地理学家出身的规划者应该注意克服的倾向性问题。当然,任何一个好的区域旅游规划都必须建立在对旅游资源深入了解的基础之上,那种完全不调查资源现状,仅靠有限的市场分析来进行规划方案编制的方式,同样难以达到完善的境界。

无论是市场还是资源,其调查分析都分为表层分析和内层分析两个层面。对于市场研究来说,需要首先分析区域面对的旅游市场,为旅游资源开发和项目策划提供第一标准。针对客源市场,一般以过去的统计数据和按照规划需要专门设计的问卷调查所得数据为基础,研究规划区域当地、国内、海外三大客源市场的特征,预测客源市场流量规模。

市场的内层研究,通俗地称为“定调子”,就是通过对区域地方性和游客对区域感知的调查分析(受众调查),设计区域旅游发展的主旋律,特别是要提出富有创意、语言生动、朗朗上口的宣传口号。这一调子确定以后,对内,要紧紧围绕该主题进行资源开发和吸引物建设;对外,要采取各种措施进行区域旅游的整体营销,使潜在市场转变为真实的客源市场,以市场需求为导向编制发展规划。

对于资源研究来说,其表层的内容就是对各类旅游资源现状进行调查、评价;其内层的内容就是对旅游资源的进一步开发和利用进行综合功能配置,构架空间网络,布局重点开发地段。从供给角度对旅游资源进行调查和评价,其重点是进行将旅游资源开发为旅游产品的适宜性评价,即产品化研究,而不在于对资源本身的研究。此外,要对周边及相关地区的资源开发和旅游产品市场进行调查分析,摸清区域竞争态势,据此确定今后资源开发利用的方向。研究旅游区所在的区位条件和社会经济背景有时是一种特殊的资源,对旅游发展规划有不可忽视的作用。例如,北京是中国首都的政治地位、上海位处江海交汇处的区位优势、胶东半岛与日、韩两国相邻的区位优势等,都对当地旅游发展产生了重要影响。

资源的内层分析,可以通俗地称为“定盘子”,就是从空间角度确定资源的利用和布局规划。在以往的规划实践中,由于规划专业人员考虑不周、当地政府官员个人意志等种种原因,在整个区域旅游发展布局上出现类似重复建设、主题单一、产品简单等问题。我们认为,在开发布局中,不能仅仅依赖旅游资源的赋存情况就贸然决定开发,一项资源是否可以布局为开发对象,除了评价其本身的品位外,还必须分析其与市场的距离、可达性、同类产品是否供求平衡等一系列相关问题。

表 8-3　旅游市场和旅游资源的表层和内层分析内容表

层次 要素	表层内容	内层内容
市场分析	需求方:国际、国内、本地客源市场的数量和特征的历史回顾、现状分析和未来预测	定调子:区域旅游形象设计与传播、旅游目的地的营销与宣传
资源分析	供给方:根据某种分类方案和评价指标,对区域旅游资源进行调查和评价,特别是资源转化为产品的适宜性评价	定盘子:旅游资源开发的空间布局规划、重点资源开发与保护地段的选择、旅游线路设计

资料来源:吴必虎. 区域旅游规划原理. 北京:中国旅游出版社,2001。

(三)设计三个发展板块

在分别对市场和资源进行分析评价的基础上,接下来要做的工作就是要提出今后旅游发展的各种规划方案或政策措施。其主要包括 3 个板块的内容,第一板块为吸引板块,它是指直接吸引旅游者前来参与旅游活动的旅游吸引物,即狭义的旅游产品和开发项目;第二板块为服务板块,它是指为前来的成游者提供各种旅游服务,包括交通、住宿、餐饮、娱乐、购物等服务的旅游相关行业、设施和服务;第三板块为环境板块,它是指旅游区内外的物质环境和社会环境。这 3 个板块层层紧扣、相互依存,构成了区域旅游发展的主要支撑,见表 8-4。

表 8－4　区域旅游发展规划方案的吸引、服务与环境板块表

规划＼任务 内涵 规划内容	吸引板块 吸引物及项目	服务板块 相关行业与服务	环境板块 环　境
空间安排	★	★	★
时间安排	★	★	
政府投资	★		★

资料来源：吴必虎. 区域旅游规划原理. 北京：中国旅游出版社，2001。

三大板块的研究实际上就是为旅游管理部门提供具体的规划方案和相关政策建议，它包括旅游产品开发、重点项目选择、旅游行业规划、旅游接待设施规划、旅游直接相关基础设施规划、旅游者出行服务规划等。它实际上是最直接面对管理者、最具可操作性的规划内容。其告诉旅游管理部门应该做什么、如何做。三大板块的内容实际上相当于世界旅游组织所说的旅游规划的结构规划的主要内容，包括：发展的目标和政策；主要吸引物的类型和区位、现有接待设施以及规划的接待设施与其他旅游设施的类型与区位、现有和已经规划的交通设施及其他重要基础设施如给排水设施的区位、总体的环境、土地利用、土地占用情况、资源、社会和经济分析与综合，实际上包括了规划的影响研究。

吸引物和项目是区域旅游发展的核心要素。吸引物包括各类景区景点以及各种活动、节事。规划中要研究重点开发哪些类型的旅游产品最能体现区域的地方特色并能获得最佳的经济、社会及环境效益；然后，有选择地研究在已确定的产品类型中究竟开发哪些重点项目，以期推动整个区域旅游业的持续发展。

旅游相关行业、设施与服务是吸引物的配套内容。当区域内旅游资源开发为狭义的产品（吸引物）后，旅游业的开发组织需要依赖各种企业、机构的执行，依赖于多种直接相关行业和间接相关行业、设施和服务，涉及旅游者的出行、入住、餐饮、购物、娱乐等多种需求的满足。

旅游业对优美舒适的环境有着强烈的依赖。舒适宜人的社会软环境和自然硬环境必须通过政府的努力建设来完成。通过对市民的旅游意识教育和从业人员素质培训，提高人文环境的质量和社区的旅游好客度；结合环境保护部门的专业规划，针对旅游开发对环境的影响，设

计出消除负面影响的基本措施;通过对旅游环境承载力的研究计算,规定旅游开发项目的形式、类型和规模;通过对旅游灾害的认识及现状调查,预测未来旅游业发展中可能出现的灾害性因素及强度并设计出有针对性的防治措施。

应该指出的是,上述内容虽是政府管理部门最感兴趣、最具操作性的部分,但它们是在前述市场与营销、资源与布局等研究基础上得到的。没有前面的奠基性工作,就不可能得到科学、理性的规划方案和相关政策建议。特别是产品、服务等的规划设计必须紧紧扣住旅游形象设计和旅游空间结构等方面的内容,才能实现旅游业稳健而活跃、和谐而不同的可持续发展目标。

(四)构建一个支持系统

上述三个板块的规划方案能否得到有效的实施,有赖于规划的管理和支持保障措施的落实。规划方案及政策的施行,将会对规划区域的社会、经济、环境等各方面带来影响,采取何种政策和措施控制这些影响,也是需要加以监测和管理的问题。在规划文本中,需要考虑如何从政府管理角度对上述旅游发展规划方案及其影响进行有效管理,提供相应的政策保障。这些支持系统的内容包括政府管理与政策、法规、人力资源、投资金融、社区支持、科技保障等。

第三节　旅游地的规划

一、旅游地规划概述

旅游地规划,属于旅游开发规划,是具体的建设规划。旅游地规划的内容包括:当地的自然社会状况、同行业的状况、规划范围、规划依据和原则、旅游资源状况与评价、客源市场分析、旅游项目创意、旅游环境保护、基础设施规划、交通规划、绿化规划、服务项目规划、效益分析、规划图件。

大多数旅游地规划都由总体规划与专项规划两部分组成。总体规划包括旅游地资源评价与区位分析;市场分析;目标制定和战略部署等

宏观内容。专项规划则包括很多具体的内容,具体有:

(1)旅游产品体系规划。其包括旅游项目的策划创意、游览观光体系规划、娱乐体系规划、旅游线路组织规划、旅游接待体系规划、形象与营销策划等。

(2)旅游支持体系规划。其包括土地利用规划、旅游交通与道路规划、旅游服务设施规划、基础设施规划、劳动教育与科技规划、投资效益与资金筹措等。

(3)旅游保障体系规划。其包括容量规划与旅游流调节、环境保护与生态保育规划、文化保护与社会发展规划、安全防灾规划、市场管理规划等。

对不同的旅游地,由于其资源特点和市场特点不同,其规划的侧重点也会不同,上述内容不一定都会涉及。

二、旅游地规划的指导思想

在实际的旅游地规划中,规划者还应有以下的指导思想:第一,旅游地的规划属于社区的规划。这种规划更强调景点、服务设施的建设设计,而不是宏观的发展战略和中观的规模经济效应。第二,旅游地的规划要以旅游资源为基础,旅游资源的开发利用保护是旅游地规划的出发点和归宿点。第三,旅游地规划要充分考虑基础设施的建设、设计和实际布局情况。第四,旅游地的规划还要充分考虑社区居民的经济和社会利益。

三、案例

韶石山生态旅游区规划

由中山大学保继刚、楚义芳教授(2000 年)主持编制的韶石山生态旅游区规划,贯彻了可持续发展和生态旅游的基本原则,强调了经济效益、生态效益和社会效益三者的结合,采用的规划技术和方法比较先进全面,是国内旅游地规划中水平较高的一个。

韶石山是粤北历史名胜、曲江著名风景区。规划内容如下。

1. 景区现状分析

(1)自然和历史人文特点。从旅游业的角度来看,韶石山的自然和历史人文特点可以归纳为如图8－3所示。

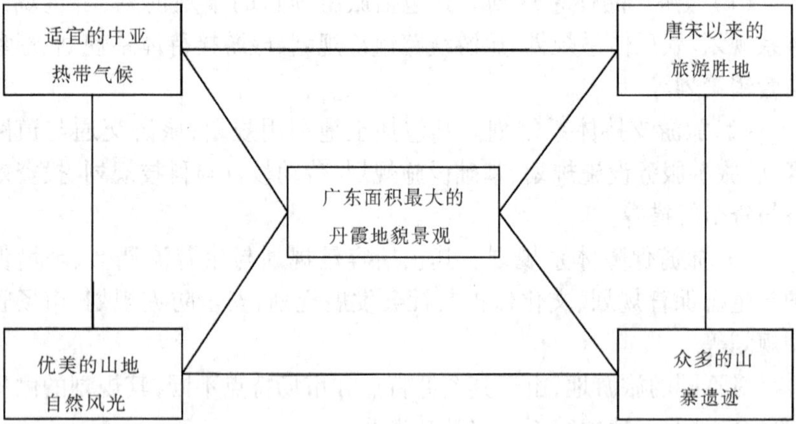

图8－3　韶石山自然和历史人文特点示意图

（引自保继刚、楚义芳等著《旅游规划案例》）

(2)景区资源条件分析。韶石山景区内的自然资源在独特性、规模度、组合条件、积聚度、利用价值等方面均有比较显著的表现，具有独特的开发价值，各类资源的开发潜力均较大，有着比较明显的后发优势。此外，景区内部各个大类和小类资源的组合呈现一种积聚式的面状分布，特别是风景资源的分布特点鲜明，使得有可能在旅游产品的空间组合上，既能进行集中式的点状开发，又能进行相对分散的线状和片状开发，有利于景区内部功能分区的合理组织。最后，近期内各类自然资源的多重性均比较显著，特别是风景资源，无论在结构层、种类层，还是在形态层，都有比较合理的配置，从而使得旅游产品的开发可能实现完美的结构和合理的层次。

(3)资源开发利用分析。韶石山开发旅游的优势是地理环境条件优良和社会经济条件较好，但它没有特点突出的资源依托和成熟的客源市场支持，仍需加强旅游发展大环境的营造。根据景区资源条件，韶石山景区资源的开发方向是以风景资源为核心，以不同资源为依托，开发不同品种系列和空间组合的旅游产品，通过资源创新，形成景区可持续发展局面。

旅游开发韶石山的利弊分析及相应对策，如表8－5所示。

表8-5 韶石山旅游开发的利弊分析及相应对策表

影响	有利方面	弊端问题	对策分析
社会文化影响	使韶石山再度繁荣；提高曲江的知名度和美誉度；使居民的精神文化生活得到丰富；使居民热爱家乡、建设家乡的意识得到加强；使曲江的社会、政治、经济等方面获得整体的发展	引起本地文化资源的破坏；使本地文化价值受到削弱；使本地传统价值受到同化；导致本地居民的正常生活秩序受到影响；争夺本地其他产业及生活用地、相关资源	进行旅游开发的社会文化影响评价；采取相应对策提高旅游开发的社会文化效益；对参与韶石山开发的人员进行有针对性的社会文化教育
经济影响	增加就业人数；带动曲江全县经济发展；增加个人、相关企业和政府的收入；使曲江县的基础设施和服务设施得到改善	使经济结构出现畸形；收入不均，造成居民之间生活水平差距拉大；县内旅游景点可能出现激烈竞争，造成旅游市场秩序混乱	建立适应市场经济要求的景区管理体制；利用市场调节旅游市场；提高宏观调控程度，避免出现相关的不稳定和混乱
环境影响	提高环境利用的价值；增加资源和环境保护的资金投入和保护力度	基础设施破坏环境；旅客活动造成环境的污染和破坏	对景区实行容量控制；搞好生态保护和生态建设；实行可持续发展战略

(4)土地利用分析。在景区规划范围内，土地利用的现状具有“结构简单、易于调整”的特点，现有用地空间布局结构清晰、界限分明，为景区规划用地的布局提供了较好的条件。从用地现状和规划趋势分析，土地利用的矛盾并不突出。

(5)景区生态、环境、社会与区域因素分析。景区所在的曲江县生态环境状况良好，风景资源环境优越，当地民风淳朴、社会稳定，当地居民对韶石山的开发利用有着强烈的要求和期盼。此外,景区所在曲江县有良好的社会经济联系,区位条件较好。

2. 风景资源评价

首先,自然和人文风景资源均较为丰富;其次,自然和人文风景资源结合较好;再次,景观组合较佳:以奇、雄、险、秀、幽而著称于世的丹霞地貌,再加上岩庙、山寨、石刻、岩画等人文景观,使整个景区具有较高的美学旅游价值;最后,景点地域组合良好,为游憩空间的合理化提供了基础。总之,韶石山生态旅游区是广东省丹霞景观面积最大、自然景观保存完好、人文历史较为悠久、可开发内容丰富、开发利用价值和潜力巨大的自然风景旅游地。

3. 景区范围、性质与发展目标

(1)景区范围和界限。韶石山生态旅游区的范围界定为包括韶石山及其周围村落、河流在内共计96.52km^{2}的地域,其中,列入开发的景区面积为20.47km^2,外围保护面积为76.05km^2。

(2)景区性质。根据景源特点、景区其他资源和区域状况,把韶石山生态旅游区景区性质确定为:在风景特征方面,突出生态旅游资源的特征;在主要功能方面,景区核心功能是浏览观赏,主要功能还包括游憩求知休养保健、保存保护培育旅游经济与生产。

(3)景区发展目标。其包括景区自我健全目标及其社会作用目标两个方面。

4. 景区分区、结构与布局

(1)景区划分。结合规划区的现状特征和发展需要,在景区划分和功能分区的基础上,将韶石山生态旅游区划分为较坑生态农业旅游区、朝石顶观光区、白寨顶探险观光区、金龟岩观光区、金龙山岩庙科考景区、韭菜寨人面石古寨奇石景区、蜡烛山徒步旅游区、五马归槽观光休闲区、亚基塘休闲度假区9个景区,景区之间主要通过主车道、浏览车道相互联系。

(2)整体结构。根据规划区的现状、性质、范围以及发展目标,韶石山生态旅游区的职能结构属于综合性规划,其整体结构由风景游赏系统、旅游设施系统、居民社会系统三个职能系统综合组成,如图8-4所示。

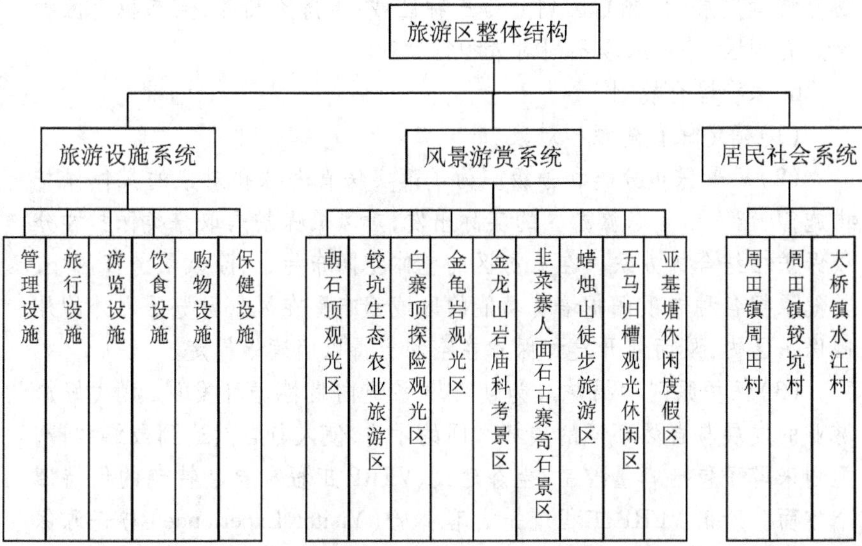

图 8-4 韶石山生态旅游区总体结构图

(3)总体布局。根据规划区的现状特点和发展目标,结合景区划分,韶石山生态旅游区采用"念珠式"布局形式,以风景游赏活动为中心,通过主要的游赏线路把规划区入口管理服务区、核心景区、出口服务区、外围保护区和缓冲区的各组成部分的组成要素串联起来,构成有机整体。

5. 景区容量、人口及生态原则

(1)游人容量计算。在计算出了景区生态容量之后,再考虑游客心理承受能力和功能技术标准而允许的最多游客数量。其测算方法有线路法、面积法和卡口法。计算出的结果为:本旅游区一次游人容量 42606 人次、日游人容量 46289 人次,这两个容量都远远低于景区的生态容量(118458 人次)。

(2)景区总人口容量。旅游区总人员包括外来游人、服务职工和当地居民三类人员,到 2020 年,外来游人按方案预测为 33.6 万人,服务职工预测为 150 人,居民预测为 3200 人,合计总人口规模为 33.935 万人。

(3)景区生态原则和对策。为了维护旅游区的生态环境质量,实现可持续发展，将规划区划分为三种区域：生态不利区、生态稳定区和生态有利区，分别采取不同对策和行动。

6. 保护培育规划

(1) 确定保育资源和对象。

(2) 风景保护分类和分级。为了落实保育资源和对象的具体保护措施，从韶石山生态旅游区的实际出发，对风景保护采取分类保护和分级保护相结合的方法。在旅游区的整体空间布局上，除风景游览区外，其他承担各种专项保护培育功能的区域都布置在风景游览区之外的外围保护区内，从而使开发和保护在空间上得以明确地界定。

(3) 保护原则和措施。为使环境系统向良性循环发展，解决好旅游业的发展与自然环境的破坏之间的矛盾，使人与自然达到最终和谐，规划采取了包括容量控制、生态建设、VERP 工程和自然特色的保持四个方面。所谓 VERP 工程就是游客体验（Visitor Experience）与资源保护（Resource Protection）双重目标下的景区规划方式和管理模式。

7. 风景游赏规划

(1) 景观特征分析与景象展示构思。根据韶石山旅游区旅游资源的特点，应当重点考虑把山顶（俯视和平视）作为崖壁的观景点，把山顶（俯视和平视）和山腰（仰视为主）作为幽谷的主要观景点；重点展示粤北田园风光景观特有的生态特点，辅以粤北客家农村生产生活景象的体验，在不同季节和重大节日开展相应的参与性的专项旅游活动，最终形成"农家乐"产品。

(2) 游赏项目组织。韶石山生态旅游区的游赏项目提取为六类共 35 个项目：野外游憩、审美观赏、科技教育、娱乐体育、休养保健及其他。

(3) 风景单元组织。整个旅游区风景单元组织在主题形象（"韶石生云"：广东的原始生态旅游）的统筹下，以"丹崖碧水"、"岩庙石寨"和"桑基鱼塘"三类代表景观为依托，围绕生态观光、"农家乐"和休闲度假三类产品的经营，组织九大景区开发"韶石十景"。

(4) 游线组织、游程安排与风景游赏系统结构分析，见表 8 - 6。

表8-6 游程安排设计要点表

主要游线				专项游线		
游线	五马归槽——猪头皮游线	朝石顶——猪头皮游线	韶石山云丹霞文化游线	亚基塘度假专线旅游	蜡烛山徒步旅游游线	较坑"农家乐"游线
游览时间	一日游	一日游	一日游或二日游或多日游	二日游或多日游	一日游	一日游或二日游或多日游
游览距离	28km	22km	28km	—	3km	2km
游览内容	野外游憩、审美欣赏、科技教育、购物商贸	野外游憩、审美欣赏、科技教育、购物商贸	审美欣赏、科技教育、购物商贸	野外游憩、审美欣赏、科技教育、娱乐保健、娱乐体育、购物商贸	野外游憩、审美欣赏、科技教育、娱乐保健、娱乐体育、社交聚会、购物商贸	野外游憩、审美欣赏、科技教育、娱乐保健、娱乐体育、社交聚会、劳作体验、购物商贸

根据这样的风景游赏系统结构，确定游人容量控制范围和游客管理方法。

8. 典型景观规划

(1)丹霞地貌景观规划。根据丹霞地貌雄、奇、险、秀、幽的景观特征，结合丹崖、岩洞、幽谷、峰林等地貌景观的空间景观组合，主要规划观光型和探险型这两类项目。

(2)田园风光规划。保持村落民居的统一风格，禁止乱搭乱建破坏村落布局，以及与传统形式不协调的建筑物，适当增加果园和菜地的面积，增加饮食、休息等为游客服务的设施，最终形成体验参与农村生产生活活动的"农家乐"休闲度假旅游产品。

(3)山地建筑景观规划。对于历史文化价值低，建筑景观遗存少，对外联系困难的大多数山地建筑，以维护遗存景观为主；对于历史文化价值高，建筑景观遗存丰富，对外交通便捷，具有代表性的少数山地建筑，如金龟庙、太阳庙、打箩寨等，可以考虑重建。

9. 游览设施规划

(1) 客源市场开发的概念性规划。根据曲江县客源分布情况和其主要的竞争对手丹霞山风景区的经营情况,将韶关市居民与到过丹霞山和韶关的游客定为韶石山的重点旅游客源市场,将珠江三角洲定为韶石山的主要客源目标市场,省内和国内其他地区、港澳台地区为其潜在的客源目标市场。对不同的目标,采用不同的促销手段进行宣传、推介。

(2) 游览设施配备与直接服务人口估算。根据简单原则、因地制宜原则、分期建设原则、相对集中与适当分散原则和与需求相适应的原则,对景区进行浏览设施和服务人员的配备。景区内游览设施布置力求简单,以尽量减少设施建设对景区的破坏。

(3) 游览基地组织及其环境分析。在景区中设置以下几处游览基地:在朝石顶、金龟岩、亚基塘休闲度假区建立三个旅游点;在金龙山、韭菜寨和白寨顶建立三个服务部;在猪头皮附近景区建设景区的出口。

10. 基础工程规划

(1) 道路交通。外部交通方面,通过两条公路沟通旅游区与外部的交通联系。内部交通方面,韶石山生态旅游区因属尚未开发区域,故内部交通条件并不理想。道路修筑分为三类:一类是沟通主要景点的环状道路,作为旅游区内部的主要道路,全长32km,建议到远期全部按三级沥青面公路建设。二类为景区内部至旅游区环状干道的游赏步道和自行车道。三类通往主要景点的简易游赏步道、绳道、找道,宽度一般不超过1.5m。

(2) 供电系统规划,建议铺设地下电缆。

(3) 给排水规划。(略)

(4) 防洪防火与环境保护。(略)

11. 经济发展引导规划

(1) 经济发展的引导方向。发展旅游业带动规划区第三产业发展并进一步推动曲江对外开放和外向型经济的发展。

(2) 经济结构和布局。设计规划区产业结构调整的发展顺序和权重大小为:第三产业∶第一产业∶第二产业=4∶4∶2。规划区内经济布局框架确定为:核心景区主要布置旅游业、副业和少数购物商贸业

(小卖部),在南部和东部居民点所在区域布置种植业和养殖业,在核心景区之外的外围保护区布置林业,在出口服务区和入口服务区布置餐饮业和购物业,在较坑生态农业旅游区还可适当布置住宿业(与"农家乐"配套的家庭旅游),旅游区独立的住宿业只在亚基塘休闲度假区布置。

(3)促进经济合理发展的措施。通过建立"公司+基地+农户"的经济发展模式,鼓励社区参与,充分调动旅游区内的农民的积极性,使韶石山生态旅游区的起步与发展有一个较高的起点。

12. 土地利用协调规划

通过对旅游区的主要地块进行综合评估,确定各自的可利用程度、主要限制条件和对策。从生态旅游区的环境营造出发,在用地布局方面,与旅游区整体空间一致,以主要景区为中心,形成"念珠式"用地布局方式;在用地规划中,风景游赏用地占83.78%,游览设施用地占3.63%,除增加管理机构用地($0.005km^2$)外,不再增加其他居民社会用地。

13. 分期发展规划(见表8-7)

(1)分期规划要点。

表8-7 韶石山生态旅游区分期法发展规划表

发展阶段	发展目标	发展重点要求	主要开发内容
近期	达到A级旅游区标准	可进入性较好; 游览设施初具规模; 旅游安全保障系统比较齐全; 旅游区综合管理机构齐全、人员合格; 旅游资源保护和环境质量合格; 年接待游人10万人次以上	开发朝石顶景区; 开发金龟岩景区; 开发五马归槽景区; 开发蜡烛山徒步旅游区; 开发较坑"农家乐"之观赏性和参与性项目

续表

发展阶段	发展目标	发展重点要求	主要开发内容
中期	达到 AA 级旅游区标准	可进入性好； 游览设施形成体系； 旅游安全保障系统完善、齐全； 旅游区综合管理机构齐全、人员优秀； 旅游资源保护和环境质量达到优秀指标； 年接待游人 25 万人次以上	开发白寨顶景区； 开发金龙山岩庙科考景区； 开发韭菜寨人面石古寨奇石景区； 开发较坑"农家乐"项目之夜游配套项目
远期	达到 AAA 级旅游区标准	可进入性好； 游览设施完善配套； 旅游安全保障系统齐全、完好、高效； 综合管理机构齐全、人员优秀、制度健全； 旅游资源保护和环境质量达到国家要求； 年接待游人 30 万人次以上	论证新项目的开发建设

(2)投资效益分析。通过计算旅游区的各项收入及投资回收期，该规划认为，韶石山生态旅游区在总体上是可行的，如果能依据规划，以扎实认真的工作态度进行准备，韶石山景区的建设将会取得较为明显的经济效益。

第四节　旅游宾馆(酒店)的选址

饭店巨子希尔顿先生曾说过："饭店成功的秘诀有三个：第一是地段、第二也是地段、第三还是地段。"宾馆的位置对宾馆经营的成功具有决定性的意义。旅游酒店选址包括两个层面：宏观选址和微观选址。

从宏观上看，宾馆建在什么地方关系到整个区域的旅游业布局，关系到综合协调发展的问题。从微观上看，选址则不仅影响企业建设投资和速度，而且还影响饭店建成后的经营成本、利润和服务质量以及职工的劳动条件和生活条件。倘若宾馆选址不当,会给宾馆长期的经济效益带来不可估量的损失。

宾馆选址包括第一选址和第二选址两层含义。第一选址即宾馆建在哪个城市或地区的选址,属宏观选址;第二选址即在第一选址确定后的具体位置的选择,属微观选址。

一、旅游宾馆宏观选址

旅游宾馆的宏观选址主要考虑的是旅游者的空间行为规律。选址只有符合旅游者的空间行为规律,旅游者才愿意去住,宾馆才会有经济效益。用旅游者的空间行为规律来考虑宾馆宏观选址,有下列几种模式。

(一)在同一旅游区中,不宜在旅游资源级别较低的景区或非旅游中心城市(或大居民点)选址。

受大尺度的旅游空间行为的影响,旅游者到达目的地后,往往选择该旅游区的中心城市或较高级别的风景区(或附近)暂住。游览完高级别的旅游点或风景区后,旅游者一般不继续在附近的较低级别的旅游点或风景区游览。所以,宾馆的选址只宜在旅游中心城市或较高级别的风景区内,不宜在较低级别的风景区或非旅游中心城市选址。

(二)在一日游范围内,旅游中心城市(或大居民点)与风景区(旅游点)之间的小居民点不宜选址。

受中尺度的旅游空间行为的影响,旅游者采用节点状路线旅游,这种行为特征使某些位置相距不远的大居民点和旅游点之间的较小居民点没有或只有很少的旅游者暂住。因此,在这样的地点不宜选址。

在选择旅游宾馆建设位置的时候,很多时候会面临在旧城和新城之间进行选择的情况,在规划时往往会选择依托旧城。这样的决策理由有两方面:一是可以利用旧城的基础设施对宾馆进行配套建设,以节省投资;二是宾馆反过来促进旧城的发展。这两点理由固然有其合理的一面,但宾馆是为旅游者服务的,最重要的考虑因素是旅游者是否愿意去住。

（三）在节点状旅游区，只宜在旅游中心城市选址。

在一个旅游区内，如果旅游点以旅游中心城市为中心向四周辐射，这就是节点状旅游区。节点状旅游区的宾馆选址，只宜在节点中心。

（四）在一日游范围内，旅游中心城市与风景区之间若出现新的可留住游客的中间机会，可以在此选址。

在一日游范围内，旅游中心城市与风景区之间若出现新旅游项目，该项目又足以吸引游客，这就有可能改变旅游者的空间行为规律，在新旅游点暂住。在这种出现中间机会的地点，宾馆可以选址。

二、旅游宾馆微观选址

旅游宾馆宏观选址确定后，具体位置的确定即微观选址主要考虑的是与宾馆投资经营相关的因素。

（一）交通因素

汽车、火车和飞机等交通工具是与宾馆业关系最紧密的三大交通方式。交通条件是影响宾馆选址的重要因素，交通方便或发达的地方不仅有利于宾馆的推销及经营，而且便利了旅游者，增加了可达性。广州火车站附近，集中了大量的宾馆如，中国大酒店、东方宾馆、流花宾馆、花园酒店、白云宾馆等，并且经济效益都良好，交通便利是其重要因素。

（二）旅游资源因素

旅游资源是旅游业存在和发展的客观条件，旅游宾馆首先而且主要是为旅游者建立的。从这个观点出发，旅游宾馆最好在旅游风景区附近选址。广州白天鹅宾馆在风景优美的沙面选址，其成功的经营除管理先进、设施一流等因素外，与沙面优美的风景密不可分。

（三）土地费用因素

世界人口的迅猛增长，使地球有限的土地越来越显得拥挤，大城市尤其如此。这使得土地购买费用有增无减，虽然各国政府为了大力发展旅游业，而对旅游宾馆工程所在地的土地费用实行各种优惠，并且采取了政治、经济等各种手段加以强有力的推进，但是，在旅游业中，土地价值与土地上的建筑物价值相比还是高得惊人。中国的情况有所不同,土地价格较低,但随着改革开放的深入,在深圳、广州、上海、北京等地,土地价格越来越高。

土地费用的增加使人们在选择宾馆位置时将之作为一个重要因素来看待。无疑,将宾馆建在最繁华的商业区是理想的位置,这种地方也是土地费用最高的地方,如果土地费用高到使宾馆难以经营,宾馆就不宜在这种地方选址。

(四)扩建因素

旅游宾馆的经营是有一定经济生命的,投资、经营、衰亡的周期是一个很重要的概念。经济生命可以增长,也可以缩短,这就需要改善经营管理,不断地增加宾馆的新项目。所以,为了求发展和延长饭店经营的经济生命,扩建因素就不能不在选址时予以重视。一个合理的宾馆位置,应该有扩展的余地,只要有发展的可能,宾馆的经济生命就可能延长。

(五)集聚因素

集中和分散是产业空间布置的两个方面。宾馆在区位上集中,有两方面的好处:一是用原宾馆的市政设施,可以减少总社会费用支出;二是可利用已有市场区位,扩大市场服务范围。这样既增加了旅游者挑选的行为,也增加了宾馆间竞争的行为,上述心理状态是人的知觉造成的,在一定程度上对买卖双方均有利。例如,广州中国大酒店在东方宾馆旁选址,花园酒店在白云宾馆对面选址,假日酒店又在白云宾馆旁选址都是考虑了集聚因素。

同集中相反的是分散,可以避开集中造成的恶果,如地价上升或场地拥挤、需求不足时的价格竞争等,因此,在考虑集聚因素时同时要考虑分散。

(六)城市规划因素

宾馆是一项形体庞大的建筑,风格千姿百态,对城市建设影响甚大,它既可能为城市生辉,又可能使城市大煞风景。因此,城市规划要巧妙地利用宾馆的优势,宾馆选址及建设要与城市规划相结合。哪里该建,哪里不该建;哪里先建,哪里缓建;建筑规模多大,建筑风格怎样,都应该与城市规划结合起来。

以上是宾馆微观选址中应考虑的主要因素。此外,还有许多因素与宾馆选址相关,如环境保护因素、劳动力因素、社会因素等。事实上,要具体分析和确定一个宾馆的合理位置往往是十分复杂和困难的。

思考与练习

1. 国外和国内旅游规划发展分别经历了哪几个阶段?
2. 我国旅游规划已经取得了哪些成就?还存在哪些问题?
3. 旅游规划发展出现了哪些新趋势?
4. 旅游规划需要包括哪些方面的内容?
5. 区域旅游规划的基本模式是什么?
6. 在对旅游宾馆进行微观选址时要考虑哪些因素?

第九章 旅游业可持续发展

引言

在小李的家乡有一个水库，那是他儿时的天堂，因为水库除了可以用来灌溉周围的农田之外，还是一个天然的大鱼池，小李和小伙伴们经常在这里钓鱼捉虾。然而，近几年来，由于交通越来越便捷以及人们越来越追求纯天然的美景，慕名到这里来玩的人越来越多，导致这里的生态环境恶化越来越突出——能钓上来的大鱼越来越少，车辙越来越多，湖边荒草的面积越来越小，废弃塑料袋、污水、汽油的痕迹越来越多。

曾被称为“无烟工业”的旅游业已经失去了这一身份。事实证明，旅游活动对自然环境和人文社会环境都会造成或轻或重的影响。要想解决这些问题，营造和谐的旅游环境，可持续发展道路就成为旅游业的必经之路。

本章学习目标

1. 掌握旅游活动对环境造成的不利影响。
2. 掌握中国旅游业目前面临的主要的环境问题以及原因。
3. 了解旅游业可持续发展的必然性和当前进行的几种探索。

第一节 旅游活动的环境影响

旅游活动对旅游目的地的自然环境、社会环境都会造成影响。其对自然环境的不利影响主要表现在:对水体的影响(水资源枯竭和水体污染)、噪声和大气污染;对生物资源的危害(动植物资源的破坏)、垃圾污染、旅游开发污染(不合理设计、乱建人工景点)、游览活动污染(对植被、土壤以及文物古迹的破坏)。对社会环境的不利影响主要包括:建筑污染、对当地居民的价值观和生活习惯的影响;基础设施超负荷、与本地居民隔离、交通堵塞、传统文化的舞台化、商品化和庸俗化等。

旅游的实践告诉我们,旅游的冲击通常很少单独发生,某些冲击的产生通常也暗示着其他类型的冲击。以下从8个方面对旅游活动的环境负面影响加以综合分析。

一、旅游活动对地表和土壤的冲击

随着各自然区域内旅游活动的开展,旅游设施开发已使很多完整的生态地区被逐渐分割,形成岛屿化,使环境生态面临前所未有的人工化改造,如地表铺面、植被更新、外来物种引入等。对地表和土壤影响加大的旅游活动有:旅游开发、海岛观光、登山健行、洞穴旅游活动等。

(一)旅游开发

1.旅游开发建设对土地的占用和浪费

从旅游业看,占用、浪费土地和耕地的现象经常可见。例如,近年兴起的旅游开发热,各地兴建了一大批的人造景观、游乐场、游乐园、高尔夫球场等,据有关资料报道,广东21个人造景观项目占地3.7万亩,而全国建成的、正在建设的以及待建设的人造景观项目,保守估计占地也有20多万亩。

2.旅游开发建设对景观和生态的污染和破坏

对某些生态脆弱敏感的地区来说,旅游开发不仅占用耕地,还会对地表植被和生态系统造成不良影响。例如,高尔夫球场的建设除了占用土地外,还会造成环境问题。高尔夫球场多建设在丘陵和山区草木茂盛的林地并多为水源涵养地。建造时,要挖池垒山,增加地面坡度;砍伐大量树林,修建房屋、道路;敷设草坪、沙地、水泥地等人工地面。结果,造成自然景观受到破坏,水土流失加剧,生物群落的层次和数量大量减少。为了维护高尔夫球场的美观整洁,要使用大量杀菌剂、除草剂等农药,这些农药随雨水流入河湖或渗入地下,使当地和下游居民的饮用水受到污染。再以山地开发为例,山地开发建设主要包括公路、管道、电缆、索道、水库、宾馆、桥梁和电力、通信线路等工程的建设。这些建设若处理不当都会严重破坏山地的景观和生态。被誉为“欧洲乐园”的阿尔卑斯山,由于周边各国纷纷开发旅游景点导致数百平方公里的森林被砍伐,代之以滑雪场、缆车、路标塔、建筑物、过道等,使得地表难以保存和吸收水分,发生水土流失、洪水、山崩、雪灾等自然灾害的可能性加大。

(二)海岛观光

海岛为了发展旅游业,建筑了机场、车站、码头、宾馆等大量设施,在土地面积有限的情况下,许多海岸被夷为平地,珊瑚礁被炸毁填平,进行人工造地。这不仅改变了地表结构,也使大量动物无家可归,加之建筑材料的就地取材等,使岛屿海岸承受了极大的压力。许多红树林和海滨植物被大量铲平,兴建旅游宾馆和滨海步行道,而这些宾馆常因距离海岸太近,而影响海沙的自然移动,导致海岸被严重侵蚀。

(三)登山健行

许多山地为接待旅游者而进行了大规模开发,修建厕所、宾馆、度假中心等,地表植被破坏,土壤丧失了保护的屏障,容易遭受侵蚀。此外,过多旅游者的踩踏也是对土壤最常见的破坏。例如,野营、野餐、步行等都会对土壤造成严重的破坏。土壤一旦遭受破坏,其物理结构、化学成分、生物因子等都会随之发生变化,最终导致植物减少,动物也随之迁徙。

(四)洞穴旅游活动

洞穴属于半封闭的空间,其环境容量一般都较小,过多的旅游者进入会导致呼出的二氧化碳对钟乳石的腐蚀。所以,对天然洞穴的旅游开发要做好防护措施。我国很多溶洞不仅没有控制游客容量,甚至在溶洞里面摆小摊、开餐馆,烟熏火燎,许多钟乳石表面已经变成了黑色。

二、旅游活动对植物的影响

人类的旅游活动对植物的影响可以分为直接影响和间接影响两大

类。直接影响行为包括移除、踩踏、采集和对水生植物的危害等。间接影响则包括外来植物引入、营养盐、车辆废气、土壤流失等问题。

(一)大面积清除

为了建造旅游设施而将大量植被清除是旅游对植被常见的破坏。例如,为了兴建宾馆、停车场或其他旅游设施,大面积地表植被被清除。这种情形在东南亚许多地区非常严重,许多大型财团在马来西亚和泰国等地买下大片山坡地,设立高尔夫球场和俱乐部,大量的原始森林因此而被清除。

(二)践踏和碾压

虽然旅游者在旅游活动过程中一般不会蓄意破坏植物,但对植物的践踏往往会引起一系列的相关反应,通常如土壤压实、土壤结构破坏、地表水流失、土壤侵蚀以及生物多样性降低等。步行道设计不合理,可能影响到濒危植物物种生长。例如,在肯尼亚的马赛马拉(Masai Mara)保护区,观光旅游者为了观赏野生动物而驱车在草地间穿梭,对草地的伤害非常严重。旅游者双足的负面影响不只局限在陆地生态系统中。例如,潜水员鸭脚板搅动起来的沉积物使得珊瑚礁受到损害。另外,在太平洋岛屿国家,由于拓展旅游规模,游艇和海边饭店附近有大片珊瑚和小鱼群死亡,原因就是退潮时大量旅游者在珊瑚床上行走。

(三)采集

旅游者常见的采集动机是想摘下某朵漂亮的花或想尝尝果实的味道,或是想带某一部分植物回家种植。早期一些外国国家公园的解说员会热心地告诉旅游者哪些植物具有治疗疾病的效果,结果解说活动一结束,这些神奇的植物也常常不翼而飞,所以,现在他们已不再大肆宣传植物的用途与疗效,以免成为破坏植物的帮凶。旅游者购买稀有植物的行为会诱发当地居民或商人进入生态保护区盗取天然稀有植物。例如,我国台湾地区阿里山的一叶兰等就曾遭受盗劫。

我国鼎湖山自然保护区内一些药用和观赏植物已经消失,现已有27种植物种群数日趋势减少,有7种已经灭绝。被郭沫若誉为“客来不用茶和酒,紫背天葵斟满杯”的鼎湖山特产紫背天葵因为被掠夺式采摘已接近绝迹。价格昂贵的沉香树、刺木桫椤等名贵药材,也同样因盲目开采而濒于灭绝。

三、旅游活动对野生动物的影响

旅游区的开发可能会破坏许多野生动物的栖息地或庇护所。旅游者来到旅游区后,不论是旅游活动本身或者旅游者所制造的噪声都会干扰野生动物的生活和繁衍。而且,旅游者对各种山珍海味和各种野生动物制品的偏爱,更使野生动物的生存受到了威胁。

(一)干扰问题

旅游者从事户外旅游活动时,其实很难不对生存其中的动物造成干扰,尤其是对较为敏感的鸟类和哺乳动物。调查发现,英国有一种小型的燕鸥,因为经常有游客和戏水者在其巢穴附近活动,致使其无法顺利繁衍下一代。希腊、土耳其等地中海沿岸的海滩,本是稀有动物海龟的生存地,海龟蛋在沙地才得以固巢,但因这些区域目前已成为旅游胜地,海龟的繁殖环境遭到破坏。在山地森林区,一些动物会因游客滑雪或旅行活动而受干扰。在严酷的冬天,森林动物为了逃避旅游者而迁徙,耗尽了能量。

旅游者使用各种旅游设施所产生的噪声也是其中的一大影响因素。例如,手提音响、水上摩托车、游艇均会产生极大噪声,这对动物的影响非常大。通过对鼎湖山自然保护区的监测发现,那些旅游者经常来往及车辆噪声大的道路旁的动物种数远比远离道路旁的要少得多。

(二)野生动物的消费问题

旅游者对野生动物的消费行为会直接导致捕杀野生动物。例如,加勒比海的生龙虾和大海螺族群已经大量减少。除了食用以外,人们还喜欢购买野生动物的相关制品,如动物毛皮、象牙等;由于利润的驱使,动物走私已经成为国际三大非法贸易之一。

(三)旅游者的不文明行为

旅游者自身不文明行为也会破坏野生动物的生存环境。例如,旅游者随手丢掉胶卷盒、空瓶子等废弃物,很可能导致动物误食,从而使动物患上消化不良、肠胃炎、肠梗阻等急慢性疾病,甚至死亡。在我国的动物园,因动物吞食带有塑料的废弃物而致死的情况也时有发生。

四、旅游活动对水体环境的影响

(一)水上运动

随着度假旅游活动的日益兴盛,各式各样的水上运动,如水上摩托艇、划船、游泳、垂钓、潜水、驾驶帆船等,极大地丰富了人们的度假生活内容,同时也给水体环境带来了极大冲击。比如,水上摩托艇活动不仅对沙滩及海岸线产生了侵蚀作用,而且所产生的旋涡还会影响海域生态,如珊瑚礁内的浮游生物和鱼类。

(二)船舶油污、污水、垃圾污染

旅游景区水体污染的重要原因之一就是游船排放的垃圾、油污的污染。游船上的厕所、医务室等的污水未经任何处理直接排入水中;机舱水、废燃油、机油也倒入或渗入水中。

北戴河是我国首批风景名胜区,也是著名的全国四大疗养度假基地之一。这里每年接待五六百万旅游者,其中,疗养者达几十万人次。大量的度假旅游者每日所排放的生活污水达5000吨以上,污水集中排往北戴河西岸滩涂,致使这里水中绿藻增多,污染非常严重。

五、旅游活动对空气质量的影响

伴随着旅游者进入森林公园,汽车等旅游交通工具排放的大量尾气,扬起的尘土以及宾馆、饭店等生活锅炉排放的废气常常使旅游区内烟雾缭绕,灰尘满天,空气污浊不堪。

(一)汽车污染

汽车对旅游景区空气污染最为严重。现在,汽车成了数以万计的旅游者使用的旅游交通工具,欧美私家车外出旅游人数占到国内旅游总数的80%。研究人发现,旅游者使用私家车进行旅游要比公共交通工具排放多10倍的空气污染物。

(二)飞机污染

国际旅游因民用航空的普及而蓬勃发展,但是,飞机所带来的空气污染与噪声污染也非常严重。北美和欧洲都是空运频繁的地区,飞机飞行于平流层也对大气组成带来威胁,飞机排放的氮氧化物,被怀疑与臭氧层的破洞有关。对于飞机所带来的环境污染问题确实有待更多的研究，以便能更加全面地评估飞机对空气质量的影响。

六、旅游活动对环境卫生的影响

旅游活动对环境卫生的影响主要表现在旅游垃圾污染和旅游厕所问题。

（一）旅游垃圾污染

旅游者造访旅游点时会产生所谓的“民生垃圾”，其中，固体废弃物垃圾问题最让人头痛。旅游垃圾污染最严重的问题包括：山地旅游垃圾污染、水体旅游垃圾污染和旅游城市垃圾污染。以山地为例，我国很多山地每年约有几千吨的经营垃圾和旅游垃圾倒入旅游区的溪流和水体中。在某些山地的谷地，几乎成了登山旅游者丢弃杂物的垃圾桶。山谷垃圾难以处理，日积月累，山谷满是垃圾，大好风景黯然失色。

（二）旅游厕所问题

在我国旅游业的发展过程中，有相当长一段时间，旅游厕所始终没有得到相应的发展，一些旅游城市、重点景区和主要旅游线路普遍存在旅游厕所“脏、乱、差、少”的问题。1994 年，据国家旅游局海外旅游者抽查调查显示，国内厕所不满意率高达 49.4%；据新华社报道，海外市场对中国厕所的评价是“在中国找厕所，只要用鼻子就行了”、“中国人只讲究进口（指餐饮），不讲究出口（指厕所卫生）”。这些问题严重影响了我国的文明形象和我国旅游业的声誉。近几年，北京开始对厕所进行星级评定，取得了一定的成效。

七、旅游活动对环境美学的影响

旅游活动对环境美学的不良影响主要表现在旅游者的不文明旅游行为和旅游业的不合理开发建设而造成的旅游“开发污染”。

（一）旅游者的不文明旅游行为

不少旅游者有在古树、碑刻、石头等旅游景区的景物上刻字画画的行为，其中，刻字留念可以说是最为普遍，这些行为不但破坏了景观，而且降低了文化旅游资源的价值，更加严重的是，影响了旅游景区的美学价值。

（二）建筑污染和破坏性建设

风景旅游区破坏性建设是目前在我国旅游开发中普遍存在的问题，主要体现在以下方面：第一，景区“城市化”，地域风貌失色。随着旅游经济的快速发展，一些风景名胜人口迅速增加，各种生产经营活动日益活跃，原有的村庄、居民点逐渐转变为新的集镇，风景名胜区自然风貌逐渐消退。一些昔日“见屋皆寺庵，逢人尽僧尼”的佛教名山，现在是山上山下，摊店林立，一派商业景象。第二，乱搭乱建破坏景观。一些风景区只注重眼前利益，为了获取旅游收益大兴土木，乱搭乱建，使景区成了大型游乐场和“吃喝玩乐综合体”，历史文化风貌和自然景观受到严重损害。第三，人造景观大煞风景。一些风景区为了增加旅游收入，修建了一些制作粗糙、文化品位不高、与自然景观极不协调的人造景观，这些人造景观不仅没有增加景区的吸引力，而且大大影响了景区的观赏性。

八、旅游活动对文化环境的影响

（一）旅游活动对文物古迹的破坏

旅游活动会对东道国家或地区的社会文化环境造成影响，最明显的是会增加对文物古迹进行保护的费用和工作量，甚至会对文物古迹造成无法挽救的破坏。例如，史前遗迹、古文化遗迹，开放参观后未能妥善管理，可能会导致遗址主体受到磨损，甚至会造成古迹文物的遗失，这些都会影响古迹保存的完整性。

（二）旅游活动对民族传统文化的冲击

越来越多的旅游者喜欢拜访原始部落，如前往非洲或拉丁美洲地区，或者到文明古国如印度、尼泊尔等国家访问。这些地区的传统文化因旅游活动而受到冲击，许多民众的价值观因此改变，久而久之，旅游发展很容易使全球各地原本独特的文化逐渐消失。

当地文化世俗化、商品化也是旅游对文化的消极影响之一。传统的民俗和庆典活动都是在传统特定的时间，传统特定的地点，按照传统规定的内容和方式举行的。但是，各地的民俗活动为了迎合旅游发展的需要而被随时随地搬上“舞台”,活动的内容逐渐改变,表演的节奏明显加快。于是,这些活动逐渐失去了传统的意义和价值。

(三)旅游对当地居民生活方式、价值观与社会道德等的影响

旅游活动会导致外来旅游者与当地居民之间一种文化的相互渗透。在这个过程中,双方的价值观、社会观、道德观、宗教观和政治观等经过无形的传播和渗透,发生撞击,潜移默化地相互影响,尤其是旅游者对目的地社会的影响更为严重。有人在研究了旅游给第三世界国家带来的消极影响之后认为:“发达国家是在通过旅游将其生活方式输出到第三世界国家。”虽然也有人认为这一结论带有偏激的政治色彩,但是,旅游者的生活方式对旅游目的地社会,特别是发展中国家社会的消极影响是不争的事实。

第二节 中国旅游业环境问题的原因及对策

一、中国旅游业环境问题的原因

我国旅游业面临的环境问题的原因可以分为三个层次:直接原因、间接原因和深层次原因。

(一)直接原因

1.旅游资源的粗放开发和盲目利用

许多地区的政府及有关部门在开发旅游资源时,缺乏深入的调查研究和全面的科学论证、评估与规划,匆忙开发。特别是新旅游区的开发,开发者急功近利,在缺少必要论证与总体规划的条件下,便盲目地进行探索式、粗放式的开发。开发中重开发、轻保护,造成许多不可再生的贵重旅游资源的损害与浪费。例如,被誉为“童话世界”的九寨沟,如今,由于上游和周边森林大面积砍伐,使这里原湖泊水位每年降低6厘米~30厘米,致使黄龙钙化堤已开始退化、变色。如再不采取保护措施,这里的岩溶湖将会过早衰亡。更令人费解的是,有关部门为了大量揽客,在九寨沟内大量建造宾馆,严重破坏了旅游景观的自然

氛围。

2. 对旅游资源的掠夺性开发造成了部分资源的破坏

我国云南西双版纳热带雨林已被砍伐1/2,致使云南的大象、老虎不是向缅甸逃跑,就是窜出自然保护区,毁坏庄稼、伤害人畜。坐落在湖南、湖北交界处的著名四大湖泊,目前仅剩下长湖和洪湖。1951年,湖泊面积还有217.44万亩的洪湖,到1987年只剩下70.29万亩。但是,目前仍有很多国内外房地产、旅游开发商加速挤占洪湖水面。还有一些地区,为了追求近期经济发展,在风景名胜区迅速扩建高档宾馆、饭店、疗养所、"培训中心"以及建造索道、滑道、城市娱乐设施等,造成了一些高污染、高消耗、低效益的工、商业,破坏了旅游资源,这实质上危害了当地经济的可持续发展。

3. 风景区生态环境系统失调

近10多年来,景区的人工化、商业化、城市化使我国风景名胜区,包括已列入"世界遗产名录"的一些自然风景区,越来越遭受到建设性的破坏。有的旅游地在景区内开山炸石,砍树毁林,导致水土严重流失;有的风景区出于经济目的,热衷于旅店、餐馆的建设,盲目扩大旅游区、修建旅游设施,导致原生态的严重破坏。再以索道为例,世界上很多国家在旅游名山上修建索道都是严格控制的,其中,美国、日本是明令禁止的。例如,日本富士山海拔3776米,公路只修到海拔2000多米,游人再多,也是自己一步步登上去的。但在我国,在旅游名山上则大修大建现代索道,甚至修几条,不仅破坏了自然风景区的原貌,而且使游人大量集中在容量有限的山顶,导致景观和生态的破坏。

4. 风景名胜区环境污染严重

据旅游风景区提供的监测资料显示,景区的水土、大气都有程度不同的污染,噪声、烟尘都超过了规定的标准,大气中含有的有害物质及酸雨等情况比较普遍。例如,武陵风景区二氧化硫含量高达0.62毫克/米^3,超过国家一级大气标准3.68倍,树林大片枯黄,PH值达4.44并出现酸雨酸雾。由于我国人口众多,旅游业发展迅速,而又缺乏规划和管理,国民的生态意识较差,可以说,游到哪里,生态破坏和环境污染也就到哪里。风景区内生活污水增多,垃圾废渣、废物剧增。在驰名世界的黄山、庐山,垃圾随处可见,甚至连在世界屋脊喜马拉雅山,游客也留下了各种饮料袋、包装袋等垃圾。旅游自然保护区环境污染问题也是日趋严重。目前,44%保护区存在垃圾公害,12%出现水污染,11%有噪声污染,3%有空气污染。

(二)间接原因

1.人类经济行为的不当破坏旅游环境

人类经济活动对旅游区环境的影响与破坏可以分为三方面:(1)在经济发展过程中,工业生产排放的废物及产生的噪声污染了旅游区的自然环境,扰乱了旅游区应有的宁静。结果,一方面,旅游区丧失了以往清新的空气、透明的水体、静谧的氛围;另一方面,游客游览的兴致因环境污染而降低。(2)不合理的资源利用与农业生产方式破坏了旅游区的自然生态平衡,旅游资源直接受到影响。例如,森林砍伐、过度开采地下水、开山炸石等活动造成水土流失、游览水体水位下降、奇山丽景惨遭破坏等。(3)在经济结构、生产力布局、城市发展规划中,人们忽视旅游资源的存在,使得区域经济结构类型、生产力布局方式、城市发展方向与旅游业正常、持续发展对环境条件的要求不相适应,如在云南石林旅游区建设大型水泥厂,在北京周口店猿人遗址建设灰窑、煤窑等。

2.旅游活动本身对旅游区环境产生影响

旅游活动对旅游区环境的影响主要在于旅游过程产生的垃圾对景点环境的污染以及旅游活动本身对景点自然生态平衡及旅游意境的影响。由于旅游区本身设施的不完善和游客素养不高,随着旅游活动规模的扩大,景点垃圾遗弃量日益增加。旅游区内大量垃圾随意抛撒堆积,破坏了自然景观,污染了景点水体,使旅游区水体富营养化。我国许多旅游区水体都遭到了不同程度的污染,其中,相当一部分旅游水体的透明度、色度、嗅味等指标均超过国家规定的旅游水体标准,漂浮物、悬浮物、油迹污染物已经影响了游客感官,使其旅游兴致降低。

构成自然景观的生态系统对旅游活动本身存在一定的承载能力,这种承载能力由生态系统的结构所确定,超过其承载能力的旅游活动将使旅游区生态系统结构发生变化,破坏了旅游区自然生态系统平衡,使旅游区旅游功能丧失。主要表现在大量游人将旅游区土地踏实,使土壤板结,树木死亡;大量游人在山地爬山登踏,破坏了自然条件下长期形成的稳定落叶层和腐殖质层，造成水土流失，树木根系裸露，山草倒伏，从而对旅游区生态系统带来危害。忽视这种影响，只注重短期效益，盲目扩大规模，无限制地接待游客，将对旅游业未来的可持续发展带来严重损害。

3. 旅游开发和建设破坏旅游区环境

在旅游资源开发利用的过程中，有关设施建设与旅游区整体不协调，造成旅游资源、旅游区生态环境，特别是旅游气氛环境的破坏。主要表现为古迹复原处理不当，新设项目与旅游区景观不协调，改变或破坏了旅游区原有的且应当保留的历史、文化、民族风格和气氛。有一些具体的旅游对象，其旅游价值主要表现在其本身所蕴涵的独特的历史、文化、民族风格，在开发利用时，这些无疑是应当保留且极力保护并充分予以表现的。总之，如果忽视旅游区的整体协调及其内涵，盲目开发，只会造成景点的不伦不类，进而丧失其旅游价值，使游客的兴致减退。

城市建设破坏旅游气氛，主要表现在新建建筑与旅游城市的整体建筑不协调，使本身作为旅游对象的城市失去其本来面目。

4. 旅游资源管理体系不完善，旅游景点“超负荷”工作屡见不鲜

现阶段，我国旅游企业和景区管理部门之间，普遍存在管理人员交叉混编的情况，这使得上层管理者处境尴尬。一方面，作为公司领导，他们要对企业负责，争取尽可能赢利；另一方面，作为政府专职机关的行政领导，他们又必须综合考虑环境、经济、社会、文化等各方面的因素，不愿做有损景区资源的事，严格地说，他们是在良心的制约下做工作，没有完善的法规制约下的企业化经营，很容易将风景名胜资源的保护推向难以承受的风险之中。

绝大多数的风景区在“五一”、“国庆”等旅游高峰期，均不同程度地“超负荷”工作。景区游人接肩比踵，空气污浊，旅游质量大受影响。我国古文化宝库“敦煌莫高窟”，因游客量过多，空气中二氧化碳的含量居高不下，许多精美佛雕的颜色已发生变化，内在物理、化学结构也受到影响。还有许多奇山异洞、秀水珍木，也因过多地被人类光顾而面目“狰狞”。

5. 旅游者环保意识差，加重了旅游景点的人为破坏

在旅游景点我们经常可以看到旅游者触摸攀爬名胜古迹，在部分古迹上乱刻乱画的现象也不时发生。所有这些，都使名胜古迹的本来风貌和存在寿命受到严重威胁。一些穿着入时的旅游者随手丢垃圾的不良行为，也致使风景区的美观大打折扣。更有少数旅游者，竟在旅游区狩猎、采集、露营、野炊，这既加重了旅游区的生态负担，又可能造成物种稀少，甚至灭绝，使旅游区的平衡受到严重破坏。

（三）深层次原因

1. 政策失误

政策失误的表现是，在制定旅游业及相关行业的发展政策时没有考虑，至少是没有充分考虑资源环境因素，即缺乏综合决策。

在我国传统的经济和价值观念中，或者认为没有参与劳动的东西没有价值，或者认为不能交易的东西没有价值。总之，两者都认为资源尤其是自然资源没有价值。这种传统的资源环境无价值的观念以及在这种观念基础上形成的理论和政策，导致了对旅游资源的无偿占有、掠夺性开发和浪费使用，以致造成旅游资源损毁、生态破坏和环境恶化。

在我国旅游界、理论界和政府某些决策中，曾经存在着这样一种观念，即“旅游业是无烟工业，不会像其他产业那样对环境造成污染”，并且，旅游资源主要是由可再生性资源组成的，旅游消耗是“非耗竭性消耗”，所以不必考虑旅游资源的可持续利用。在这种观念的指导下，各地旅游资源开发和旅游基础设施建设以前所未有的速度发展，但缺乏应有的资源环境配套保护措施，加快了旅游资源环境的退化速度。另外，在进行旅游核算时，也未把资源环境消耗及退化纳入成本之中，从而低估了旅游的成本水平，虚增了旅游新创价值，在经济利益刺激下，旅游业呈病态发展，许多人造景观争相上马、重复建设便是一个例证。

我国行政部门之间存在着条块分割。例如，旅游管理部门只考虑旅游开发，环保部门只考虑环境污染的防治，它们之间缺乏协调机制，致使“源头控制”难以实施；另外，旅游管理部门与规划部门之间缺乏信息、技术交流，区域总体规划与旅游规划相脱节，导致旅游点遍地开花，布局不当，甚至有的风景区与工业污染源为邻，加重了景区的环境负担。

2. 市场失灵

市场失灵也是旅游资源衰减、生态环境恶化的根源之一，外部性成本是其重要本质之一。任何经济活动都是一个开放的系统，相对于经济活动的责任人而言，会产生内部经济效果和外部经济效果。内部经济效果是责任者追求的经济利益，外部效果则是经济活动对他人和社会产生的费用和效益。市场失灵的一个主要方面是市场不能把外部经济效益反映在成本和价值中或者是减少了效用和利润，使得那些并不直接参与市场交易或有关活动的当事人不得不承受这些外部效果。

旅游活动的外部效果有外部经济性和外部不经济性两种。前者是指旅游活动对他人和社会产生的正面效应，即外部效益，如森林旅游所产生的良好生态效益。后者是指对他人或社会产生的负面效应，增加了他们的生产成本。如旅游开发者仅支付了其生产成本，而并未支付水资源污染等环境破坏的成本，这些成本不得不由受影响者或政府来承担，变相地鼓励了旅游开发者的不合理行为。这些成本就是旅游开发者的外部性成本。同样，其他社会经济活动也存在着外部性成本。例如，工业企业向旅游区排放废水、废气、废料、砍伐森林等造成旅游资源环境退化，给旅游业带来了损失，这些损失本应计入它们的成本之中，但由于经济政策不力，致使他们从未补偿过这些损失，这些损失不得不由旅游开发经营者来承担。其结果是这些污染责任者经济收入虚增，为了经济利益，他们将进一步加大对资源不合理的开发，忽视环境污染问题，加重对旅游环境的破坏。

二、我国旅游环境保护的对策

针对我国旅游业可持续发展面临的主要问题和障碍，以期更好地探索有中国特色的旅游业可持续发展之路，提出以下对策和建议。

（一）完善旅游资源管理体系，适当限制游客量

尽快改变旅游企业中政企不分的现状，取消旅游企业与景区管理部门之间的人事交叉，公司主管与政府官员应各司其职。另外，建立尽可能完善的规范旅游企业经营和景区资源管理的法律法规并加大执法力度，使我国旅游资源的管理真正走上规范化、理性化的道路。

针对个别时期、个别景区游客量过多的状况，景区主管部门应注意

适当限制售票量；同时，在不破坏生态平衡的前提下，开发增设新的景点、卖点，以分散游客量，使旅游资源在其所能承受的限度内接待参观游客。

（二）加强宣传、教育和培训，提高公民的环保意识和可持续发展意识

我们应该树立起环境质量意识，认识到环境质量的优劣是关系人民生活质量提高和子孙后代生存发展的大事；要树立环境优先意识，为全人类及其后代保护好环境，保护好人类共同的家园——地球；另外，还要树立环境公德意识，不为满足个人私利，不为局部或眼前利益而损害他人或全局的利益，让人类贴进自然，实现人与自然的和谐相处。

（三）加强旅游环境保护的科研工作

长期以来，环境科学的研究只是从人类健康需要出发，很少从人的精神、心理需要进行研究，而这却正是人类与环境相互联系的另一个重要方面并在人类旅游活动中得到充分体现。

为了加强研究旅游环境对旅游者健康、精神、心理等多方面的作用，首先，要进行旅游环境与旅游业的关系研究，包括旅游业对旅游环境的依赖关系、旅游区环境对旅游活动的承载能力、旅游业发展对旅游环境的破坏等方面的研究；其次，要进行旅游环境保护方法论方面的研究，包括确定景观美学质量标准、自然生态质量标准、从心理学角度满足特种旅游活动的环境质量标准、旅游区环境质量评价方法等；此外，还要进行旅游环境保护政策研究，为正确地决策奠定基础。

（四）坚持可持续发展的旅游资源开发方式

资源开发需要各级政府机构、社会组织和公众的广泛参与和合作。因此，国家应建立全国性的旅游资源开发规划和相应的管理法规，以指导和协调旅游资源开发，约束旅游资源开发中的不良行为，把旅游资源开发中的外部不经济效应减小到最低程度。同时，政府还应积极组织培养环境资源市场，更多地采取排污收费制度、环境税、押金制度、排污交易制度等经济手段，通过客观财政和金融措施对那些有利于环境保护和有利于资源活动的或是那些能够产生正的外部性活动者提供支持，包括通过采用各种优惠贷款、赠款、补贴以及有利于可持续发展的

基金等形式,使旅游环境问题解决在旅游业发展过程之中。

(五)进行旅游开发的环境影响评价

不当的旅游开发活动对旅游区环境的破坏是无法弥补的。从保护的角度出发,需要在开发前对开发活动进行环境影响评价和分析,识别建设、经营过程中可能造成的影响,提出相应的减免对策,把可能对旅游环境造成的负面影响降到最低程度。旅游开发的环境影响评价内容包括:旅游区环境承载力分析、旅游规模分析、开发活动对环境的影响识别、旅游过程对环境的影响分析等。

(六)在旅游区发展建设中做好旅游环境规划

旅游环境问题的产生、旅游区环境质量下降的主要原因是人类经济活动的不当,因此,需要制定具有科学性、严谨性和预见性的旅游环境规划,用于组织,管理经济、旅游及其他破坏旅游环境的活动,来解决发展生产、扩大旅游规模与景点环境保护之间的矛盾,使其协调一致,以保证经济发展和旅游活动持续稳定地进行,防止旅游区环境的破坏。

旅游区的环境规划是旅游区的经济发展、旅游业发展和旅游区环境保护的综合性规划,需要从维护旅游区环境美学质量和合理利用旅游资源的角度出发,应用系统工程的原理与方法,遵循经济发展规律与旅游区环境美学规律,对经济活动和旅游活动的结构、规模和布局实行统筹规划,达到既发展经济、扩大旅游又不破坏旅游区环境的目的。

(七)运用经济及其他手段,控制热点旅游区的旅游规模

采取提高热点旅游区的门票价格、划定特殊旅游景点并控制其旅游人数等手段调整旅游区的旅游规模,在保证一定经济效益的同时,使旅游区的环境得到保护。

(八)加强旅游环境立法

完善的法律制度是做好旅游环境保护工作的保证,可以通过对旅游者和旅游经营者制定行为规范来对破坏行为实行强制性的干涉与惩罚。立法主要包括确定旅游区建设项目的审批办法和权限、确定旅游区的保护范围和保护内容、对违反者的处罚办法等。

(九)城市生态环境质量综合治理

针对目前我国旅游城市存在的空气污染、噪声污染、水污染和垃圾

污染等环境问题的多元性,建议采取以下综合治理方法。

1. 采取减少和切断污染来源的方法治理空气污染

由机动车辆尾气所造成的污染,可采用安装净化装置的措施。位于上风向的污染企业一定要责令搬迁或关闭。

2. 采取时空调配和限制的方法治理噪声污染

时间上,在人们午休和夜休期间,建筑施工及其他噪声较大的工作应尽量停止;空间上,城市功能分区应明确化,噪声分贝量大的交通站、娱乐区应与行政办工区、文化区、居民区分开,使噪声分贝量降低到国家规定的各种功能区标准。

3. 采取控制水源的办法治理水污染

城市中水体污染大多为河流污染,因其流动性,污染的治理重点仍然是放到污染源的控制上。湖泊的治理应坚持"谁污染谁治理"的原则并立出相应的法规条例,将现在污染的治理落到实处并限制新的污染出现。

4. 采取强行管制的办法治理垃圾污染

在旅游业中存在的垃圾污染主要包括建筑垃圾和生活垃圾,以生活垃圾为主。对于垃圾污染,更多的是采取宣传和强制的管理措施。

总之,旅游业已不再是人们所说的"无烟工业",它也同样会影响生态平衡和环境质量。无论从生态方面考虑,还是从经济方面考虑,我们都不能再走"先污染后治理"的老路了,我们应该从现在做起,为促进环境和旅游业的可持续发展而努力。

第三节　旅游业可持续发展的探索

一、可持续发展

(一)可持续发展的产生

朴素的可持续发展思想由来已久,在传统的农业实践中可以找到这一概念的雏形,20 世纪 60 年代以来,人类在大自然负面回报面前,不得不总结生态环境与经济发展相互关系的经验与教训。可持续发展理论正是在环境生态危及人类的生存和发展,传统发展模式严重制约经济发展和社会进步,人类对环境保护的呼声日益高涨的背景下逐步形成的。

可持续发展理论的产生和发展大致经历了三个重要的里程碑。

1.《寂静的春天》和《增长的极限》

在人类可持续发展思想的形成中,有两本书具有极其重要的意义。一本是由美国海洋生物学家 R. 卡逊(Rachel Carson)所著的被称为“改变了世界历史进程”的《寂静的春天》,另一本是由罗马俱乐部于 1972 年出版的《增长的极限》。

2.《我们共同的未来》

1987 年,以挪威首相布伦特兰夫人(Brundtland)为首的世界环境与发展委员会正式发表了题为《我们共同的未来》(*Our Common Future*)的研究报告。同年 12 月,该报告经过联合国第 42 届大会通过,在全球范围内引起了巨大的反响。

3. 联合国发展环境大会

1992 年 6 月 3 日 ~14 日,联合国历史上一次空前的盛会——联合国环境与发展大会(UNCED)在巴西的里约热内卢举行。170 多个国家的代表团参加了这次会议,有 102 位国家元首、政府首脑以及联合国机构和国际组织的代表出席。这次会议取得了重大的成果,通过了《21 世纪议程》和《里约环境与发展宣言》两个纲领性文件以及《关于森林问题的框架声明》,签署了《生物多样性公约》和《气候变化框架公约》。

(二)可持续发展概念的含义

1996 年 7 月 29 日,国务院办公厅以国办发[1996]31 号文转发了国家计委、国家科委《关于进一步推动实施中国 21 议程意见的通知》,这个通知对可持续发展给出了一个明确而完整的定义,指出:“可持续发展就是既要考虑当前发展的需要,又要考虑未来发展的需要,不牺牲后代人的利益为代价来满足当代人利益的发展;可持续发展就是人口、经济、社会、资源和环境的协调发展,既要达到发展经济的目的,又要保护人类赖以生存的自然资源和环境,使我们的子孙后代能够永续发展和安居乐业。”

（三）可持续发展的原则

可持续发展主要有3个最基本的原则：公平性原则、持续性原则、共同性原则。

1. 公平性原则

（1）本代人的公平（同代人之间的横向公平）。当今世界贫富悬殊、两极分化的状况完全不符合可持续发展的原则。当今世界的现状是：一部分人富足，而占世界1/5的人口则处于贫困之中；占全球人口26%的发达国家耗用了全球80%的资源。这种不合理的、贫富悬殊与两极分化的世界，严重损害着本代人之间的公平，也是当今世界实现可持续发展的重大障碍。因此，要给予世界各国以公平的发展权、公平的资源使用权，要在可持续发展的进程中消除贫困。

（2）代际间的公平（世代人之间的纵向公平）。人类赖以生存的自然资源是有限的，本代人不能因为自已的发展与需求而损害后世生存的条件——自然资源与环境，要给后世以公平利用自然资源的权利。传统发展的重大弊端是：看重今世而忽略未来，预支未来资源以满足今天的需求，甚至为了今天的需要竭泽而渔，不惜破坏生态环境，伤害、危及后人的生存之本。可持续发展就是要给世世代代以公平利用自然资源的权利，为后人留下持续发展的资源和空间！

（3）人和其他物种之间的公平（人和其他物种之间的他向公平）。在这个地球上，人类已经成为了世界的霸主，但这并不等于人类可以肆意处置任何动物。小到无法用肉眼观看的微生物，大到巨型的哺乳动物以及各种各样的植物，每一个物种都有其生存的权利。但是，由于有意无意的原因，目前物种正在以前所未有的速度减少，据统计，全世界每天有75个物种灭绝，每小时有3个物种灭绝。从1600年—1800年间，地球上的鸟类和兽类物种灭绝25种；从1800年—1950年地球上的鸟类和兽类物种灭绝了78种。曾经生活在地球上的冰岛大海雀、北美旅鸽、南非斑驴、印尼巴厘虎、澳洲袋狼、直隶猕猴、高鼻羚羊、台湾云豹、麋鹿等物种已经不复存在。生物多样性以如此的速度减少，早晚会对人类的生存带来影响，而我们的生活中如果没有了美丽的植物和可爱的动物相伴，地球也会变得了无生趣。

可持续发展不仅要实现当代人之间的公平，而且也要实现当代人与未来各代人之间的公平以及人和其他物种之间的公平。同时,保证向当代人和未来各代人提供实现美好生活愿望的机会。这是可持续发展与传统发展模式的根本区别之一。

2. 持续性原则

可持续发展,在求得发展以"满足需求"的同时,要顾及"限制"因素,即"发展"的概念中蕴涵着限制因素。最主要的限制因素是人类赖以生存的物质基础,即自然资源与环境。自然资源可以分为可再生资源和不可再生资源,石油、煤炭等不可再生资源使用寿命有限,如果不注意解决使用,不仅会使其枯竭的时间提前到来,还会间接加剧大气污染等环境问题。即使是可再生资源,如水资源,由于其在时间和空间上严重分布不均,也必须合理节约地使用。

持续性原则的核心是人类的经济和社会发展不得超越资源与环境的承载能力。换言之,人类在经济社会的发展进程中,需要根据持续性原则调整自己的生活方式,确定自身的消耗标准,而不是盲目地、过度地生产和消费。坚持持续性原则要求人们做到"3R":减量化(Reduce)、再利用(Reuse)、再循环(Recycle)。这也是循环经济的基本内容。

3. 共同性原则

地域不同,国情不同,实现可持续发展的具体模式和道路各异。然而,可持续发展作为全球发展的总目标,所体现的公平性和持续性原则是共同的。要实现可持续发展的总目标,必须采取全球范围内的联合行动。全球变暖、臭氧空洞、酸雨、生物多样性减弱等问题已经超越了国家的界限,成为全人类共同面对的问题;国际河流的污染问题也给沿岸国家带来了很大的困扰。所以,共同性原则主要是指在处理全球性环境问题时需要采取国际合作。《21世纪议程》、《气候变化公约》都是共同性原则的具体体现。

(四)可持续发展的含义

将可持续发展的三个基本原则进行概括,其中包括了以下几层含义(刘传祥,1996年):

(1)可持续发展要以保护自然资源和环境为基础,同资源与环境的承载力相协调。发展与资源和环境的保护紧密相连,构成了一个有机的整体。资源的永续利用与环境保护的程度是传统发展和可持续发展的分水岭。

(2)可持续发展的思想实质是要摒弃传统的高消耗、高增长、高污染的粗放型生产方式和高消费、高浪费的生活方式。

(3)可持续发展要以改善和提高人类生活质量为目的,与社会进步相适应。人既是社会存在和发展的前提,也是结果,满足人类需要是社会发展的中心,可持续发展的核心是人的全面发展,这是一个全面的文化演进过程,需要深刻的社会变革。

(4)可持续发展思想是一种全新的价值观念,它包含了生态、经济、社会3个方面的内容。生态可持续性是指维持资源的自然过程,保护生态系统的生产力和功能,维护自然资源基础和环境;经济可持续性指保证稳定的增长,尤其是迅速提高发展中国家的人均收入,同时,用经济手段管理资源和环境,使资源经济外在因素的环境与资源内在化;社会可持续性指长期满足社会的基本需要,保证资源的分配在各代之间和同代人之间实现社会公平。毫无例外,它们都与人的要求、人的感应、人的行为、人的发展分不开。

二、旅游可持续发展的提出

在1990年在加拿大温哥华召开的“90全球可持续发展大会”上,旅游组行动策划委员会发表了《旅游持续发展行动战略》草案,构筑了可持续旅游的基本理论框架并阐述了可持续旅游发展的主要目标。1993年,《可持续旅游杂志》(*Journal of Sustainable Tourism*)这一学术刊物在英国问世,标志着可持续旅游的研究进入了一个新的起点。1995年4月,联合国教科文组织、联合国环境规划署和世界旅游组织等在西班牙召开“旅游可持续发展世界会议”,会议通过了《可持续旅游发展宪章》和《可持续旅游发展行动计划》。这两份文件为旅游可持续发展制定了一套行为准则并为世界各国推广可持续旅游提供了具体操作程序,标志着可持续旅游已经进入了实践阶段。

作为对联合国《里约环境与发展宣言》(《21世纪议程》)的一个反应,1997年6月,世界旅游组织(WTO)、世界旅游理事会(WTTC)与地理理事会(Earth Council)在联合国第九次特别会议上正式发布了《关于旅游业的21世纪议程》,描述了旅游业实施可持续发展战略应当采取的行动。同时,明确了可持续旅游发展指的是在保护和增强未来机会的同时,满足现时旅游者和东道区域的需要,并认为可持续旅游导致以如下形式管理所有的资源:在保护文化完整、基本生态进程、生物多样化和生命支持系统的同时,经济、社会和审美方面的需求可以得到满足。

三、旅游可持续发展的目标

在1990年这次"90全球可持续发展"盛会上,旅游组行动筹划委员会提出了《旅游可持续发展行动战略》草案,构筑了旅游可持续发展的基本理论框架并将旅游可持续发展的概念表述为在保持和增强未来发展机会的同时,满足目前游客和旅游地居民的需要,目的是:

(1)增进人们对旅游带来的经济效应和环境效应的理解,加强人们的生态意识;

(2)促进旅游的公平发展;

(3)改善旅游接待地居民的生活质量;

(4)为旅游者提供高质量的旅游经历;

(5)保护未来旅游开发赖以存在的环境质量。

四、旅游可持续发展模式探索——生态旅游

在旅游可持续发展的探索过程中,出现了多种模式,如自然旅游、文化旅游、探险旅游、混合旅游、"3S"旅游、替代性旅游等,而其中最有影响力而且目前来看在全世界比较成功的旅游可持续发展模式就是生态旅游。

(一)生态旅游的模式

从世界各地开展生态旅游的实际情况来看,大致有两种类型:一种是欠发达国家的生态旅游是被逼出来的,也就是被动式;另一种是一些经济发达国家主动开展起来的,即主动式。

1. 被动式生态旅游

一般认为,生态旅游最初的实践是从欠发达的国家开始的,因为这些国家拥有开展生态旅游丰富而独特的资源。其中,非洲的肯尼亚和

拉丁美洲的哥斯达黎加是发展生态旅游的先驱。非洲的肯尼亚被称为是“自然旅游的前辈”，也是当前生态旅游发展比较成功的国家之一。肯尼亚以野生动物数量大、品种多而著称。20 世纪初，在殖民主义的统治下，掀起了野蛮的大型动物的狩猎活动，狩猎人员和受益者主要是白人。1977 年，在肯尼亚人的强烈要求下，政府宣布完全禁猎，1978 年宣布野生动物的猎获物和产品交易为非法。于是，一些由此而失业的人开始开发新的经营生产——生态旅游并提出了“请用照相机来拍摄肯尼亚”的口号，他们以其国家丰富的自然资源（生物的多样性、野生动物、独特的生态系统、迷人的风光以及阳光充足的海滩等）招揽游人，生态旅游由此而生。1984 年，肯尼亚从生态旅游中获利 2.4 亿美元，从 1988 年开始，旅游业的收入已经成为这个国家外汇收入的第一大来源，首次超过咖啡和茶叶的出口创汇额。1989 年吸引的生态旅游者达 65 万人次。1991 年，该国每年生态旅游收入高达 3.5 亿美元，据分析，一群野象每年可创收 61 万美元，一头大象每年可挣 14375 美元，一生可以挣 90 万美元。[①] 一头狮子每年可创收 2.7 万美元，一头雄狮一生能创收 51.5 万美元，如果用做狩猎的战利品，每只狮子只能获利 8500 美元，作为商品出售只值 1000 美元。[②]

哥斯达黎加是拉丁美洲开展生态旅游颇有成效的国家。哥斯达黎加的热带雨林拥有地球上 1/5 的动植物物种，其亚马孙热带雨林被许多国家誉为世界上最佳的生态旅游目的地。这个国家开展生态旅游是从保护森林资源的目的出发的。为了发展农业而开发森林使这个美丽的国家水土流失日益严重，土壤逐渐贫瘠化。为了改变这一状况，1970 年，哥斯达黎加成立了国家公园局，先后建立了 34 个国家公园和保护区，开展对森林非破坏性的生态旅游活动。国家对开展生态旅游活动制定了严格的法规，成立了专门的机构监督这些法规的执行。到 20 世纪 80 年代中期，旅游业的外汇收入成为这个国家外汇的最大来源，取代了传统上的咖啡和香蕉创汇的地位。据调查，大约 36% 到这个国家

---

① Perez Olindo. *The Old Man of Nature Tourism*, Kenya, Nature Tourism, Island Press, Washington D. C. ,1991.

② 王献溥. “生态旅游河保护区的发展”. 生态旅游规划与管理研讨会会议材料，p. 57。

的游客都是看中了生态旅游。①

表 9-1 哥斯达黎加国际旅游人数表(单位:万人次)

年份	1991	1992	1993	1994	1995	1996	1997	1998	1999	2000
人数	28.2	30.1	33.5	39.7	42.3	58.2	65.5	72.8	77.9	81.4

表 9-2 哥斯达黎加主要创汇产业创汇额表(单位:亿美元)

年份	1990	1992	1994	1996	1998	2000
咖啡	2.5	2.2	3.5	4.1	4.3	4.6
香蕉	3.4	4.7	5.8	6.4	6.1	6.5
生态旅游	2.1	2.9	6.6	8.2	9.3	11.7

2. 主动式生态旅游

在经济发达的国家中,美国是开展生态旅游比较成功的国家之一。美国黄石国家公园是世界第一个国家公园,开辟了世界国家公园的先河。每年有上千万的旅游者到国家公园中专门开辟的公共地域旅游,“自然旅游者”的数量与日俱增。欧美以及日本、澳大利亚、新西兰等国家的生态旅游也搞得有声有色,都取得了良好的效果,它们分别制定了保证生态旅游发展的法规、条例和规范,培养出一批从事生态旅游产品开发、经营的专业机构和企业。

1990 年,美国旅游协会(ASTA)成立环境对策委员会,1994 年又制定了生态旅游发展规划。1993 年,美国学者对全美生态旅游进行的调查显示:78%的旅游商认为,在其后 5 年中,生态旅游的需求将会迅速增加。美国在 1997 年前,已有 800 万人次参加过 300 多个旅行组织的各种生态旅游活动,到 1999 年,参加生态旅游的人次达 4800 万。

澳大利亚,生态旅游年产值 2.5 亿澳元(合 7000 万美元),其增长速度超过其他产业 3 倍以上,就业人数为 6500 人。② 据 Econsult(1995 年)调查估计,澳大利亚从事生态旅游的经营商约 600 家,平均每家雇

---

① Yanina Rovinski. *Private Reserves, Parks and Ecotourism in Costa Rica, Nature Tourism*, Island Press, Washington D. C. ,1991.

② 曹敏鲁等. 中国生态旅游指南,经济日报出版社,1999:45。

员 17 人。[①] 旅行商规模虽小,但很有活力。由他们开发的生态旅游活动范围很广,内容有丛林漫步、自然历史考察、内地野生动物观赏和鲸鱼观赏等。其生态旅游协会(EAA)是此行业的最高代表机构,有 500 名会员。该协会已开始对生态旅游者实施“行为规范”,对保护环境、尊重当地文化习俗、有效利用自然资源做出了明确规定。EAA 对生态旅游者进行了一系列指导,旨在最大限度地使当地社区和公众从旅游中受益。EAA 又与联邦旅游部、生态旅游者经营网络一起推出了“国家生态旅游信誉计划”,1999 年已有 50 家企业获得此信誉。[②]

(二)生态旅游的特征

1. 指导思想上的生态性

生态旅游是一种依据当地特有的自然资源的旅游,旅游对象是原生的、和谐的生态系统,这里的生态系统不仅包括自然生态,也包括文化生态,不仅自然保护区域较少受人类影响的自然环境可以开展生态旅游,而且历史文化浓厚的旅游地同样可以开展生态旅游。自然生态旅游资源能够使人类感悟大自然的魅力所在,人文生态旅游资源能够实现人类灵魂的升华。生态旅游活动设计、管理、运作必须符合生态原则,游客要约束自己不利于生态和谐的行为,加强自己促进生态环境改善的责任感。

2. 利用上的可持续性

生态旅游要求旅游各利益主体对生态环境有高度责任感。对开发者、经营者而言,在开发利用旅游资源时,必须按可持续发展思想的要求,有节、有理、有利地开发利用,既满足当代人的需要,又不对后代人满足其需要的能力造成危害;对旅游者而言,也要有生态环境保护的意识,在享受旅游美的同时,还要投身于保护生态环境的活动中,把享受自然风光、人文文化权利与保护它的义务结合起来。

3. 活动上的强参与性

生态旅游是一种带责任感的旅游,这些责任包括对旅游资源保护的责任,尊重旅游目的地经济、社会、文化并促进旅游目的地可持续发

① 邓金阳等. 澳大利亚生态旅游发展战略[J]. 森林旅游,1999(1):45。

② 《澳大利亚生态旅游》,《中国旅游报》,1999. 3. 22。

展的责任，生态旅游不仅是一种单纯的生态性、自然性的旅游，更是一种通过旅游来加强自然资源保护责任的旅游活动。所以，生态保护一直作为生态旅游的一大特点，也是开展生态旅游的前提，并且还是生态旅游区别自然旅游的本质的特点。狩猎旅游可以是自然旅游，但它不符合生态旅游标准，如果狩猎者不仅按狩猎的规定参加此项活动，而且愿意拿出一部分资金来支持恢复动物的工作，那么这项狩猎行为就具备了生态旅游的性质。观鸟旅游这一活动本身并不破坏和干扰鸟类活动，但若仅限于观赏、体验之类的活动范围，而无维护鸟类栖息环境的实际行动也不能算做是生态旅游。能否为保护生态环境作出贡献是衡量游客是否为生态旅游者的基本标准。

4. 旅游形式上的限制性

生态旅游的一个显著特点是限制性。一是对游客量的限制，二是对接待建筑设施的限制。前者决定了生态旅游在特定的时空范围内是少数人的活动，后者决定了生态旅游应尽量保持自然属性，不要过度搞人工建筑，更不能使生态旅游区商业化。上述选择又决定了生态旅游区的建设总规模，参与者可以获得一般大众旅游无法比拟的康体空间，神秘感、刺激性更强，特有的精神愉悦更难以忘怀。

5. 层次上的高品位性

旅游本身是一种较高层次的精神享受，生态旅游则更具有高品位的特征，它以回归自然、追求原汁原味的自然情调和真实的历史文化遗产为内容，游客在活动中能真正体味到“天人合一”的完美意境，同时，要求游客有明确的生态环境意识，把生态体验、生态感知和生态享受作为旅游的主旋律。通过旅游，探索自然奥秘，丰富生态知识，感受自然乐趣，体验动植物生态学的特殊价值。

6. 地域上的自然性

生态旅游活动的场所主要是大自然或以大自然为主的风景地域，包括自然保护区、自然型的风景名胜区、森林公园和具有自然背景的文化遗产、历史名胜古迹。它们都是自然界鬼斧神工的造化，是地域文化和民族文化的历史沉积，真实，自然，纯正，那些运用现代科技手段创造的或营造的自然文化景区、景点不能作为生态旅游的场所或对象。我们在理解生态旅游内涵和基本特征的同时，在实践中应注意防止两种极端做法。一是唯生态论，过分强调生物物种的多样性和生态系统的完整性，夸大了旅游对环境的消极作用或负面影响，置自然资源保护于极端位置，推行各种限制性的保护政策和措施，其实质就是排斥旅游开发；二是唯旅游论，过分强调生态旅游资源的开发利用，单纯追求经济效益，迎合游客猎奇、猎新消费心理，忽视自然资源保护，置生态效益而不顾，其结果是当地旅游业不能持续发展。①

（三）生态旅游的原则

国家旅游局将2009年定为“中国生态旅游年”，以贯彻党的十七大关于建设生态文明的总体部署，落实全面、协调、可持续的科学发展观。主题年的口号确定为“走进绿色旅游，感受生态文明”，这有利于满足全球范围内日益增长的生态旅游需求，也是推广环境友好型旅游理念和资源节约型经营方式，倡导人与自然高度和谐的重大举措，更是当前应对金融危机，培育旅游消费热点，扩大国内旅游消费，服务国家经济社会发展的具体行动。

全国旅游系统将以“中国生态旅游年”为主线，突出抓好产品开发、市场推广、经营管理、消费引导等关键领域和重要环节，不断丰富生态旅游内涵，提升生态旅游品质，扩大生态旅游宣传，大力营造关注、参与、推动生态旅游发展的良好社会氛围，为建设和展示人与自然高度和谐的社会主义生态文明做出积极贡献。

然而，生态旅游的发展要保持其本身的特性，为旅游业的可持续发展服务，需要保证生态旅游不走传统旅游的老路，使所有的生态旅游景区都认真实施生态旅游发展策略。综合起来，对于中国今后生态旅游的发展需要遵循以下七方面的原则。

1. 对自然环境影响最小化

随着旅游活动环境的影响问题的日益恶化，生态旅游最初被人们作为寻求一种旅游业可持续发展的模式提出，因此，生态旅游必须保证对环境的影响要保持在环境承载力的范围之内，这是生态旅游的基本准则。然而，这不是生态旅游的基本原则，在环境影响方面，生态旅游的基本原则是对环境的影响最小化，这是一个动态过程，是生态旅游管理者和游客共同努力的方向。

---

① 许秀杰. 生态旅游基本特征及发展对策研究[J]. 乡镇经济，2007，(1)：52～55。

2. 环境效益、社会效益和经济效益协调化

目前,旅游开发的理由阐述都会提到旅游开发对当地的环境、社会和经济效益,然而,实际发展过程中往往不能兼顾这三个效益的同时实现。而生态旅游的健康发展必须以环境效益为基础,经济效益为手段,社会效益为目的,三者必须同时满足,否则就失去了生态旅游的真正含义。

3. 对游客环境教育科学化

对游客进行环境教育是生态旅游的基本内容之一,要保证生态旅游对游客教育的质量和效率,不能让游客环境教育形式化、僵硬化、教条化、程式化。必须根据时间、地点和游客背景灵活调整环境教育的内容和形式,让游客积极、愉快地参与和接受生态旅游中的环境教育,也就是要保证对游客的环境教育要实现科学化。

4. 社区参与广泛化

让景区当地社区居民参与生态旅游的经营与管理是生态旅游实现其社会效益、环境效益的重要途径,也是生态旅游健康发展的必然要求,需要更广大的当地居民参与到生态旅游的经营、管理和环境影响的监督当中去。但是,要实现生态旅游的综合效益,代表性的社区参与是不够的,需要当地居民的广泛参与,要让大多数当地百姓从生态旅游当中获得实惠,当然,这需要一个过程,需要随着生态旅游的逐步发展,一步步扩大社区的参与范围和深度。但是,必须保证社区参与的广泛化。

5. 游览活动责任化

生态旅游的最高境界是游客具备自觉的环境保护责任,在旅游景区的游览过程中自觉履行环境影响最小化的责任。然而,就目前总体而言,生态旅游还处于初级阶段,游客的环保意识不高而且参差不齐,生态旅游游客辨识体系也不完善。因此,一方面需要加强对游客的管理,另一方面还需要开展对游客生态旅游的教育和引导,还要完善游客的生态旅游信誉体系建设和管理,以便以后的管理。

6. 环境监督公开化

生态旅游活动对环境影响的最小化不能只是说说而已,需要通过技术措施保证实现。首先要对旅游活动对环境的影响进行监督和评价。为了保证环境影响监督的科学化、公正化和有效化,需要实现环境监督的公开化,防止暗箱操作,以免环境日趋恶化。公开化的环境监督体系的一个基本策略就是吸引广大的当地居民和游客参与其中。

7. 管理系统高效化

生态旅游是一种新的旅游可持续发展模式的探索，为了更快更好地推广生态旅游，选择的试点大多数都是生态敏感地区，这一方面会面临很多新问题、新困难，另一方面在既定目标没有实现之前会有很多途径造成对环境的不利影响。这就需要管理系统能够及时、快速地对相关问题进行科学调查，仔细分析，认真解决。因此，一个高效的管理系统对于生态旅游发展至关重要。

☞思考与练习

1. 旅游活动对环境有哪些负面的影响？
2. 中国旅游业存在着哪些环境问题？
3. 什么是可持续发展？可持续发展有哪些原则和含义？
4. 旅游可持续发展是怎样被提出来的？
5. 为什么说生态旅游是旅游可持续发展的可行模式？
6. 生态旅游有哪些特征？
7. 生态旅游有哪些原则？

第十章 旅游地理信息系统

引言

旅游业是一项十分依赖信息的产业。旅游信息起着沟通目的地旅游产品、服务与旅游者的作用。消费者对目的地的了解与选择及对旅游服务、产品的选择,要依靠能被旅游者获得及使用的信息。对某一旅游景区来说,获取其旅游相关信息的难易,在很大程度上决定了该景区旅游业开发能否成功。随着旅游业的不断发展,游客的旅游观念日益成熟和理性,对旅游的需求也更加多样化,客观上使得向需求各异的旅游者提供所需要信息的难度和深度加大,同时,其必要性也越来越明显。

引进先进的技术、手段和方法,进行旅游信息的管理和应用,将极大地提高旅游业的生产效率。旅游地理信息系统作为旅游业信息化的产物,极大地提高了旅游业运作效率,改善了人们获取旅游信息的方式,有利于保护旅游资源,提高旅游业的服务质量,为旅游者外出旅游提供了更多便利,在未来的旅游业发展中将发挥更大的作用。

本章学习目标

1. 了解地理信息系统的组成、功能和常用软件。
2. 掌握旅游信息系统的概念及其组成和功能。
3. 了解可视化的含义和过程以及虚拟现实在旅游景区中的运用。

第一节 地理信息系统概述

一、地理信息系统的产生

地理信息系统产生于20世纪60年代的加拿大与美国,之后,各国相继投入了大量的研究工作。特别自20世纪80年代末以来,GIS技术日臻成熟,广泛地应用于地籍、城市、公安、交通等与地理坐标相关领域,这些领域的计算机应用,由原来的图形、属性相分离的信息、管理系统,发展为图形、图像、属性联合管理与应用的信息管理系统(Information Management System)。

二、地理信息系统的概念

地理信息系统(Geographic Information System,简称GIS)是以地理空间数据为基础,在计算机软、硬件的支持下,对空间数据进行采集、输入、管理、编辑、查询、分析、模拟和显示并采用空间模型分析方法,适时提供多种空间和动态信息,为地理研究和决策服务而建立起来的计算机技术系统。

三、地理信息系统的组成

GIS一般由硬件系统和软件系统组成。计算机与一些外部设备及其网络设备连接构成GIS的硬件环境。计算机是GIS的主机,它是硬件系统的核心,包括从主机服务器到桌面工作站,用做数据处理、管理与计算。GIS外部设备包括输入设备的数字化仪、扫描仪和全站仪等,输出设备的绘图仪、打印机和高分辨率的显示器等以及数据储存与传送的磁带机、光盘机、移动硬盘等。网络设备包括布线系统、网桥、路由器和交换机等,具体的网络设备根据网络计算的体系结构来确定。GIS软件系统一般由5个子系统组成,具体如下:

(一)数据输入子系统

据统计,在GIS的费用中,数据采集费用占总成本的60%~70%。

数据是 GIS 的血液,如何获取系统、翔实的多信息源数据并进行快速采集,是建立系统的关键之一。

地图、航空航天遥感相片、影像数据、野外测量数据、统计数据,都可以作为数据来源。大致分为两类,一类是文字或数据,可以通过键盘输入计算机;一类是图形或图像,必须通过图数转换装置才能转换为计算机能够识别和处理的数据。因此,数据输入子系统是一批应用程序的集合,其功能是借助一定的外部设备,将数据源进行转化、检验送入数据库。

(二)数据预处理子系统

实际上输入子系统的数据还不能直接进入数据库,必须经过预处理。数据预处理是指对获取的数据实施多种处理,使其适合于更进一步的分析应用。通常包括下列几个基本的预处理程序:比例尺变换、投影变换、数据格式变换、误差检测与编辑、数据压缩或综合、几何纠正和配准等。

(三)数据的存贮与管理子系统

该系统是 GIS 最重要的部分,具有存储、编辑、检索、查询、更新空间数据的能力,它与普通数据管理系统(DBMS)不同,它不但能管理属性数据,更主要的是能够管理空间数据,所有属性数据都是对某一特定空间位置对象的描述,具有直观性强的特点。

(四)空间分析子系统

对各种空间信息根据用户的要求,进行拓扑叠加分析、网络分析、缓冲区分析或应用各种数学分析模型,进行动态数学模拟、评价和预测,这是 GIS 功能中最具开发潜力的部分。如果进行旅游资源评价,可先建立关于旅游资源的类型、规模、可进入性、环境容量状况、基础设施条件等评价因子。

(五)数据输出子系统

将前面分析、判断的结果根据用户的需要,以图表、照片、报告、表格、统计图等形式加以整饰输出。如图 10－1 所示是 GIS 基本组成和数据流程。

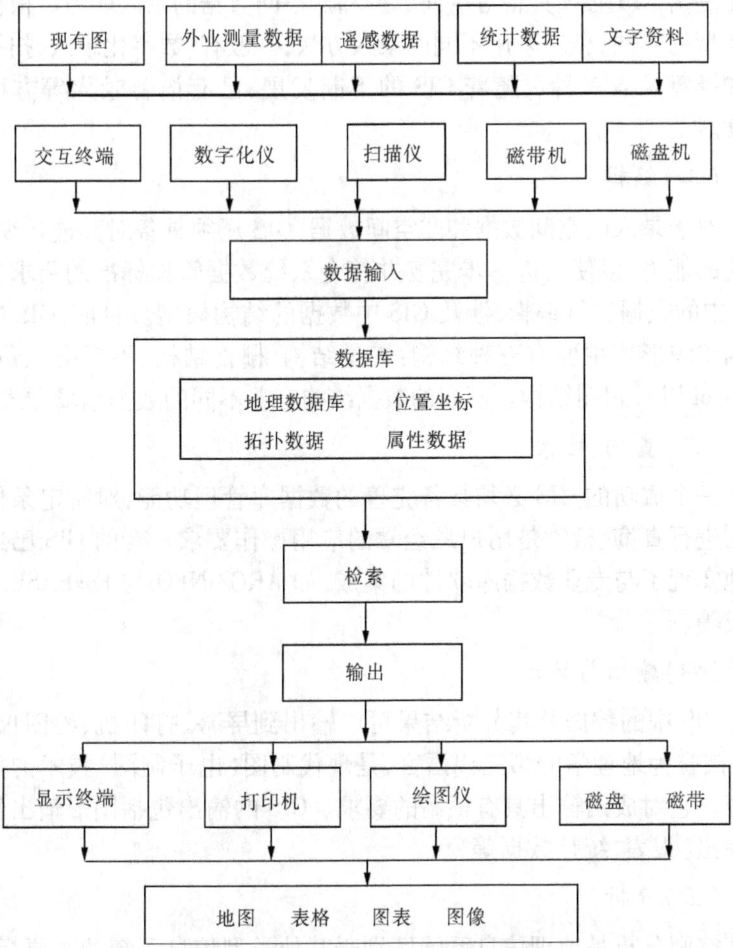

图 10－1 地理信息系统基本组成和数据流程图

四、地理信息系统的功能

GIS 应用的核心是地理数据，故 GIS 的功能主要是针对地理数据的操作和管理。

（一）输入

输入功能是 GIS 众多功能中的一个非常重要的方面。GIS 的输入功能是指 GIS 必须具备对空间数据和非空间数据的录入能力。根据数据类型的不同,相应采用不同的录入方法,一般有:数字化录入、扫描录入和键盘录入三种。随着 GIS 的不断发展,已有语音录入等方面的探索。

(二)编辑

对于录入的空间数据和非空间数据,GIS 还须具备对其进行编辑、修改的能力,以使其进一步完善并符合系统数据管理标准的要求。对 GIS 中的数据进行编辑,涉及 GIS 中数据的结构模型。目前,GIS 中的数据组织形式主要有五种结构:矢量结构、栅格结构、不规则三角网、Voronoi 以及超图结构。不同的数据结构有着不同的数据编辑方式。

(三)查询、检索

一个成功的 GIS 必须具备完善的数据库管理功能,对特定条件的数据进行查询、检索是用户最经常的应用操作要求。有的 GIS 已经成功地实现了与专业数据库软件的集成,如 ARC/INFO 与 FoxBASE + 的集成等。

(四)输出与显示

GIS 中的数据及其分析结果可以输出到屏幕、打印机、绘图仪上。GIS 被誉为地理学的第三代语言,是现代制图(电子制图)技术的重要内容。它对成图输出具有很高的要求。GIS 的输出包括图形输出和属性输出(报表、统计数据等)。

(五)分析

空间分析是地理信息系统区别于其他类型信息系统的主要标志。通过空间分析,在原始数据的基础上可得出特定的结论和新的信息,使原始数据所包含的信息得以外延和扩展。GIS 的分析功能包括基本空间分析、属性分析以及应用模型分析三个方面。基本的空间分析功能有拓扑叠加分析、缓冲操作、扩展领域操作等;属性分析包括算术与逻辑分析、统计分析等;应用模型分析则包括空间模型和非空间模型分析两个方面。应用模型的使用和发展已成为现代 GIS 发展水平的重要标志和 GIS 进一步发展的重要前提。应用模型的加入,使 GIS 的分析功能加强,应用范围扩展,应用水平也得到很大的提高。应用模型的开发和完善已成为当前GIS研究领域的一个热点。

五、地理信息系统软件

地理信息系统在我国起步于20世纪70年代,进入90年代后得到了很大的发展。目前市场上流行的商用GIS软件有MapInfo、ArcInfo、MapGIS等,下面将对其功能和特点分别进行介绍。

(一)MapInfo Professional

MapInfo Professional是MapInfo公司出品的基于矢量数据结构的标准桌面地理信息系统软件,MapInfo = Mapping + Information。它采用混合型空间数据库,分别使用不同的模块存储空间数据和属性数据,具有强大的地图编辑和数字化功能以及专题分析等数据可视化功能;支持Client/Server体系结构及无缝图层;可直接访问和更新数据源而不需要下载大文件,对于本地存储的数据类型可提供直接读/写功能,如dBASE、Microsoft Access、Microsoft Excel等,同时,也提供对于远程数据库的实时访问,如Oracle8i、Sybase、IBMDB2、SQL Sever等。

(二)MapInfo MapX

MapX是MapInfo公司向用户提供的地图分析功能的ActiveX控件产品。它可以集成到使用标准可视化编程工具开发的商业应用中,实现了与VB,VC + +,PB等应用开发平台的无缝连接,并且应用可以脱离MapInfo软件平台运行。空间服务访问(SSA)支持开发者连接企业级空间服务器中的动态数据,这些服务器包括Oracle8i Spatial、Informix IBMDB2等数据库,还支持其他常用的数据库访问方法,包括对Microsoft Access和Microsoft SQL Server的访问。

(三)ArcInfo Professional

ArcInfo Professional是ESRI的旗舰产品,其定位是专业化的AM/FM/GIS平台,系统庞大,技术层次较高,面向专业化的地理信息使用部门。该软件支持多种方式地理数据的输入、编辑并自动建立拓扑关系;支持基本的空间数据关系和拓扑结构分析;支持国际通用投影方式;用户可自定义符号进行地图的显示和绘图输出;可以与多种流行数据格式进行转换;可以通过表达式或图形交互方式进行属性信息和空间信息的一体化查询。

（四）ArcView

ArcView 同 ArcInfo 具备相同的核心技术，采用基于 COM 的体系结构，可直接使用 ArcInfo 和 ArcSDE 所管理和生成的空间数据，通过它的可扩展的软件结构为 GIS 的应用提供了一个具有伸缩性的软件平台。对于不需要高级的空间分析功能和对面向对象的空间数据进行交换定义修改的大量客户端应用，可考虑采用该软件。

（五）GenaMap

GenaMap 采用空间型关系数据库实现矢量地理信息数据的输入、管理、分析等，其关系型属性数据库做属性数据管理及与各层图形建立相关关系。GenaMap 利用数据压缩技术，使图形数据所占存储空间比其他系统少 30% ~50%，可减少硬件开销和提高运行效率。

（六）MapGIS

MapGIS 是国产优秀的 GIS 软件，可对数字、文本、地图、遥感图像、航片等多源地学数据进行有效采集、一体化管理、综合空间分析及可视化分析。该软件具有扫描矢量化和数字化输入等手段，具有误差校正功能；采用矢量和栅格数据混合结构，两种结构的信息可以互相转换，准确套合，具有多源图像分析和处理功能；可制作具有出版精度的复杂地质图，能进行海量无缝地图数据库管理以及高效的空间分析；支持 VC ++ 、VB、Delphi、ActiveX 等集成开发环境，提供开发函数库，具有三维绘制功能；处理大型数据库及分布式能力较强，数据冗余较小；电子沙盘系统提供了强大的三维交互地形可视化环境，利用 DEM 数据与专业图像数据，生成近实时的二维和三维透视景观。

第二节 旅游地理信息系统的结构与功能

一、旅游地理信息系统的概念

旅游地理信息系统（简称 TGIS）是以旅游地理信息数据库为基础，

在计算机硬、软件支持下，运用系统工程和信息科学的理论和方法，综合地、动态地获取、存储、管理、分析和应用旅游地理信息的多媒体信息系统。一切与旅游地理信息和数据关联的信息和数据，如景点、交通、住宿、娱乐、购物、文化特征、特色及提示等都是 TGIS 的研究对象。

二、旅游地理信息系统的优势

近年来，旅游业的发展非常迅速，普通旅游地图已远远不能满足用户多层次的需求。旅游地理信息系统与传统纸质普通旅游地图相比有明显的优势，主要优势在于：

（一）无图幅限制

普通的旅游地图由于受图幅的限制，使用很不方便，而在 TGIS 环境下可以实现无图幅的漫游、缩放显示，实现多尺度的图形显示。

（二）现势性好

普通旅游地图的更新周期较长，一般在半年左右，而 TGIS 能随时把获取的信息添加在数据库中进行更新，始终保持数据的现势性。

（三）表现形式多样化

普通旅游地图一般仅具有图形表示效果，表现形式单一，提供的信息容量有限，并且，要求用户有一定的读图素养。而 TGIS 表现形式多样化，集图形、文字、音频、视频等各种表现形式于一体，让用户感到使用 TGIS 不仅是获得旅游信息，而且是一种艺术享受，沉浸在艺术氛围中。

（四）独有的查询、分析功能

旅游地理信息系统可以提供强大的查询、分析功能，这是普通旅游地图所不具有的。旅游者借助 TGIS 的查询、分析功能，可以进行最佳路径分析、查询某一目标点的旅游信息等。查询、分析功能是 TGIS 的最基本也是最重要的功能。

三、旅游地理信息系统的组成

现今，在国内已有各种电子地图、电子图集问世，国外已有用 GIS 技术提供旅游信息的系统——TIS（旅游信息系统）。面对我国广阔的旅游市场,有必要建立有我们自己特色的旅游地理信息系统。旅游地理信息系统是以旅游地理信息数据库为基础,与旅游地理信息和数据有关联的一切信息和数据,如景点、交通、住宿、娱乐、购物、文化特征等都是旅游地理信息系统研究的对象。旅游地理信息系统是充分运用GIS技术而建立起来的系统软件,也可以说是GIS在旅游业应用的一个层面。其基本组成和数据流程与GIS大致相同。

TGIS由多个子系统构成,各个子系统又包括多个子模块。具体包括:数据库管理子系统、模型库管理子系统、查询检索子系统、应用子系统、输出子系统等部分。

(一)系统总控

其提供系统的主菜单,负责调度各子系统的功能,设置系统的各种状态,控制各子系统间的协调运行。

(二)数据库管理子系统

数据库是整个系统运行的基础。数据库的内容包括旅游资源、服务设施(涉外机关、旅行社团、旅馆、交通、邮电、医疗、娱乐场所、商场等)、气候特点等各方面的图形数据、图像数据、属性数据、多媒体数据、文字资料、图片资料等。其功能包括数据资料的采集、存储、处理、查询、检索、更新及输出等。

图形数据输入。图形数据指与旅游有关的各种地图数据,如行政区划图、交通网图、旅游资源分布图、旅游服务设施图等。图形数据的输入一般通过自动扫描仪或数字化仪器输入,经编辑处理,存入数据库。

图像数据的输入。介绍、展示旅游资源、景点、服务设施的各种照片,其直观性、形象性能起到文字资料不可替代的作用。这些资料通过彩色扫描仪输入数据库。

(三)模型库管理子系统

其主要负责对系统内用于旅游分析、预测、规划等各种应用模型的建立、查询、修改。

(四)查询检索子系统

其主要供旅客了解旅游资源、服务设施等旅游信息,也可进行一些简单的分析。它具有多种查询检索手段。可从图形、图像查属性,也可从属性查图形、图像。地图由系统软件对数据库中的数据做可视化处理在屏幕上显示出来,可通过开窗、缩放、漫游等手段做不同投影和比例尺的切换。

(五)应用子系统

这是系统的重点部分。以数据库为基础,在空间分析(叠置分析、缓冲区分析、网络分析、统计分析等)、空间操作(旋转、缩放、投影变换)等功能的支持下,利用模型库中的各种应用模型,对旅游信息进行分析、评估、预测,为旅游管理、规划、决策服务。

(六)输出子系统

根据使用者的要求,将所需要的信息以屏显、打印、绘图等多种方式输出。使用者可对数据进行编辑处理,通过绘图机绘出地图;可通过对数据库的即时更新,利用照排机输出胶片,印刷成图,从而缩短制图的周期,增强地图的现势性;还可将有关数据与资料刻录制作成多媒体光盘。

四、旅游地理信息系统的功能

旅游地理信息系统是一个软件系统,是提供给旅游经营者和旅游消费者的综合解决方案。它应该是一个完整的包括旅游服务与旅游管理和辅助决策的信息系统,不仅能够对游客的旅游过程(如旅游线路、交通咨询、吃住、娱乐等)进行指导,使游客玩得开心、住得舒服,进而借助游客的影响扩大地区旅游资源的辐射范围,而且,该系统还可以实现与电子商务的融合,实现对旅游预约过程的管理和控制。对于旅游管理和规划部门来说,系统应能够提供模型分析与评价功能,实现对景区的信息化管理,实时掌握动态信息,以实现系统的辅助决策功能。

"海量"旅游信息和相关数据的处理,是目前旅游业管理和发展中的难题,TGIS 作为一种有效的管理和辅助决策工具,将在旅游业中发挥重要作用。

(一)旅游信息查询与检索

详尽的旅游信息服务是吸引客流的主要途径之一,也是旅游业管理部门了解旅游发展状况,制订合理的建设和发展规划的辅助决策的信息来源。TGIS 可以为游客和旅游管理部门提供各种关于旅游地的信息。根据查询的内容不同可以分为以下几种:

1. 旅游景点查询

用户可以通过使用 TGIS 查询景点的位置、具备什么样的旅游资源、参观的人数。

2. 旅游地基础服务设施查询

该系统可根据用户的查询条件搜索出指定的城市道路和公交路线并在地图上显示出来;可计算该点与另外一点之间的距离,搜索出最佳路径和沿途的资料信息;可自动搜索出任意两点间的公交乘车路线、转车地点和站名等信息。

3. 餐馆、娱乐信息查询和酒店预定

这是指实现与电子商务系统的集成,可直接预订机票、车票、旅馆房间或事先确定好的旅游需求。

4. 旅游企业机构信息查询

此外,旅行社、宾馆等接待单位可以通过 TGIS 查询客源、客流量、游客消费情况,来安排旅游路线、制定服务设施建设规模;规划和建设部门可以通过 TGIS 了解景区规划和现状情况,实时掌握开发进度。

(二)空间数据分析功能

1. 用于旅游规划

借助 GIS 的空间分析功能,TGIS 在旅游开发规划中发挥重大作用。利用 GIS 的拓扑叠加功能,通过环境层(地形、地质、气候、内外交通等)与旅游资源评价图叠加,来分析优先发展区域;利用 GIS 的网络分析功能,分析空间布局;利用 GIS 的缓冲区功能(在地图上围绕点、线或面等要素,划出一定宽度的"影响地带")可以确定风景区的保护区域、道路红线等。

2. 设计旅游线路

TGIS 的分析功能甚至可以根据旅游者的人数、时间、经济能力等实际情况,为用户设计不同的旅游景点的不同旅游线路,供参考选择。

3. 预警调节功能

这是指通过系统的对信息分析功能,确定最大生态环境容量,同时，监测游客的流量、流向变化与各旅游地综合接待能力，及时反馈情况，准确发出超环境容量的信号，能帮助旅游管理部门及时采取措施对游客进行分流，保护好生态环境和游客的生命安全。对游客流量不足、流量小等情况，做出积极主动的反应，科学运用各种手段与途径，调节游客流向、流量，使原本自然、无序的游客客流调节为可控、有序的旅游客流，保护好旅游企业的正当权益，维护好良好的旅游生态环境、社会环境及产业环境，促进中国旅游业的健康发展。

（三）旅游专题制图

TGIS 具有很强的图形和文本编辑功能，数据维护也非常便捷，可大大降低出图成本，避免传统制图的烦琐工序。TGIS 的图形数据库是分层存储的，因此它不仅可以为用户输出全要素图，且可以根据用户的需要分层或叠加输出各种专题图，如景点分布图、道路交通图、服务设施图和地形分析图，可以为旅客提供一幅详细的导游图。

（四）辅助旅游开发决策

通过与数学分析模型的集成，TGIS 可以实现专业的空间分析功能。例如，将旅游资源评价模型、旅游开发条件模型、风景区环境容量模型、旅游需求预测模型、旅游经济效益模型等“嵌入”TGIS 中，系统运行使用时，只需修改其中的参数，即可得到评价分析的结果，可方便实时地辅助旅游管理部门做出合理的开发决策。

TGIS 的主要作用是充分利用 GIS 的分析、处理、操作功能，为旅游评价、预测、规划、决策支持提供依据。TGIS 不仅对旅游信息以其快速高效收集、存储、整理、输出、查询、检索等功能来提高旅游规划、决策效率，更以其优越的空间分析功能使旅游规划更科学、更准确。

五、旅游地理信息系统的应用对象和方式

TGIS 主要服务于广大游客、出差人员以及需要了解与旅游有关信息的大众。它的应用方式主要有两种：

（一）通过网络

在网络终端由一台微机和彩色喷墨打印机或与之功能相似的同类设备组成，通过网络直接从旅游地理信息数据库中获取数据。它既可

以向用户提供信息咨询，进行最佳分析，又可以由用户选择输出合适比例尺的旅游地图。在火车站、飞机场、旅行社和宾馆等游客较多的地方，可优先考虑设立网络终端。另外，从长远来看，可以在城市和旅游景点建立若干“旅游信息站”，在形式上它类似于现在大街上的公用电话亭，也通过网络与 TGIS 相连。

（二）通过介质

这是指制作成多媒体光盘和一般旅游地图，供本地区或其他地区的用户使用。也可研制通用的手持式信息机，其形状大小类似于手持式游戏机，信息内容与芯片内存储的信息相关，芯片更换非常方便，TGIS 可制作成旅游信息芯片为用户服务。

随着通信技术的迅猛发展，在未来的日子里，旅游地理信息系统可以嵌入到掌上电脑、手机以及车载系统中，更加方便、快捷地满足消费者全方位、多方面的需要。

第三节　旅游地理信息可视化

一、可视化的含义和过程

（一）可视化的基本含义

可视化或称视觉化，它的基本含义是将在科学计算中产生的大量非直观的、抽象的或者不可见的数据，借助计算机图形学和图像处理等技术，用几何图形、色彩、纹理、透明度、对比度及动画技术手段，以图形图像信息的形式，直观、形象地表达出来并进行交互处理。这一技术正成为科学发现和工程设计以及决策的强有力的工具。

由于可视化刚刚发展起来，各界学者分别对其从不同角度进行了定义。在美国自然科学基金会的专家特别会议中所提交的报告，将可视化定义为“可视化是一种计算方法，它将符号转化成几何图形，便于研究人员观察其模拟和计算……可视化包括了图像理解与图像综合，这就是说，可视化是一个工具，用来解译输入到计算机中的图像数据和从复杂的多维数据中生成的图像,它主要研究人和计算机怎样一致地感受、使用和传输视觉信息。”此定义主要是从计算机科学的角度拟定的。

对于地图学来说,其主要从认知的角度去认识可视化。例如,麦克艾琛(MacEachren,1990)等将可视化理解为“首要的也是最重要的是一种认知行为,它是人类在发展意念表示上的能力,这种意念表示有助于辨别模式,创造和发展新次序。”

在地理信息系统中,可视化则是运用计算机图形图像处理技术,将复杂的科学现象、自然景观以及十分抽象的概念图形化,以便理解现象、发展规律和传播知识。主要从图形学的角度来认识可视化。

总的来说,旅游地理信息可视化是一门以旅游学、地理信息科学、计算机科学、地图学、认知科学、信息传输学等相关学科为基础,通过计算机技术、数字技术、多媒体技术,动态、直观、形象地表现、解释、传输旅游信息并揭示其规律,是关于信息表达和传输的理论、方法与技术的学科。

(二)可视化过程

科研人员利用计算机技术,从大量的原始数据中通过分析、提取有效数据开始,通过映射生成绘制成图的几何原语(包括零维的点原语、一维的线原语、二维的面原语、三维的体原语和多维的图标原语),随之利用交互控制对几何原语选定合成色彩、纹理和阴影等参数并完成绘制图像的过程,最终显示出所绘制的图像。上述过程用数据流模型来实现,该模型客观地描述了可视化过程。如图10－2所示。

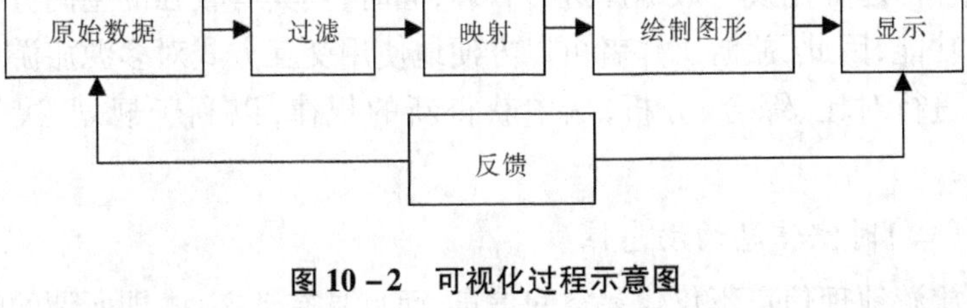

图10－2　可视化过程示意图

二、旅游地理信息可视化的特点

传统上，纸质地图一直作为旅游地理信息的传媒载体，其本身集数据存储与数据显示于一体，限制了许多事物和现象的直观表示，不能很好的解释地理事物和现象形成、发展的原因，从而为地学的研究造成了一些不足。随着可视化技术在旅游地理信息系统中的应用，旅游地理信息形成可视化，人们可以在数字地图、影像和其他图形的显示中来分析它们所表示的各种类型的空间关系，从而推断旅游地理现象的成因和发展。总的来说，旅游地理信息可视化有如下特点：

（一）直观形象性

现代旅游地理信息可视化是通过生动、直观、形象的图形、图像、影像、声音、模型等方式，把各种地理信息展示给读者，以便进行图形图像分析和信息查询。

（二）多源数据的采集和集成性

运用旅游地理信息可视化技术，可方便地接收与采集不同类型、不同介质和不同格式的数据，不论它们被收集时的形式是图形、图像、文字、数字还是视频，也不论它们的数据格式是否一致，都能用统一的数据库进行管理，从而为多源数据的综合分析提供便利。

（三）交互探讨性

在大量数据中，交互方式有利于视觉思维，在探讨分析的过程中，数据可以灵活地被检索，信息可以交互地被改变。多源旅游地理信息集成在一起并用统一数据库进行管理，同时，其具有较强的空间分析与查询功能，因此，旅游工作者可以方便地使用交互方式对多源旅游地理信息进行对比、综合、分析，从中获得新的规律，以利于规划、决策与经营。

（四）时空信息的动态性

旅游地理信息不仅仅是空间信息，而且具有动态性，即所谓的时空信息。随着计算机技术的发展和时间维的加入，旅游地理信息的动态表示和动态检索成为可能。

（五）信息载体的多样性

随着多媒体技术的发展，表达旅游地理信息的方式不再局限于表格、图形和文件，而拓展到图像、声音、动画、视频图像、三维仿真乃至虚拟现实等，可以真实再现旅游地理现象。

三、旅游地理信息可视化的研究框架

（一）时空信息数据库模型的研究

GIS 的核心是时空信息数据库。目前，空间信息数据库的基本载体是关系数据库，辅以特殊结构的空间信息数据文件。在关系数据库中，可以获得原本缺乏的对空间对象的表现力，结合特殊结构的空间信息数据文件，则可获得优秀的数据操作能力，两者结合可为用户提供更好的 GIS 服务。但在空间信息数据库上，扩充的时空数据库的管理，尚未有很好的模型，主要原因是时间维的加入，使得数据的复杂程度再一次上升，如何兼顾时间域和空间域而获得较好的数据访问能力是时空数据的一个研究方向。

（二）符号系统的研究

由于旅游地理信息是通过一系列的符号进行表达和传输的。因此，为了更好地揭示空间信息的本质和规律，便于人类认识并改造世界，空间信息的表达和传输必须借助一些规则、直观、形象、系统的符号或视觉化形式，这些符号或形式不仅易于人类辨别、记忆、分析，并且也能被计算机所识别、存储、转换和输出。因此，符号系统作为认知科学的理论基础，是目前研究的方向之一。

（三）心理学和认知科学的研究

据有关研究，人的大脑有一半以上的神经元与视觉有关，而在人从外界所获得的信息中，60%以上是通过眼睛得到的。因此，人类对客观环境的认知行为体现在感知、识别、分析、思考等方面。人类具有高效的、大容量的图形和图像信息通道，人的知觉系统对图像信息的感知、把握能力远胜于对简单的文字符号处理的能力，只是由于技术水平的限制，这一潜能远未被充分发挥。并且，人类所获得旅游地理信息以怎样的方式进入人的大脑及人脑对它们做出怎样的反映，其机制如何，尚待进一步研究。

(四)数据处理的研究

在卫星遥感、气象气候、地震预报等地学领域中产生了大量的不同时间、不同类型、不同介质的数据，及时地判读、理解、抽取信息日益显得重要。因此，对于借助图形图像来进行的信息表达、存储和传递等将面临巨大的挑战。

(五)空间数据可视化研究

在旅游地理信息系统中，空间数据可视化更重要的是为人们提供一种空间认知的工具，它在提高空间数据的复杂过程处理、分析的洞察能力、多维多时相数据和过程的显示等方面，将有效地改善和增强空间地理环境信息的传播能力。目前，空间可视化中，特别是地形三维可视化、地面建筑物三维可视化及 GIS 环境下空间数据的多尺度显示，还有许多问题(如思路、算法等)需要进一步研究。

(六)仿真技术和虚拟技术的研究

仿真技术和虚拟现实技术都是在可视化技术的基础上发展起来的，是由计算机进行科学计算和多维表达显示的。仿真技术是虚拟现实技术的核心，仿真技术的特点是用户对可视化的对象只有视觉和听觉，而没有触觉；不存在交互作用；用户没有身临其境的感觉；操纵计算机环境的物体，不会产生符合物理的、力学的动作和行为，不能形象逼真地表达地理信息。而虚拟现实技术则是指运用计算机技术生成一个逼真的、具有视觉、听觉、触觉等效果的、可交互的、动态的世界，人们可以对虚拟对象进行操纵和考察。其特点是利用计算机生成一个三维视觉、立体视觉和触觉效果的逼真世界，用户可通过各种器官与虚拟对象进行交互，操纵由计算机生成的虚拟对象时，能产生符合物理的、地学的和生物原理的行为和动作；具有从外到内或从内到外观察数据空间的特征，在不同空间漫游；借助三维传感技术(如数据头盔、手套及外衣等)用户可产生具有三维视觉、立体听觉和触觉等身临其境的感觉。

虚拟技术的最大特点就是把过去善于处理数字化的单维信息发展为也能适合人的特征的多维信息。它支持的多维信息空间为人类认识和改造世界提供了强大的武器，使人类处于一种交互作用的环境。

虚拟现实技术还可进行远距离的操作或远距离的影像显示，因此，虚拟现实又叫“遥操作”或“遥现”技术。目前，虚拟现实技术已经在很多行业和领域得到了广泛的应用。

四、旅游地理信息系统中的可视化过程

目前，地理信息系统中的可视化过程主要包括图形图像的生成和空间信息的查询。

(一)图形图像的形成

在旅游地理信息系统中的图形图像包括用于数据显示的二维图和三维图以及用于对数据进行分析评价的可视化表达的散点图、直方图和条形图表等。其中，二维图和三维图是把各种二维或三维的地理空间数据经空间可视化模型的计算分析，转换为二维计算机屏幕上的图形图像。

旅游地理信息系统可把某种地理对象的多种类型的图形、图像在视窗环境中同时建立，利用图形图像之间基于地理分析方法模式建立动态关联，可以清楚地表达地理对象的展布模式及其不确定性，如在同一视图中显示地图、图表、图形和扫描影像等，使它们彼此之间建立动态联系，通过图形图像的动态连接(热连接)与空间数据查询的结合，可以实现在对某一个图形图像中的对象选择，同时使另一图形图像中相应对象的对应特征高亮显示，从而为地物或现象的进一步分析提供了条件。

(二)空间信息查询

空间信息的快速查询是旅游地理信息系统可视化功能的一个重要的应用，是按一定的要求访问在旅游地理信息系统中所描述的空间实体及其空间信息，挑选出满足用户要求的空间实体及其相应的属性。查询交互进行时，其结果能动态地通过两个视窗(图形窗和属性表格窗口)进行显示。地理信息系统的空间查询方式有：空间关系查询、属性特征查询、基于空间关系和属性特征查询。用户可以根据图形查询相应的属性信息，也可以根据属性特点查找相对应的地理目标。例如，通过查询功能可以查询距离某个居民点 5km 内的所有景点和饭店，也

可以查询某个景点或饭店距居民点的距离。

目前,进行空间信息查询一般用空间查询语言(Spatial Query Language,SQL)。SQL是一种关系数据库管理系统所支持的标准结构化语言,其基本结构是:SELECT—FORM—WHERE组成的查询块。在SQL语言中,指定要做什么,不需要告诉SQL如何访问数据库,只要告诉SQL需要数据库做什么。利用SQL,可以确切指定想要检索的记录以及按什么顺序检索,用户通过SQL语言提出一个查询,数据库返回与该查询相匹配的记录。

可视化技术的研究和利用,给旅游地理科学研究带来了根本性的变革,尤其是对旅游地理信息可视化的研究和利用,把计算机技术、数字技术、多媒体技术结合起来,运用认知科学等,将那些通常难以设想和接近的环境和事物,以动态直观的方式表现出来,揭示自然和社会的发展规律,为旅游研究与决策服务。

五、虚拟现实技术在旅游景区中的运用

虚拟现实是由计算机硬件、软件以及各种传感器构成的三维信息的人工环境——虚拟环境,可以真实地模拟现实世界可以实现的(甚至是不可实现的)物理上的、功能上的事物和环境。用户投入到这种环境中,立即有“亲临其境”的感觉并可亲自操作、实践,与虚拟的环境交互作用。

传统的景区提供给旅游者的只能是实在的地理位置或活动范围,而虚拟现实系统通过想象还能够提供给旅游者一个实际生活中不存在的环境,也就是只要是想到的都可能实现,扩大了旅游产品的内涵和开发范围。

虚拟现实技术在近几年发展迅速并且逐步走向成熟,开发成本也不断下降,这为景区运用虚拟现实提供了技术上和成本上的保证。就拿虚拟海洋水族馆来说,基本装置的开发成本已从以往约500万元人民币减至30万元人民币,在效果方面也可以得到保证,甚至更好。结合近年来我国旅游业利用外资和社会资金的热点向景区建设过渡,将虚拟现实引入到景区的建设中来是可能的。

(一)景区规划

将虚拟现实引入到景区规划中来,起源于虚拟现实在建筑设计中的应用。建筑设计者用CAD(计算机辅助设计)工具对建筑物进行设计和建模,然后将产生的数据库变换成一个虚拟现实系统。客户可以通过虚拟现实系统的人机对话工具进入该建筑物的虚拟模型,在虚拟漫游的过程中针对不足之处提出修改意见。

在这种思路的启发下,景区规划也可以应用虚拟现实系统。规划可以通过虚拟现实创造出所开发景区的真实"三维画面",以便从游客的角度审视未来的景区,确保景区美学意义上的和谐和运营运作上的顺利,如拟建中的景区如何吸引人们的视线、商业网点布置在哪里最佳、污染企业置于何处对景区影响最小,等等。借助虚拟现实技术无须规划方案的真正实施,就能先期检验该规划方案的实施效果并可以反复修改以确定最终方案的制订和施行。

(二)产品创新

使用虚拟现实的"虚拟主题公园"正在不断发展。这种新型的虚拟主题公园不但占地面积小,建设成本低,而且可以建在人口密集区域并可立即吸引新的市场。有关专家预测,下个10年,虚拟主题公园的扩张不可避免。我国在这方面已有所尝试。

世界上第一个以宇航探索为主题的"太空游"主题乐园于2004年4月12日亮相北京。该"太空游"主题乐园利用当今最先进的科技和仿真手段,将宇航知识与太空真实体验融为一体展现给人们,它是虚拟主题乐园的典型代表。可以预见,这种新的虚拟现实景区将成为旅游业新的兴奋点和助推器。

(三)网络营销

真正的虚拟旅游网站要达到销售的目的,必须尽可能地为旅游者提供精确、详细、真实的信息,吸引潜在旅游者的注意力。首先,是空间信息的提供。电子地图是景区规划的必需,而电子地图的核心技术就是虚拟现实(还有地理信息系统、多媒体技术等)。其次,是解决实际景观向虚拟空间移植和再现。可以充分利用数字地球和数字城市的成果,通过特定的计算机语言程序就可完成全景图像的网络漫游,使用户能以真实的感觉“进入”地图观赏美景,“沉浸”于美景之中。例如,故宫虚拟旅游。从市场营销的角度来看,这使景区相关信息的受众面大大扩展了,同时,也革新了景区的促销和销售手段。

从原先的静态信息提供发展到动态的“沉浸式”漫游,这种优势是旅游小册子或 VCD 光盘力所不能及的。通过这种交互式的体验还可以加深旅游者对于景区的印象,消除旅游消费可能存在的不确定性因素,使游览者在游览之前对于景区的质量和花费有明确认知。

(四)景区保护

将虚拟现实技术引入到景区保护领域中来,首先是着眼于一些经典热门的景区的保护。虚拟现实可以缓解这些景区经济效益与遗产保护的矛盾。

目前,敦煌研究院已决定使用虚拟现实系统,通过对莫高窟历史和现状的介绍以及虚拟漫游莫高窟的手段,将“虚拟敦煌”呈现给游客,让游客在进洞前对其有个全方位的了解,巧妙地避免了游客在洞中逗留时间过长的问题。

另外,虚拟现实系统还涉及对于已经消失或者即将出现的旅游资源进行保护和开发。例如,在三峡工程竣工之后,通过虚拟现实技术使得原有雄壮美丽的三峡自然、人文景观得以再现,使后人能够重新游览这一奇异的旅游景观。

对于帝王陵寝的保护和开发一直存在争论,但作为一种神秘的旅游资源,自然会激起人们旅游的欲望。可以考虑通过虚拟现实将该类资源的探测结果,如整个葬墓的布局、结构等虚拟下来,经过虚拟开发(景点作为开发蓝本),将该类型潜在的景区转变为现实的旅游景区。而开发后所获取的经济利益又可以用于支持保护,从而争取开发和保护双赢的效果。

思考与练习

一、名词解释

1. 旅游地理信息系统

2. 可视化

二、简答题

1. 简述地理信息系统的组成和功能。

2. 列举地理信息系统的常用软件。

3. 简述旅游地理信息可视化的特点。

4. 简述虚拟现实在旅游景区中的运用。

三、论述题

1. 旅游地理信息系统是由哪几部分组成的?

2. 论述旅游地理信息系统的功能。

参考文献

著作：

[1]谢彦君. 基础旅游学(第二版)[M]. 北京:中国旅游出版社,2004.

[2]保继刚,楚义芳. 旅游地理学(修订版)[M]. 北京:高等教育出版社,1999.

[3]韩杰. 旅游地理学[M]. 大连:东北财经大学出版社,2002.

[4]吴宜进等. 旅游地理学[M]. 北京:科学出版社,2005.

[5]陶犁. 旅游地理学[M]. 北京:科学出版社,2007.

[6]王恩涌等. 人文地理学[M]. 北京:高等教育出版社,2000.

[7]李永文. 旅游地理学[M]. 北京:科学出版社,2004.

[8]郑冬子. 旅游地理学[M]. 广州:华南理工大学出版社,2005.

[9]宫辉力,赵文吉,李小娟等. 旅游地理信息系统——设计、开发与应用[M]. 北京:科学出版社,2005.

[10]李天元. 旅游学概论[M]. 天津:南开大学出版社,2003.

[11]冯学钢,黄成林. 旅游地理学[M]. 北京:高等教育出版社,2006.

[12]张林等. 旅游地理学[M]. 天津:南开大学出版社,2007.

[13]马勇,李玺. 旅游规划与开发[M]. 北京:高等教育出版社,2002.

[14]李肇荣,曹华盛. 旅游学概论[M]. 北京:清华大学出版社,2006.

[15]甘枝茂,马耀峰. 旅游资源与开发[M]. 天津:南开大学出版社,2000.

[16]杨志熙等. 旅游市场营销学[M]. 武汉:华中师范大学出版社,2006.

[17]袁国宏,张月芳. 旅游管理知识题解[M]. 北京:中国旅游出版社,2003.

[18]王雷亭.旅游规划的市场分析[M].济南:齐鲁书社,2003.

[19]蒋桂良.旅游交通教程[M].北京:旅游教育出版社,1993.

[20]铁道旅游管理丛书编委会.旅游交通[M].北京:中国铁道出版社,2002.

[21]杜学,蒋桂良.旅游交通教程[M].北京:旅游出版社,1993.

[22]王湘.旅游环境学[M].北京:中国环境科学出版社,2001.

[23]柴本源,黄祥康,方芳.旅游地理学[M].上海:上海人民出版社,1997.

[24]唐代剑.旅游规划原理[M].杭州:浙江大学出版社,2005.

[25]陆林.旅游规划原理[M].北京:高等教育出版社,2005.

[26]马勇,李玺,李娟文.旅游规划与开发[M].北京:高等教育出版社,2005.

[27]吴必虎.区域旅游规划原理[M].北京:中国旅游出版社,2001.

[28]张建萍.生态旅游理论与实践[M].北京:中国旅游出版社,2003.

[29]丁季华.旅游资源学[M].上海:三联书店上海分店,1999.

期刊:

[1]保继刚,张骁鸣.1978 年以来中国旅游地理学的检讨与反思[J].地理学报(增刊),2004(S1):132-138.

[2]吴必虎,冯若梅,张丽.90 年代中国旅游地理学进展研究[J].经济地理,2000(5).

[3]金波,蔡运龙.西方国家旅游地理学进展[J].人文地理,2002(3):34-40.

[4]高阳,郝革宗.中国旅游地理学 1998 至 2004 的进展[J].广西师范学院学报(自然科学版),2005(4):71-76.

[5]何效祖.《旅游资源分类》问题的初步诊断分析[J].旅游学刊,2005(6):9-10.

[6]杨振之.论度假旅游资源的分类与评价[J].旅游学刊,2005(6):30-32.

[7]王衔用. 对旅游资源应该进行深度研究[J]. 旅游学刊,2007(2):11.

[8]吴刚,陈兰芳,许岩石. 旅游交通发展的目标研究[J]. 综合运输,2004(4).

[9]关宏志,任军,刘兰辉. 旅游交通规划的基础框架[J]. 北京规划建设,2001(6).

[10]卞显红,王苏洁. 交通系统在旅游目的地发展中的作用[J]. 安徽大学学报,2003(6).

[11]杨瑞霞. 交通与旅游发展的关系分析[J]. 商业经济,2004(5).

[12]张红贤. 旅游交通对区域旅游发展的影响及其对策研究——以杭州湾跨海大桥和宁波旅游业为例[J]. 商场现代化,2006(1).

[13]梅青,王宇倩. 交通对旅游的影响及发展对策研究[J]. 山东交通学院学报,2005(6).

[14]张慧霞,刘斯文. 中部地区区域旅游合作[J]. 经济地理,2006(4).

[15]钟林生,刘敏,郑群明. 世界生态旅游区划[J]. 生态学杂志,2006(12):1549-1553.

[16]李敏. 论我国旅游发展中的环境问题及保护策略[J]. 科技信息,2008(11):206.

[17]敖荣军,韦燕生. 中国可持续旅游的资源环境政策思考[J]. 旅游学刊,1999(5):58-62.

[18]许秀杰. 生态旅游基本特征及发展对策研究[J]. 乡镇经济,2007(1):52-55.

[19]司金銮. 中国可持续旅游产业理论问题探讨[J]. 旅游管理,2001(5):29-30.

[20]巫宁,杨丽. 变中观变——论面向21世纪的旅游企业管理[J]. 旅游管理,2001(5):37-39.

[21]王铮,周嵬,李山. 基于铁路廊道的中国国家级风景名胜区市场域分析[J]. 地理学报,2001(2):207-211.

[22]窦文章. 区域旅游竞争研究发展[J]. 人文地理,2000(3):22-23.

[23]赵宇茹,师军,王祖正. 国内旅游信息系统研究概述[J]. 桂林旅游高等专科学校学报,2006(6).

[24]周密,赵西萍. 关于旅游信息的研究[J]. 旅游科学,1999(3).

[25]周万枚. 基于地理信息系统的城市交通管理系统研究[J]. 测绘通报,1997(8).

[26]李肇平. 旅游地理信息系统的初步研究[J]. 测绘与空间地理信息,2007(5).

[27]杜道生. 地理信息系统的组成及其内容[J]. 地图,1994(4).

[28]李贵春,孟建宇. 地理信息系统的功能和发展趋势[J]. 北方经济,2002(1).

[29]郑江玲. 地理信息系统(GIS)应用软件性能分析与比较[J]. 东北测绘,2001(4).

学位论文:

[1]张勇. 旅游交通发展对大武汉旅游圈的影响分析[D]. 华东师范大学硕士论文,2007. 8.

[2]翁莉. 旅游交通系统的优化配置研究[D]. 华东师范大学硕士论文,2006. 8.

责任编辑：孙延旭　王延永

图书在版编目(CIP)数据

旅游地理学/李悦铮，鲁小波主编.—北京：旅游教育出版社，2009.7（2020.9重印）

（全国旅游管理专业应用型本科规划教材）

ISBN 978-7-5637-1825-2

Ⅰ.旅…　Ⅱ.①李…②鲁…　Ⅲ.旅游地理学—高等学校—教材　Ⅳ.F591

中国版本图书馆 CIP 数据核字(2009)第 063899 号

全国旅游管理专业应用型本科规划教材

旅游地理学

李悦铮　鲁小波　主编

出版单位	旅游教育出版社
地　　址	北京市朝阳区定福庄南里 1 号
邮　　编	100024
发行电话	(010)65778403　65728372　65767462(传真)
本社网址	www. tepcb. com
E-mail	tepfx@163. com
印刷单位	北京虎彩文化传播有限公司
经销单位	新华书店
开　　本	880 毫米×1230 毫米　1/32
印　　张	9
字　　数	207 千字
版　　次	2009 年 7 月第 1 版
印　　次	2020 年 9 月第 5 次印刷
定　　价	18.00 元

（图书如有装订差错请与发行部联系）